帝國的輝煌

夏之卷 王朝盛世與治世策略

馮敏飛 著

制度改革 × 文化成就 × 經濟繁榮 × 外交地位，
探索中國史上的 20 個盛世脈絡

「我們都是當今時代的見證者，
我們親歷了數十年來身邊的巨大發展，
無論還存在多少現實問題，
歷史總是從更高的視角進行觀察和比較。」

從漢武到康乾，中國歷代 20 個盛世興衰的歷史脈絡解讀！

目錄

盛世與治世	005
推薦序	007
作者自序：讀史如觀荷	011
本卷開篇話：追問歷史盛世	023
第一章　漢武盛世	043
第二章　明章之治	065
第三章　漢和盛世	077
第四章　太康之治	089
第五章　元嘉之治	101
第六章　永明之治	113
第七章　天監之治	123
第八章　開皇之治	133
第九章　永徽之治	153
第十章　武周之治	165
第十一章　開元盛世	173

目錄

第十二章　長興之治	191
第十三章　咸平之治	203
第十四章　仁宗之治	217
第十五章　大定之治	235
第十六章　明昌之治	245
第十七章　乾淳之治	255
第十八章　永樂之治：耀武揚威	267
第十九章　仁宣之治	279
第二十章　隆慶之治	293

小結：歷史盛世的若干特徵　　301

附：中國歷史盛世一覽表　　323

盛世與治世

▶ **撩開 20 個歷史盛世的面紗**

究竟什麼樣的時代堪稱盛世,似乎沒人深究,且又往往存在兩種極端的看法,有些人過度美化,而有些人則認為過於虛假。本卷全面整理中國歷史上盛世與治世的真相,涉及當時政治、經濟、文化、軍事及百姓生活諸方面。在整理史實的基礎上,歸結了歷史盛世(包括治世與中興)的主要特徵、不足與基本經驗。

盛世與治世

推薦序

楊少衡

那一天我與馮敏飛在會議室外匆匆一見，我告訴他正在讀這部文稿，如果沒有任務，那這是一次非常愉快的閱讀。此說脫口而出，卻是心言。

所謂「任務」是半開玩笑，指的是馮敏飛請我讀他這部作品，希望我能寫點東西。我一看厚厚一大疊書稿，且是談論歷史的著作，頓時倍感壓力，因為自知對這個領域了解有限。近年來我曾陸陸續續讀過馮敏飛的作品，知道他著作頗豐，且選擇了一條與眾不同的道路，勤奮執著地寫作，但是直到閱讀這本書，我才對他在歷史方面的研究與創作，產生強烈印象。我注意到在這部書之前，馮敏飛已經寫過《詩妓與尚書，明朝末路的纏綣歲月》、《歷史上的六十年》、《大宋渣男才子，青樓常客柳永的風流詞情》等作品，有小說，有散文，多方面涉獵歷史，這些作品在本書中都有提及，只是我此前了解不深。我基本上只寫小說，以往閱讀也以小說為主，其他方面的作品讀之不多，這部書對我來說是另外一種閱讀體驗，這個體驗無疑格外新鮮，我沒想到居然還非常愉快，出乎意料。

我覺得這部書選擇了一個非常有價值的歷史視角。馮敏飛以盛世為綱展開描述，整理了中國歷史上若干特定時期，著重描述「成康之治」、「貞觀之治」、「康乾盛世」，其他有盛世之譽的歷史時期亦一一述及。馮敏飛在這部書〈開篇話〉裡充分解釋了盛世概念以及他所做的取捨選擇，顯示他對這個主題的深入思考，足以讓人信服。歷史上一個個輝煌盛世一向令人自豪，大家都想了解、認識，馮敏飛把它們集中起來，使其連輟、映襯，形成一部盛世大全，無疑價值獨具。據我了解，以這個視角將這麼多歷史時期連結起來、完整描述，此前還沒有人這樣寫，馮敏飛這本書具有

推薦序

開創意義，十分難得。這部大作描述歷史，實有感於當下。當下是什麼時期？若干世紀之後，如果有另一位馮敏飛再來寫這部書，毫無疑問，我們生活的這個年代，將進入那部著作中，這是客觀而論。我們都是當今時代的見證者，我們親歷了數十年來身邊的巨大發展，無論還存在多少現實問題，歷史總是從更高的視角進行觀察和比較。讀一讀馮敏飛這部著作，了解他呈現給我們的盛世，無疑有助於我們更準確地了解當下，這也是該書一大價值所在。

馮敏飛這部書是一個規模浩大的創造工程。我想像馮敏飛面對著浩如煙海的歷史資料，他在此間的跋涉，某種程度上實有如攀登聖母峰。這本書內容廣博，中華文明史中的若干興盛年代，在書中全面涵蓋，不失之缺漏，而其中每一個重要年代又都分別展開，從政治、經濟、文化各個角度加以描述，突出該時代的特點，又兼顧種種方面。如此眾多的內容，要妥貼地在一本書中表現出來，需要對資料的熟悉和掌控，更需要敘述的技巧與獨到，這就是創造力。我覺得這部書雖內容浩繁，卻講述從容，脈絡清晰。歷史與生活本身常常是一團亂麻，馮敏飛要告訴人們的東西如此眾多，其枝蔓纏繞糾結，稍不留神就會失去控制，說者越說越雜，讀者難理頭緒。馮敏飛處理這團亂麻遊刃有餘，他抓住了敘述的節奏，無論全書的脈絡，或書中每一個時期的脈絡，在他筆下都清晰明瞭，讓讀者能夠得其要領，跟著他行進。尤其應當提到的還有馮敏飛在描述歷史時寫了大量細節。透過細節，馮敏飛讓歷史變得血肉豐滿，鮮活可感。以我感受，這本書讀來愉悅，與其包含豐富的故事細節關係莫大。一本談史論道的書，很容易讓我這種外行讀者感覺疲乏，我猜想如我這樣的讀者當不在少數，大概可稱我們為「廣大讀者」。馮敏飛充分考量「廣大讀者」的認知和接受程度，他在努力準確嚴謹地描述歷史之際，也用大量的細節帶給我們更多的感受空間，讓我們可以在一定程度上，把歷史當故事來讀，從中感知先

前,接受教益。

　　這就要說說我的另一個感受:這部書的表達極具作家個性,馮敏飛的寫作特點十分鮮明。除了他對歷史材料與細節的處理,這部書的結構匠心獨運,很顯新穎。馮敏飛在每一盛世的主體敘述前後都有一段文字,分別介紹該時代的來龍與去脈,給讀者一個縱向視角。我不知道這種處理方式是否獨一無二,至少在我看來,非常新鮮。我覺得這部書除了大量歷史人物,還有一個非常活躍的現實人物,他是該書的敘述主角、講述者,也就是作者馮敏飛自己。馮敏飛在這本書裡嫻熟而靈活地運用兩個人稱系統,一般描述時採取客觀角度,效果類似第三人稱;需要強調或加以評判抒發時,則使用第一人稱,直接表達。這種方式拉近了作者與讀者,也使本書的行文有了一種活潑感。生動語言書中比比皆是,都用得恰到好處,既表述歷史事件本身,又產生古今映照之效,讓他筆下的歷史事件有了一種現代感,更呈現出豐富的語言色彩。

　　馮敏飛將他創作的這部書稱為「長篇歷史隨筆」,我猜想他在自我定位時一定細細思索過,他必須抓住兩個要素,一是歷史,二是文學,他是在創作一部描述這部書的文學作品。無論他本人或評論家如何為這本書劃定歸屬,它無疑成功結合了文史兩個要素。聯想悠久的傳統,史學經典往往既是歷史鉅著,又是文學鉅著,例如《史記》和《三國志》。這些不朽名著,讓我感覺,歷史除了可以變成教科書,似乎更應當文學地表達,老傳統至今依然值得發揚。因此盼望多有一些這樣的作品,讓我們在讀史之際,得到文學的享受與薰陶。馮敏飛用文學抒寫盛世史,進行了一次成功的創作,這本書也讓我對他懷有更多的期待。

推薦序

作者自序：讀史如觀荷

李白仰天長嘆：「秦王掃六合，虎視何雄哉！」秦始皇武功蓋世，死後猶威震殊俗。不料短短十數年，秦崩而楚亡，比秦始皇小 3 歲的劉邦手提 3 尺劍清寰海，創業垂基 400 載。相比長壽王朝，大秦如同一個強壯的年輕人忽然暴病死亡，特別令人喟嘆。

《劍橋中國秦漢史》有專節〈崩潰的原因〉，歸納秦亡的 5 個原因：一是殘暴和剝削嚴重，二是秦始皇及二世不願納諫、子嬰軟弱，三是未能吸取歷史教訓，四是陳勝、吳廣起義，五是好大喜功。[001] 除此之外，是不是還有其他原因？

▸ **從盛世看末世**

這些年來，筆者專注中國歷史王朝興衰問題，著重創世、盛世、危世與末世歷史四季，嘗試系統性整理歷史上 43 個盛世（含治世、中興），剖析十餘個長壽王朝建國立朝之初，以及十幾個王朝的最後 10 年。一系列看下來，有一個詞逐漸浮現並明朗化，這就是「華麗轉身」。

「華麗轉身」是現代詞，指從一種社會角色形象轉變為另一種社會角色形象。轉身是改變，華麗則強調這種改與變是朝積極的、好的、大眾認可或期望的方向。引申到政治，就是古人所謂「皇道開明」，現代所謂「文明執政」。「天下雖得之馬上，不可以馬上治」，說的也是這個意思。對一個帝王來說，這才是關鍵。

歷史上，不論中外，國家或王朝都像新生兒一樣帶著血汙而降，沒有

---

[001]　[英]崔瑞德、魯惟一：《劍橋中國秦漢史》，中國社會科學院譯，北京：中國社會科學出版社，1990 年，P80～85。
　　　說明：凡相同版本，第二次引用後只簡注作者、書名及頁碼。

作者自序：讀史如觀荷

幾個來自和平，來得聖潔。「湯武革命」，《周易》說是「順乎天而應乎人」，千古叫好，可是稍微深入討論，黃生說湯武並非「受命」而是「篡弒」，強調冠帽雖破舊也必須戴頭上，鞋履再新也只穿腳上，再怎麼也不應當推翻君主。轅固生堅持傳統觀點，將他一軍：「照你這麼說，我們高皇帝取代秦天子也不對嗎？」這時，漢景帝劉啟連忙喊停：「你們別爭啦！食肉者沒吃過馬肝不等於不懂肉味，學術討論即使不談論湯武革命，也沒人說你沒學問！」就這樣，從此再沒人敢公開爭論湯武革命的問題。[002] 晉明帝司馬紹偶然聽聞前輩開國真相，不敢相信，「覆面著床」說：「如果真像您所說那樣血腥，國運怎麼可能長久？」[003] 司馬紹顯然是剛出道，還沒來得及多讀歷史。史學名家呂思勉深有感慨說：「篡弒，也是歷代英雄的公罪」。[004] 法國歷史學家米涅（François Mignet）說得更直接：「好事和壞事一樣，也是要透過篡奪的方法和暴力才能完成。」[005] 連《聖經》都一再強調，上帝降生之時「猶如黑夜之竊賊」。所以，「權力來源合法性」對開國者來說，實際上是道偽命題。朱元璋、康熙為他們的權力來源喋喋不休地辯護，實在是浪費精力。而像北魏太武帝拓跋燾，為新修的國史所謂「暴揚國惡」問題，不僅族誅崔浩，還順手殺了他的姻親范陽盧氏、太原郭氏與河東柳氏等北方大族，北魏的漢化努力又一次失敗，實在是得不償失。

　　奪權之後再區分統治者高下與王朝優劣，才有實質性意義。漢代人所謂「逆取順守」，也是這個意思。人類歷史是一部華麗轉身史，那種說遠古多美好，後來才變壞，厚古薄今，我是無法相信的。但我覺得讀史如觀荷，不必糾結它是否出身泥濁。一個國家或帝王是否正當，即「權力來源

---

[002] 《史記》卷121，〈儒林列傳〉，北京：中華書局，1999年（本書用涉二十四史均為此版本），3冊，P2,374，「於是景帝曰：『食肉不食馬肝，不為不知味；言學者無言湯武受命，不為愚。』遂罷。是後學者莫敢明受命放殺者。」

[003] 劉義慶：《世說新語・尤悔》，「若如公言，祚安得長！」

[004] 呂思勉：《中國通史》，北京：群言出版社，2016年，P433。

[005] ［法］米涅：《法國革命史》，商務印書館，1977年，P4。

合法性」，跟嬰兒是否出自血汙的問題一樣，沒有實質性意義。丹麥一個官方網站首頁就寫著：「我們曾是凶殘的維京海盜，現在我們是世界上最和平的社會之一。」他們坦然於曾經的血汙，欣然於現在的華麗轉身，不讓歷史成為包袱，輕裝快步前行。悠悠千古，有幾個盛世帝王合法，又有幾個末世帝王不合法？歷史上在這方面浪費太多精力了！

還是把注意力轉移到看它是否及時華麗轉身吧！有些開國帝王迅速華麗轉身，盡快告別暴力，即使未能開創盛世，也打下良好基礎，讓二、三代之後步入盛世。更多帝王遲遲不肯華麗轉身，甚至「醜惡轉身」，死腦筋走下去，王朝沒毀在自己手裡，也堅持不了幾代。漢光武帝劉秀、晉武帝司馬炎、梁武帝蕭衍、隋文帝楊堅、宋太祖趙匡胤、明太祖朱元璋，都是開國即盛世。周成王、宋文帝劉義隆、齊武帝蕭賾、唐太宗李世民、後唐明宗李嗣源、清聖祖康熙等，二、三代也開創盛世。所謂中興，就是「王道衰而有能復興者」。[006] 從前輩那裡接過來就是「王道衰」的班底，再不華麗轉身就無可救藥了。

「開元盛世」如日中天，可就在這時爆發「安史之亂」。專家學者分析：

安史之亂從根本上動搖了唐朝的統治根基，使唐朝處於瀕臨滅亡的危機境地，然而在不知不覺中，唐王朝卻又穩住陣腳，竟又延續了一個半世紀的命脈。究其原因，應該說與蘊含在唐朝內部的柔性結構所具有的強韌性有關。[007]

這種蘊含在王朝內部柔性結構的「強韌性」（國家韌性，National resilience），就是盛世的結晶。有了這種強韌性，唐朝能夠承受意外打擊。而秦統一雖然迅速，由於缺乏強韌性，未能及時華麗轉身，像鋼一樣看似

---

[006] 王觀國：《學林》，北京：中華書局，1988 年，P51。
[007] ［日］氣賀澤保規：《中國的歷史・隋唐時代》，石曉軍譯，桂林：廣西師範大學出版社，2014 年，自序 P4～5。

作者自序：讀史如觀荷

無比堅硬，其實很脆，經得起高壓卻經不起打擊，一打就斷。人算不如天算，百密一疏，意外防不勝防。韌性的強度，或者說有沒有盛世，穩定發展期長短，決定一個王朝壽命的長短。

從暴君到明君

將一個人物簡單標籤化，很容易一葉障目，掛一漏萬。

《史記》中有一個細節不可忽略：第一次會商鞅，秦孝公聽得打瞌睡，事後還怒責引見的太監景監：「子之客妄人耳，安足用邪！」景監自然把怒氣轉發到商鞅身上，商鞅說：「求你再給我一次機會，我換個話題！」果然，秦孝公有興趣了，竟然快語通宵，一連幾天幾夜。景監好奇得很，忙問商鞅：「你究竟說了什麼，讓吾君甚歡也？」商鞅說：「前兩次，我推介禮樂之治，勸君直追三代學堯舜，君嘆道：『禮樂之治當然好，可那不是三年五年、十年八年能夠見效的，我等不了。你看當今天下，哪一個不是虎視眈眈？哪一個不是危在旦夕？又有哪一個能夠等待你幾十年、上百年變成強國？』聽了這些話，我恍然大悟，改而推介能最快成為強國的霸王之道，君王聽了果然非常高興。只可惜，這霸道在道義上就比不上『三代』了！」[008] 由此可見，秦孝公與商鞅都不是糊塗之人，也都不是無德之人，只是在殘酷現實逼迫下，不得不狠心為之，暫且為之，心靈深處還是幻想將來改行禮樂之治。由此，我們有理由相信：秦國在以暴力完成統一大業後，有可能華麗轉身，轉成禮樂之治，直追「三代」。

面對春秋、戰國那禮崩樂壞、烽火連天的局勢，許多有識之士挺身而

---

[008]　同注2，卷68，〈商君列傳〉，3冊，P1,764，「鞅曰：『吾說君以帝王之道比三代，而君曰：「久遠，吾不能待。且賢君者，各及其身顯名天下，安能邑邑待數十百年以成帝王乎？」故吾以強國之術說君，君大說之耳。然亦難以比德於殷、周矣。』」

出。所謂諸子百家，都在積極尋求解救之道，只不過多數人失敗。秦始皇收拾了那麼大的亂局，應該說功莫大焉。

統一之後，秦始皇仍然勵精圖治。史家批評他大小事都親自處理，每天要批閱完一石檔案才睡覺。[009] 當時檔案刻在竹簡上，一石約為現在30公斤。我們難以想像那一石檔案相當於現在多少頁 A4 紙，但不難想像每天經手、過目30公斤物品是否輕鬆。

《中國歷史大事編年》記載始皇帝的主要作為：西元前221年統一六國、定官制、改行郡縣制、統一度量衡、收民間兵器鑄樂器，前220年西巡、築國道，前219年東巡封禪、鑿靈渠，前216年查核田畝，前215年伐匈奴，前214年擊南越、築長城。柏楊「不為君王唱讚歌，只為蒼生說人話」，卻破例讚秦始皇「做出了幾乎比此後兩千年大多數帝王所做的總和還要多的事」。[010] 這一系列大事，對一個歷經幾百年戰亂之後剛剛統一的國家來說，的確難以承受。據猜想，當時全國多達15%以上的人口被徵集到各大工地。《漢書》描述其時「赭衣塞路，囹圄成市」，慘不忍睹。如果說伐匈奴、擊南越、築長城出於無奈，那麼造宮殿和驪山墓可以暫緩吧？超出實際承受能力的事，難免要用暴力強制。最糟的是「焚書坑儒」，雖然存在諸多爭議，但「它使後世的文人對秦帝國產生了長久的反感」。[011] 實際上，後世不稱「焚書坑儒」而勝過「焚書坑儒」之事屢見不鮮。一方面是戰爭「焚書」，例如「光武遷還洛陽，其經牒祕書載之二千餘兩，自此以後，參倍於前……及王允所收而西者，裁七十餘乘，道路艱遠，復棄其半矣。後長安之亂，一時焚蕩，莫不泯盡焉」；[012] 另一方面是以編修新書之名所行的破壞，例如明清之時。而「坑儒」也有若干可議，

---

[009] 同上，卷6，〈秦始皇本紀〉，1冊，P183，「天下之事無小大皆決於上，上至以衡石量書，日夜有呈，不中呈不得休息。」
[010] 柏楊：《中國人史綱》上冊，北京：同心出版社，2005年，P210。
[011] 同注1，P67。
[012] 《後漢書》卷79上，〈儒林列傳〉，9冊，P1,719。

作者自序：讀史如觀荷

　　至少一點，秦氏並沒有殺光或絕對排斥儒士，直到陳勝揭竿而起之後，秦二世還召「博士諸儒生」30餘人問計，並賜博士叔孫通帛20匹、衣一襲，[013] 叔孫通隨後又成為漢朝著名儒士。只不過「焚書坑儒」早被標籤化，好比註冊商標，後來可以超過其標準，但不得同冠其名。

　　秦始皇顯然也有華麗轉身。他認為「天下共苦戰鬥不休，以有侯王」[014]，所以從體制上挖掉諸侯混戰的根源，廢分封制而改行郡縣制，廢貴族制而改官僚制。統一度量衡、鑿靈渠關係到經濟民生；收兵器、鑄樂器，那顯然是學周武王放馬於華山之南，放牛於桃林之野，極富象徵意義。深入歷史的大街小巷，還可以找到一些耐人尋味的細節。秦始皇聘有70位專家學者，授以「博士」官銜，又為博士招2,000多名「諸生」，並「尊賜之甚厚」。「博」與「諸」說明沒什麼「獨尊」之類。2002年湖南龍山里耶出土的秦簡顯示：西元前214年被調派服徭役的12名犯罪男子，每日薪資8錢，除去伙食費可餘6錢。一天收入扣除伙食費可餘3/4，這可不太像「懲治、改造思想的強制勞動」。西元前215年北巡時，秦始皇令李斯代撰〈碣石門辭〉，其中有句：「男樂其疇，女修其業，事各有序。」即使這不是現實寫照，至少顯示秦始皇有這樣的理想，與儒家的追求並不矛盾。這次北巡還到了今河北秦皇島，見島上荊條叢生，秦始皇立即下馬叩拜，長嘆說：「這是小時候讀書時，我老師用過的啊！」[015] 如果這傳說不一定可信，那至少可以說明在有些古人的心目中，秦始皇是尊師重道的。明朝狀元出身的著名學者焦竑明確認為：「秦時未嘗不用儒生與經學也。」[016] 北京大學中國古代史研究中心教授辛德勇說：「儒家在秦代不僅沒有受到特別壓抑，且與其他諸家學說比起來，還可說是獨得朝廷的眷顧，有著其他諸家無可

---

[013] 同注2，卷99，〈劉敬叔孫通列傳〉，3冊，P2,100。
[014] 同上，卷6，〈秦始皇本紀〉，1冊，P170。
[015] 蔣一葵：《長安客話》：「俗呼秦皇島……俗傳秦皇至此山見荊，愕然曰：『此里師授吾句讀時所用樸也。』」
[016] 焦竑：《焦氏筆乘》。

比擬的優越地位。」[017] 否則，如果真「焚書坑儒」殆盡，劉邦制禮作樂怎麼「頗採古禮與秦儀式雜就之」？[018] 陳寅恪甚至認為《中庸》是「秦時儒生之作品也」。[019]

可見秦始皇不是不想華麗轉身，只不過沒轉成功，或者說，沒來得及轉成功，就被貼上「暴君」的標籤了。秦始皇死時才50歲，他若地下有靈，恐怕會常吟白居易那首詩：「周公恐懼流言日，王莽謙恭未篡時……」

事實上，從戰國中期到秦漢之際，流行的是「黃老之學」。此學尊崇黃帝和老子，以道家思想為主，吸納了陰陽、儒、法、墨等學派的觀點。漢武帝劉徹所謂「罷黜百家，獨尊儒術」，實際上只不過表面文章，行的還是「霸王道雜之」。縱觀千古，「獨尊法術」或「獨尊儒術」的日子，總共也找不出幾天。秦始皇即使有超脫這個時代的社會思潮，也不可能太久遠。

從恩人變敵人

直到秦始皇死，秦朝局勢比此前此後許多政權變易之時看起來更平穩。西元前210年上半年，秦始皇遠離京城，從今陝西西安東巡至今湖北雲夢遙祭虞舜，然後到今浙江會稽山祭大禹，眺望南方戰場，也許還想繼續南下呢！哪有半點土崩瓦解的跡象？然而，正如孟德斯鳩（Montesquieu）《法意》（*The Spirit of Law*）（《論法的精神》）中所說：「專制政體的原則是恐怖；恐怖的目的是平靜。但是這種平靜不是太平。它只是敵人就要占領的城市的緘默而已。」

---

[017]　辛德勇：《生死秦始皇》，北京：中華書局，2019年，P174。
[018]　同注13，P2,102。
[019]　陳寅恪：《金明館叢稿初編》，上海：上海古籍出版社，1980年，P42。

作者自序：讀史如觀荷

就在這時，秦始皇忽然病倒，局勢也隨之如山倒。大公子扶蘇曾公然為儒生辯護，觸怒龍顏，被逐邊境督軍，這是秦始皇的一個致命錯誤。但辭世前夕，秦始皇遺詔扶蘇接班，說明他仍有華麗轉身之心。不想這要命的時刻出意外，大臣趙高與大將蒙恬之間有怨，趙高便竄改遺詔，以「不孝」之名賜死扶蘇，連帶蒙恬，而讓另一個公子胡亥繼位。不過，至此局勢還不算太壞。胡亥少時跟趙高學過法律，時年23歲。此時距陳勝揭竿而起還有整整一年時間，劉邦起兵更是在後，胡亥有時間華麗轉身，問題是胡亥根本沒有此心。

在這裡，姑且不抨擊趙高、李斯之流，因為任何時候都有惡人。也不應抱怨六國後人復辟，給了你十幾年時間，為什麼還不能讓他們「悅服」？如果沒有陳勝等人帶頭，他們何曾有過反抗？關鍵是胡亥這不肖之子認賊為父，貪圖享樂，像木偶一樣任惡人擺布，死腦筋、錯到死。

劉義隆之父也是開國皇帝，命更薄，第三年病死。長子劉義符繼位，卻根本不把朝政放心上，而當時國際形勢嚴峻，顧命大臣謝晦等人感到問題嚴重，便將劉義符殺了，改立劉義隆。劉義隆皇位可謂撿來的，理當感恩戴德，然而他橋歸橋路歸路，將謝晦等人治罪，然後北伐南征，平息內亂，發展經濟，開創「元嘉之治」，這不是特例。此後十餘年，北魏太監宗愛殺太武帝拓跋燾，改立其子拓跋余。拓跋余佯裝胸無大志，暗中謀劃。宗愛覺察後先下手將他殺了，然後立拓跋濬。拓跋濬吸取教訓，繼位後即殺宗愛個措手不及。拓跋濬在位13年，逐漸安定，病死後由其子拓跋弘繼位，開創「孝文中興」。如果胡亥能像劉義隆、拓跋濬，繼位後華麗轉身，不說盛世，維持大局穩定，應該不難吧？

民軍勢如破竹，火燒眉毛，胡亥、趙高、李斯之流卻還在那裡內訌。直到趙高殺了李斯，胡亥才意識到危險，怒責趙高。趙高怕了，逼胡亥自殺，擁立其姪子嬰。子嬰不是傻瓜，趙高派人請子嬰去受璽即位，子嬰稱

病。趙高信以為真,前往探望,一進門便被殺。

子嬰也許不凡,但為時已晚。繼位第 46 天,劉邦的民軍即入咸陽。子嬰不願再連累百姓,放棄抵抗,向劉邦投降。強大無比的秦帝國,僅存 15 年又 47 天。

說到底,還得追究秦始皇。學者指出:「秦國在統一中國後,對它囊括天下的組織能力的有效性,以及它在全民戰爭時期發展出的一套嚴酷的統治手段,過於自信」,「因而出現了中國歷史上國家權力首次不受任何社會力量有效制衡的局面。正如歷史一再上演的那樣,這種政治體制所帶來的,只會是災難性的後果。」[020] 因為過於自信,秦始皇遲遲未能實現華麗轉身,雖然做了一堆大事,但人心也失盡了 —— 沒幾個人真心誠意想去挽救。

美國學者梅斯奎塔(Mesquita)、史密斯(Alastair Smith)認為:「從語源學來說,『君主制』(Monarchy)一詞也許指的是『一人統治』,但這樣的統治方式從來不曾、也絕對不可能存在」。實際上,不論君主制還是民主制,都是由「名義選擇人集團、實際選擇人集團和致勝聯盟」三種力量主導。「致勝聯盟」指由一小群法官、軍官和高階公務員組成,是最重要的集團。「沒有他們,路易國王恐怕早被別人取而代之了」。[021] 想想拓跋濬當時,年僅 12 歲,能有多少大智大勇?還不是靠左右大臣,即「致勝聯盟」?可是,秦始皇遺詔被竄改之時,為什麼沒有「致勝聯盟」站出來阻止趙高、李斯,讓胡亥這個年輕人懸崖勒馬?胡亥娛樂至死,繼續橫徵暴斂修阿房宮,而將各地越來越激烈的內戰,誤以為是鼠竊狗偷。直到戰火燒到距咸陽僅 60 公里的地方,胡亥才如夢初醒,慌忙赦免驪山修墓的數十

---

[020]　趙鼎新:《東周戰爭與儒法國家的誕生》,夏江旗譯,北京:北京聯合出版公司,2020 年,P170、171。

[021]　[美] 梅斯奎塔、史密斯:《獨裁者手冊》(*The Dictator's Handbook: Why Bad Behavior is Almost Always Good Politics*),駱偉陽譯,南京:江蘇文藝出版社,2014 年,P27、31。

作者自序：讀史如觀荷

萬刑徒，發給武器，鼓動他們拚死抵抗。在這之前，那麼多文官武將做了什麼？別忘了，陳勝、吳廣們大都只是未經武裝訓練的農民，而官軍十幾年前曾橫掃中原六國，軍心、民心這麼快就丟往哪裡去了？

古往今來，人們都希望長壽，也希望國運永祚。迄今怨始皇，只因為他浪費了太多性命！

從折線轉射線

如果將秦王朝的歷史用線條畫出來，最像折線形，向上的線段11年，向下的線段4年，頂端只有西元前210年一個點，飆升後如同跳樓般墜落，如鋼條般戛然而斷。

隋朝與之類似，但有所不同。581年楊堅受北周靜帝「禪讓」，589年結束南北朝亂局，隨即華麗轉身，被譽為「開皇之治」。604年楊堅去世，兒子楊廣繼位，說是弒父篡權，但沒有影響大局穩定，完成大運河開發，完善科舉制度，拓展疆土，暢通「絲綢之路」，直到609年，還一派昇平景象。但隨後發生突變，特別是三征高麗而陷入泥沼，老天爺又雪上加霜，山東、河南嚴重水災，各地紛紛造反，光文獻確認的反叛組織，就有200多個，官軍根本應付不過來，618年被唐取代。這說明僅有一個華麗轉身的開國帝王還不夠。

漢武帝劉徹曾為自己辯護：「漢家庶事草創，加四夷侵凌中國，朕不變更制度，後世無法。」[022] 其實，哪一個國家或王朝不是「草創」？何況如范仲淹所說：「歷代之政，久皆有弊，弊而不救，禍亂必生。」[023] 即使

---

[022]　《資治通鑑》卷22，〈漢紀〉14，北京：中華書局，2019年，2冊，P844。
[023]　范仲淹：〈答手詔條陳十事〉。

盛世，也無不隱藏著或多或少的問題。因此，即使開局轉身夠華麗，也不可一勞永逸，還需要一個又一個改革中興，才可能形成足以抵禦各種意外打擊的「強韌性」。

漢、唐、宋、明、清與秦、隋等大不相同。唐朝前期有「貞觀之治」、「永徽之治」、「武周之治」、「開元盛世」，好比一節節火箭助推衛星升入太空，一口氣發展興盛了130多年。「安史之亂」後，相繼有「元和中興」、「會昌中興」、「大中中興」又延續了150多年。明朝與此類似，前期有「洪武之治」、「永樂之治」、「仁宣之治」三大盛世，後期因為「弘治中興」、「隆慶之治」、「萬曆中興」又延續了150多年。如果描繪它們的歷史軌跡，一個盛世是一個波峰，整個王朝有數個波峰。將這些波峰的高點用曲線連起來，大致呈一條上升的橢圓弧線。這橢圓弧線好比雞蛋，享年短的王朝好比直立著放，長的好比橫著放，而不是只有一個高點，衝高之後直接向下的折線。

有人說歷史上中國疆土像法國手風琴一樣忽大忽小，其實包括法國在內的其他國家也一樣。在世界歷史的叢林中，除了古埃及、西羅馬和東羅馬、鄂圖曼和漢、唐等帝國那樣的參天大樹，大多數政體都是灌木或小草。「三千年未有之變局」或者說「西發里亞和約（Peace of Westphalia）體系」之後，尤其是第二次世界大戰勝利以來，大不相同了。人類透過深刻反省，建立了一系列國際秩序與文明準則。從此，強國也不能隨意去滅一個窮弱小國。

正是基於此，筆者強調「讀史明勢」，並設想今後一個國家的歷史軌跡可望由橢圓形變成「射線」。射線的特點：一是只有一個端點和一個方向，二是不可度量。在世界和平的時代，只要及時華麗轉身，保持執政定力，不斷改革進取，超越儒法，超越左右，超越中興，就完全可望讓國家的歷史在同一個方向不可度量地、持續地平穩發展。

作者自序：讀史如觀荷

中國是文明古國，典籍汗牛充棟。典籍分類：經、史、子、集，稱「四部」。那麼，讀經，還是讀史？我想，讀「經」不是讓人覺得「天地亦是架漏過時，而人心亦是牽補度日」，便是「斯道已大明，無煩著作」，沒完沒了地厚古薄今，與「三千年未有之變局」的歷史及現實漸行漸遠，甚至讓人對未來絕望。還是讀史吧！

讀史，就越可以覺悟改革之不可緩了。[024]

魯迅先生一語破的，歷久彌新！

且以此為本人歷史隨筆系列之自序。

（本文釋出於2018年2月5日《學習時報》文史版，原題〈強而無韌的秦王朝：秦朝二世而亡的教訓〉，略有修改充實。）

---

[024] 魯迅：《華蓋集·這個與那個》。

本卷開篇話：
追問歷史盛世

本卷開篇話：追問歷史盛世

《辭海》、《辭源》的疏漏

什麼叫「盛世」？

似乎不用說也明瞭。可是稍微認真一想，我覺得心虛。習慣性翻查權威工具書，《辭海》、《辭源》居然都付之闕如。

追問緣起

即使正史，也存在不少有意無意、虛假或無用的部分。對於中國歷史上的「盛世」，往往存在兩種極端看法，有些人因推崇而過度美化，有些人則認為過多虛假的成分而嗤之以鼻。

對於「康雍乾盛世」，也許爭議最大。清史專家說：「清前期是否出現過『康雍乾盛世』，是一個見仁見智的話題，應該有不同的陳述和不同的標準。」專家還進而認為，「有意識地積極營造出一個當時的『盛世』，其最初出發點乃是滿洲統治者的政治需求」，而「『盛世』這個詞，本身帶有濃厚封建意識的味道和明顯頌揚的主觀色彩。今天我們論述歷史，是否一定要沿用『盛世』這樣的字眼，也值得思量。」[025] 但在清史學界執牛耳者、清史編纂委員會主任則持相反看法，他宣稱：「康雍乾盛世是中國歷史上發展程度最高、最興盛繁榮的盛世。」[026]

說實話，我也曾長期持否定態度。臺灣作家柏楊「不為君王唱讚歌，只為蒼生說人話」，令我十分景仰。他認為中國歷史上有 3 個黃金時代，一是西元前 5 世紀至 1 世紀的春秋戰國，二是唐朝近一半時代，再來就是

---

[025] 姚念慈：在中國社科院歷史所清史室「關於康乾盛世再思考」座談會上的發言，中華文史網。
[026] 〈盛世興衰的啟迪——著名史學家戴逸答記者問〉，《學習時報》，第 147 期。

1680 年代至 1770 年代。第三個黃金時代指清康熙、雍正、乾隆時期,即「康雍乾盛世」。對此,我不敢恭維。在《歷史上的 60 年》書中,引用柏楊這些話時,我緊接著寫道:

> 原來如此!僅僅和平與秩序就可以稱之為盛世,那麼監獄也堪稱天堂了。再則,對說話、寫文章不滿意的百姓都要濫殺,這是什麼樣的「和平與秩序」?[027]

《歷史上的 60 年》出版沒多久,我讀到一段文字,說「隨園在幾十年的時間內沒有出過一樁刑事案件。」[028] 我知道隨園是袁枚在江寧(今江蘇南京)的私家園林,清代江南三大名園之一,他還在那裡寫過著名的《隨園詩話》、《隨園食單》,但我不知隨園四面無牆,且幾十年不失盜,不禁大吃一驚。此園已在太平天國時期被夷為平地,我還是四方追尋其真相。

袁枚這個人很有意思,很難簡單給個標籤。首先他是開山立派的文人,時人考據成風,有人學漢詩,有人學唐詩,袁枚只學自己,創立「性靈派」,強調一字一句都發自肺腑,不問對仗出典,不要惺惺作態,只問生命和心靈,被譽為「乾嘉三大家」之一,又稱「性靈派三大家」之一、「清代駢文八大家」之一,與大學士紀曉嵐齊名,時稱「南袁北紀」。《清史稿》說「上自公卿下至市井負販,皆知其名」,再現「凡有井水飲處,皆能歌柳詞」之風,但他比柳永幸運、灑脫多了!

袁枚 12 歲考上秀才,21 歲時廣西巡撫向乾隆推薦,說他「必為大成之器」,23 歲中進士,入選翰林院「庶吉士」。庶吉士是明、清時一種半工半讀性質的職位,選調進士中潛力、天賦好的,為皇帝近臣,負責起草詔書,為皇帝講解經籍等。明內閣輔臣多由此選拔,著名人物如張居正、曾國藩、蔡元培等都曾任此職。3 年後考核,清時還得考漢文和滿文,兩科

---

[027]　馮敏飛:《歷史上的 60 年》,福州:福建人民出版社,2009 年,P165。
[028]　柯平:《都是性靈食色:明清文人生活考》,重慶:重慶出版社,2006 年,P31。

本卷開篇話：追問歷史盛世

都及格才行。可是袁枚討厭滿文，譏諷那是「蝌蚪字」，自然考不好，結果被外調，先後在溧水等地當縣令。出人意料，他官當得很好。第一站溧水（今南京一區），當時屬偏僻小縣，社會治安不好。上任伊始，他以詩記錄前任的介紹，說這是一個「窮山惡水出刁民」的地方，但很快被袁枚治好了。袁枚與當時著名文人孫星衍是忘年之交，稱他為「天下奇才」。袁枚死後，孫星衍寫有〈故江寧縣知縣前翰林院庶吉士袁君枚傳〉。孫星衍此文說：袁枚「嘗言為守令者，當嚴束家奴吏役，使官民無壅隔，則百弊自除。其為政，終日坐堂皇，任吏民白事。」孫星衍還記載，袁枚父親擔心他年輕不懂吏治，去看望時，特地隱姓埋名暗訪，途遇一女子說：「吾縣袁知縣政若神明。」到任僅一個多月，改任江浦（今南京一區）縣令，算是實質性重用。離開溧水時，吏民夾道歡送，還有人將一件「萬民衣」披到他身上。那衣服金字輝煌，都是當地民眾的姓名。後來，袁枚調江寧（今南京一區），當地隱士程廷祚記載：「明府下車三月，吏畏民安，金陵大治，一時莫不多之。」[029] 明府指縣令。

然而，袁枚卻打從心底厭惡官場。他說：「我辛苦如果是為了百姓還罷，現在辛辛苦苦迎來送往，當大官的奴才，太沒意思了！」[030] 儘管身為一縣之長，也只不過是更大一級長官的奴才，他可不願意。再說，他擔心難免有一天會落到身敗名裂的下場。於是，他藉口奉養老母親，33歲就退隱。只因為積蓄不多，改造隨園還需大錢，3年後再出仕，又到陝甘一帶當了幾年官，公然自嘲「千里做官只為財」。不及一年再辭官，賣文維生，在隨園享受近50年閒適的生活。

那麼，隨園真的無牆而長期無盜嗎？

費了好大一番工夫，才基本上弄清原委。隨園在袁枚接手之時，「園

---

[029] 《袁枚全集・故江寧縣知縣前翰林院庶吉士袁君枚傳》。
[030] 同上，「吾苦身以為吾民，吾心甘焉。爾今之昧宵面而犯霜露者，不過臺參耳，迎送耳，為大官作奴耳。」

傾且頹……百卉蕪謝，春風不能花」。袁枚大加修整，「隨其豐殺繁瘠，就勢取景」。他得意地炫耀造園藝術：「山起伏不可以牆，吾露積不垣，如道州城，蒙賊哀憐而已」。[031] 原來，「蒙賊哀憐」事出有因，有些無奈。袁枚便灑脫些，既然「不可以牆」，便索性不牆。但袁枚題為〈山居絕句〉的詩寫道：「萬重寒翠蕩空明，四面紅牆築不成。十丈籬笆千竿竹，山中我自有長城。」這顯示他的隨園雖然沒築牆，但植有長城似的籬笆，用以防衛，而不是完全敞開。

近來讀《南京傳》，發現還有更深遠的社會歷史原因。作者在該書中寫道：

大家不會想到，自孫吳定都南京，經歷了東晉和劉宋，已經有過三個王朝的古城南京，它的城牆一直都是以竹籬圍城。

說起來很可笑，那時候整個城市看起來，就彷彿是一座巨大的竹寨。[032]

正如作者所擔心：「一個由竹籬笆圍起來的城市，它的安全性顯然是可疑的。」[033] 問題還有，當時的南京城差不多是開放的。後來，朱氏大築城牆，才不再開放。

袁枚的隨園竟然完全對外開放，遊人如織，自由往來。袁枚在門聯上寫道：「放鶴去尋山鳥客，任人來看四時花。」如果是在現代，內外保全不知要配多少。要知道，歷史上有些大戶人家不僅得築牆，且有些還築成土堡，或方或圓。又高又厚的牆上布著槍眼，跟戰爭時代的碉堡相差無幾。而我自己住的房子，不僅有圍牆、24小時警衛，電梯口還有門，家門口自己又加一道鐵門，一個個窗戶還得用鐵條密封，有時覺得跟監獄有點相

---

[031]　《小倉憶房文集·隨園三記》。
[032]　葉兆言：《南京傳》，南京：譯林出版社，2019年，P99。
[033]　同上。

像。隨園植個籬笆就能幾十年安然無恙，令我好生羨慕。

用現代話語來說，袁枚堪稱社會學家。他抓「社會治安綜合治理」，絕招是多設耳目，並著重監控有前科的盜賊、惡少。[034] 由此，我想像他的隨園很可能像外國總統在私人莊園接待外賓，看起來一派輕鬆，但暗中不知有多少布局。

何況袁枚是個很愛面子的人。他我行我素，離經叛道，不奉理學也不信佛，在隨園辦詩歌培訓班，先後招了50多名女弟子，氣壞一些正人君子與衛道之士，恨不能棄之如履。新任太守劉崇如像他父親一樣「神敏剛勁，終身不失其正」，想要驅逐傷風敗俗的袁枚，絕不是沒有可能，所以人們聞風而來送行。然而，袁枚有靠山，就是他的世交尹文端，其為兩江總督。尹總督「力而止」，所以才只聞雷聲不見雨。至於袁枚10年後說此事「無風影」，王英志認為「乃是維護自己名聲」。[035]

由此不難想像，為維護自己的名聲，隨園即使遭盜，袁枚也會不願承認。孫星衍追記袁枚為官善治的幾個事例之後，緊接著寫道：「迄枚僑居江寧，山無牆垣，數十年盜賊不忍攘其什物者，其得民如此。」[036] 袁枚自言「蒙賊哀憐」那是他的初衷，孫星衍這裡說「數十年盜賊不忍攘其什物」則是「蓋棺論定」。之所以拿這件事做文章，孫星衍是為了突顯袁枚為官得民心，連盜賊都感動，而「隨園在幾十年的時間內沒有出過一樁刑事案件」則是要說明：「憑他跟當地尹繼善的交情，以及將市縣長當下人使喚的驕橫，誰敢去惹他啊！」[037] 看來，不牆而不失盜這件事確有幾分真實可信。不過，我想與其說袁枚感動或嚇到當地大小盜賊，不如說當時社會治安狀況應該很好。否則，皇宮失盜也不是什麼稀罕事。

---

[034] 同注29，「多設耳目、方略，集鄉保，詢盜賊及諸惡少姓名，出所簿記相質證，使不能隱，則榜其姓名，許三年不犯湔雪之，奸民皆斂跡。」
[035] 王英志：《袁枚評傳》，南京：南京大學出版社，2002年，P165。
[036] 同注29。
[037] 同注28，P31。

袁枚是個很有話題的人物，太會享受了！

──他是典型的「吃貨」，到別人家做客，要帶自家的廚師，吃到好吃的，就要廚師當場學；別人不肯教，就死皮賴臉地央求。他跟很多廚師交朋友，寫了中國第一篇廚師傳記──〈廚者王小余傳〉，還蒐羅326種南北菜餚，寫成一本《隨園食單》，記各種菜名、原料、數量及烹飪方法，成為當時的暢銷書。他振振有辭說：「有口必好味。人如果不能享盡美食，那長命百歲又有什麼意義？雞、鴨、魚、牛已經為你而死，如果你不能變成美味，怎麼對得起牠們？」

──他也是典型的風流才子。他公開宣稱：「人非聖人，安有見色而不動心者？」他至少有5個妾，63歲又添子，還經常尋花問柳，以《詩經》中「膚如凝脂」、「領如蝤蠐」為標準，並公然奉名妓蘇小小為女神。在隨園私塾中招收女生，時刻不離花叢，勇當「護花使者」。

──他還堪稱「旅行家」，一生好遊。他作詩曰：「看書多擷一部，遊山多走幾步。倘非廣見博聞，總覺光陰虛度。」79歲三遊天臺山，80歲遊吳越，81歲還出遊吳江。

總之，袁枚縱慾得很，好書、好吃、好色、好遊，眼耳鼻舌身，沒有一刻不在享受。

文人招收女弟子之風始於明代，以隨園女子詩歌培訓班影響最大。其學員主要是官吏之妻女，也有普通良家女子，甚至有貧家女子。如汪玉軫，出身商家，十歲父亡，靠女工謀生，嫁無業遊民，丈夫卻長年外出不歸，她獨自養5個兒子，卻仍然堅持學詩。王英志敘述：

這個時期雖為乾隆盛世後期，社會開始走下坡路，但百足之蟲，死而不僵。特別是女弟子所生活的地區，乃是太湖流域為中心的江南富庶地區，農業生產、手工業生產水準仍很高，尤其是商品生產的發展，帶來城鎮經濟的繁榮，社會也大致安定，市民生活尚可溫飽。這都促進了文化、

本卷開篇話：追問歷史盛世

教育的發達，激發了人們的文化需求。[038]

袁枚是一面鏡子，如實而生動地照映出那個時代政治、經濟、文化及社會生活的細節。雖然其「氏族非小草」，但到他這一代已經「家徒四壁，日用艱難」，出門「受盡飢寒」，赴京趕考得靠他人贊助，還途中就用盡。這樣一個窮酸書生，為官沒幾年就有如此豪奢的私園，並如此自由地享受，壽終正寢，應該能證明那個社會諸多方面都是相對完善的。

由此，我覺得該正視「盛世」，並開始十年如一日地追尋歷史盛世的真相。

盛世、治世與中興

歷史研究所所長卜憲群考證，「盛世」一詞出自東漢。[039] 盛世是歷史概念，也是文化概念。清代康熙中期後，以盛世稱頌本朝更成風氣。

「盛世」通常被解釋為「興盛的時代」，網路上解釋為：「國家繁榮昌盛、統治集團文治武功達一定水準的社會現象。」

我認為「盛世」既有具體所指，也是總稱，包括「治世」與「中興」。在具體表述上，稱「××之治」、「××中興」等。卜憲群指出：

「盛世」一詞雖然出現較晚，但早在「盛世」一詞出現前，已有「治」、「治理」、「治世」等政治文化概念。不晚於春秋時期，思想家、政治家、史學家已使用這些概念作為國家管理的一種方法或國家治理的理想狀態，指稱某些歷史時期。[040]

---

[038] 同注 35，P268。
[039] 卜憲群：《與領導幹部談歷史》，北京：中共中央黨校出版社，2020 年，P139。
[040] 同上，P140。

治世：對於「治」，《辭海》注釋：

有秩序，安定。與亂相對。如：大治；治世。《孟子》：「天下之生久矣，一治一亂。」

卜憲群說：做到「治」或「治理」的時期，就是治世。治世與盛世的含義基本上相同。「盛世一定是治世，治世則是盛世形成的基礎與表現」。[041]

《辭源》也釋與「亂」相對，並進一步解釋：「特指政治清明安定。」《辭源》還有「治世」詞條注釋：

（一）治平之世。《荀子》：「受時與治世同，而殃禍與治世異，不可以怨天，其道然也。」《禮記・樂記》：「是故治世之音安以樂，其政和。」

（二）猶言治國。《史記・商君傳》：「治世不一道，便國不法古。」

「××之治」即「××治世」，古人早在 2,000 多年前就開始盼治世、盼盛世。

中興：「興」即興盛，關鍵是「中」字。《辭源》釋「中興」：「由衰落重新興盛」，指國家由衰退而復興，中途振興，轉衰為盛。詳見《秋之卷・危世篇》。

我嘗試將中國歷史上凡有盛世之譽的時期全面整理一下，總共 43 個，其中被冠以「盛世」的有 6 個、「治世」22 個、「中興」15 個。有的較特殊，如「貞觀遺風」、「仁宗盛治」等。有的將兩個合併，如「永樂盛世」與「仁宣盛世」併為「永宣盛世」。有的冠名不一，如「太康之治」也稱「太康盛世」，「開元盛世」也稱「開元之治」。我這裡只是大致整理。

既然有不同之稱，在命名者心目中肯定有所偏頗。乍一看，似有高下。最終以「盛世」涵蓋「治世」與「中興」，「盛世」的含金量顯然最高。「中興」是衰退之後的復興，顯然最次。然而，從實際來看，「貞觀之治」

---

[041] 同上，P140～141。

本卷開篇話：追問歷史盛世

顯然最好，而「康乾盛世」則最具爭議。

命名方式不同。一般以帝王廟號命名，如「成康之治」用的是成王與康王的廟號；也有年號與廟號同時用的，如「咸平之治」又稱「真宗之治」，「仁宗之治」又稱「嘉祐之治」。用年號的，一般一個帝王只用其中一個，也有用兩個的，如「慶曆、嘉祐之治」。涉及兩個帝王，一般用每人廟號一個字，「康乾盛世」涵蓋康熙、雍正、乾隆3任，所以也稱「康雍乾盛世」。

歷史上的盛世不是統一評選，或由某專家學者一次性挑選。相反，盛世數目和名稱在不同人眼中很不同，眾說紛紜。對於不同名目，我有稍加考量。如「貞觀遺風」，我認為有意迴避武則天之名，隱含對女性的歧視，所以我選用「武周之治」。既然連名稱都不是統一的，我也就斗膽以一己之見取捨、評判了。

43個盛世由54位帝王創造，其中2人同創的有9個，3人共創的有一個，33個單獨一人。一般來說，一個盛世指一個或兩個帝王的整個任期，從繼位到駕崩，哪怕其間有相當一段時間由他人攝政，或者後期昏庸，忽略不計。但有例外，如「開元盛世」因為發生「安史之亂」之後，不好繼續算盛世，「康乾盛世」則前因「三藩之亂」，有人認為不好算，不過也有計算他們在任全期的。

盛者，興盛、熾烈、豐富、熱烈、浩大、深厚也，實如炎夏！

每一天的太陽都不一樣，每一片樹葉也不一樣，每一個盛世更有所不同，還是讓我們深入歷史的大街小巷吧！

為了更能突出歷史四季的特色，有些開國之初的盛世與治世，如「文景之治」、「貞觀之治」、「建隆之治」、「洪武之治」、「康乾盛世」列於《春之卷》，其餘列本卷。

帝制時代之前的盛世

◎堯舜盛世

追溯中國歷史，一般從「三皇五帝」開始。三皇五帝有多種說法，一般三皇指伏羲、女媧和神農，純粹是神話人物；五帝指黃帝、顓頊、帝嚳、堯、舜。

大約西元前27世紀，黃河、長江中下游地區出現「萬國」林立的局面。這「國」實際上只不過是「部落」。其中3個較大部落，一是炎帝的神農部落，大致在今陝西寶雞一帶，因為善於用火而被推舉為王，因此稱「炎帝」，又因為發明農業、中草藥及創造陶器，被稱為「神農氏」。不過，也有專家學者說神農氏是另一個人。二是有熊部落，大致在今河南新鄭一帶，首領姬氏。三是九黎部落，大致在黃河中下游以及長江流域一帶，酋長叫蚩尤。

當時，顯然跟後來春秋戰國時期一樣，大魚吃小魚，小魚吃蝦，爭王爭霸，你死我活，沒幾天安寧。蚩尤部落善於製作兵器，生性勇猛，聯合其他部落入侵炎帝部落。炎帝感到無法抵抗，於是向姬氏求援，聯手抗蚩尤。蚩尤口噴濃霧，三天三夜不散，使敵人迷失方向，慌亂逃竄。姬氏便發明指南車，讓他的部眾在濃霧當中能堅持目標。蚩尤向風雨神求助，頓時狂風暴雨，平地成汪洋。姬氏則向女神旱魃求援，滴雨不有，赤地千里，風雨神聞訊而逃。姬氏趁勢反擊，蚩尤被殺。這一戰震驚了天下，紛紛擁戴姬氏為「天子」。因為姬氏有「土德之瑞」，因名「黃帝」；又因為發明舟車及「軒冕」（古代官員的車子和冕服），居軒轅之丘，稱「軒轅帝」。黃帝建朝立代這年，有人認為是西元前2698年，甚至有人想用這一年作為中國紀年的元年。

不久，炎帝與黃帝發生爭執，連戰3次，黃帝打敗炎帝，成為中原地

本卷開篇話：追問歷史盛世

區各部落的「天子」。隨後，黃帝陸續征服東夷、九黎族等，開始步入統一的華夏時代。其間，黃帝實行「分封制」，致力於播種百穀、草木，發展生產，並開始製衣冠、音律等社會文化事業，連虎豹都變得不吃人、老鷹不吃地面的雞、鴨。迄今常見的醫書《黃帝內經》也由此而來。最後黃帝修道成仙，所以也特別受道教崇拜。

有人從現代的角度大加讚美：

黃帝不實行家天下，而是「聯邦制」，且沒有世襲制；黃帝特別重視科學技術，親自主持參與其中的一些工作，並四處奔波以推廣新技術；黃帝對生命非常重視，講養生之道；黃帝的官制裡，任人唯賢；黃帝的治國思想中，是政教分開。這些中華文化好的源頭，到後來還剩多少呢？

中華文明之源，一點也不比西方差啊！[042]

提及「堯舜盛世」，人們首先想到的是「禪讓」。所謂禪讓，指統治者把首領的位置讓給別人，而不同於「世襲制」、「任命制」，甚至是奪權，也不同於「選舉制」。這是一種「原始民主」，其最高權力在各部落酋長的「聯席會議」，即「四嶽十二牧」——四方諸侯12個州的長官。人們認為這種交、接班方式，是最文明的政治制度。

堯帝老了，四嶽推薦他兒子接班，堯卻說他兒子不行，應當傳位給賢人。於是，大家推薦一個叫虞舜的流浪漢。虞舜父親是個瞎子。舜的生母死後，父親續娶，並生有弟弟。弟弟桀驁不馴，父親卻寵愛，而對舜不僅虐待，甚至要將他殺害。父親要舜上屋頂修穀倉，卻在下面放火。舜用兩個斗笠，像現代降落傘一樣跳下，才死裡逃生。父親又生一計，要舜去挖井。舜一邊挖井，一邊在側壁鑿一條暗道，以防不測。果不其然，父親和弟弟突然往井內倒土。他們以為舜被活埋了，沒想到他從暗道逃回家，並且像以前一樣孝敬父母，友愛兄弟。這個離奇的故事，被儒家編

---

[042]　周非：《非議歷史》，臺北：遠流出版事業股份有限公司，2010年，P42。

為《二十四孝》第一篇〈孝感動天〉，要求大家學舜的孝行，而毫不在乎父毒食子、弟歹殺兄的殘暴罪行。當時，四嶽對堯帝的說辭是：「他的父母如此狠心，弟弟如此毒惡，舜還能與他們和睦相處，盡孝悌之道，把家治理好，也一定能把國家治理好。」堯帝聽了覺得有道理，把兩個女兒嫁給舜，又命 9 個兒子與他共事。經過一段試用期，正式讓他接過天子之位。後來，舜又禪讓給禹。

對於堯、舜禪讓之事，早有不同說法。《竹書紀年》成書於西元前 298 年，被認為是中國古代史年代學最可信賴的參考書。該書記載堯在後期德政也衰落，被舜囚禁篡權，跟後來常見的宮廷政變一樣。[043] 同樣是戰國時期的大儒荀子坦率承認 —— 所謂堯舜禪讓是虛構，淺薄之人的傳說。[044] 堯在唐代才被列為儒家第一人，反而更多人頌揚。

時值洪水滔天，堯問派誰去治理好呢？四嶽推薦鯀。傳說鯀是天上的神，私自下凡，偷了一種神土息壤，為人類造福。就在他快要成功時，天帝發現，大為震怒，派火神祝融下凡，將鯀殺死在羽山，收回息壤，鯀的治水事業功虧一簣。

鯀懷才不遇，耿耿於懷。鯀曾公開發牢騷：「得天之道者為帝，得地之道者為三公。現在我得地之道，卻不以我為三公，太不公道！」鯀賭氣再也不進王城。堯有些過意不去，多次召他進城來談談，可他「召之不來，仿佯於野」。然而，堯決定禪讓給女婿舜的時候，鯀不請自來，怒沖沖責道：「不祥者，孰以天下而傳於匹夫乎？」鯀認為舜是「匹夫」，讓他坐天下將不幸。匹夫本意指平民男子。鯀要以政績競選帝位或三公之位，堯卻指控鯀「績用弗成」，意思是說他治水工作失敗，將他發配到東方的羽山，並在那裡默默地死去。

---

[043]　《竹書紀年‧五帝紀》：「昔堯德衰，為舜所囚也。舜囚堯於平陽，取之帝位。舜放堯於平陽。舜囚堯，復偃丹朱，使不與父相見也。」
[044]　《荀子‧正論》：「夫曰堯舜禪讓，是虛言也，是淺者之傳，陋者之說也。」

本卷開篇話：追問歷史盛世

「鯀腹生禹」，即鯀生有一個兒子叫禹——姒文命，四方首領便推薦他接任。禹在益和后稷兩人的協助下，視察河道，檢討父親失敗的原因，認為在於錯用「堵」的方式。於是他改用「疏」，即疏導河川，把積水匯入江河，再引入海洋。更重要的是，他常向人們自責說：「傷先人父鯀功之不成受誅」，即父親是因為爭名、爭利、爭位而受誅的，他絕不重蹈覆轍。在治水工作當中，他不僅更講究方式、方法，而且無比敬業，風餐露宿，到「三過家門而不入」的地步。經過13年努力，終於馴服黃河、長江等9條河患。為此，人們尊稱他為「大禹」，舜將位禪讓給他。

歷史學家說得很乾脆：「史籍中的那些神聖君主，其形象是充滿天神屬性的。你能相信所謂大禹利用當時非常原始的生產工具，能做出連現在二十一世紀都做不到的事嗎？打死我也不會相信。所謂大禹治水，是只有神才能做到的事。」[045] 但不管怎麼說，黃河在遠古就是條災河，大約兩年一災，因此有人說所謂「黃河文明」是「治水文化」。治水需要強迫大量民眾參加，不專制不行，因此還有學者稱古代中國是「水利的專制國家」。

大禹壽命長，官命薄，在位僅8年，100歲去世。當時東夷部落首領皋陶，任「理官」，掌管刑法，用獨角獸獬豸治獄，堅持公正，因此皋陶後來被視為獄官或獄神的代稱，為中國司法界的鼻祖；獬豸則成為中國傳統法律的象徵。他還注重父義、母慈、兄友、弟恭、子孝。大禹準備將王位禪讓給皋陶，不想他英年早逝。當時還有一位優秀臣子，名叫益，協助禹治水有功，於是大禹讓位給他。

然而，不知出於什麼動機，大禹又暗中培養自己的兒子姒啟。姒文命死後，「法定」接班人益繼位，啟卻殺了益而奪位。另有一種說法是：益繼位後，覺得天下人大都歸順啟而不服從他，只好將位讓給啟。

夏朝的起訖年代推定約為前2070～前1600年，這是目前學術界關於

---

[045]　辛德勇：《生死秦始皇》，P188。

夏年代最權威的說法。夏王朝的開國君王，以前一般說是啟，現在一般說是禹。關於夏朝，仍存在不少爭議。

啟繼承父親的帝位，卻拋棄父親節儉的作風，政權稍安便沉溺於享樂，作「九韶」、「九歌」樂舞，「湛濁於酒，渝食於野」，遊玩無度。他在位十年，死時不再禪讓有功賢臣，而直接傳給自己的長子太康。從此，帝王更迭方式變為「世襲制」，「公天下」變成「家天下」。但啟受到儒家的推崇，武則天改國號時，追尊啟為「齊聖皇帝」。

孔子對堯舜非常推崇，有專家認為其故事「大半是在孔子時代之後發展起來的」。呂思勉指出：「三皇、五帝，只是後人創造的一個古史系統，實際上怕全不是這麼一回事。」[046] 赫胥黎（Huxley）說得更生動：

古代的傳說，如用現代嚴謹的科學方法去檢驗，大多像夢一樣平凡地消逝了。但奇怪的是，這種像夢一樣的傳說，往往是一個半醒半睡的夢，預示著真實。[047]

英國學者柯林伍德（Robin George Collingwood）稱神話為「準歷史」（Quasi-history），也認為神話反映了部分先民活動的事實。對待「堯舜盛世」，我們正需要這樣的態度。

「成康之治」見《春之卷》。

◎宣威盛世

關於中華文化的起源，傳統上長期的說法是「一元論」，即發祥於黃河流域，然後向大江南北擴散。隨著三星堆等重要文物出土研究，著名考古學家蘇秉琦提出「滿天星斗說」，把中國史前文化劃分為六大區系：一是以長城地帶為重心、紅山文化為代表的北方；二是以關中豫西晉南為中

---

[046] 呂思勉：《中國通史》，P335。
[047] 轉引自《古中國簡史》，P78。

本卷開篇話：追問歷史盛世

心、仰韶文化為代表的中原；三是以洞庭湖和四川盆地為中心、大溪文化為代表的西南；四是以山東為中心、北辛——大汶口——龍山文化為代表的東方；五是以太湖為中心、良渚文化為代表的東南方；六是以鄱陽湖——珠江三角洲一線為主軸、石峽文化為代表的南方地區。[048] 此說打破了傳統的「中原中心論」和「黃河中心說」。

「滿天星斗說」尚有爭議。關於世界文化的起源，也存在類似的情況。美國歷史學者大衛・克利斯蒂安（David Christian）就提出：

> 世界各地的發展軌跡總是有著驚人的相似點。農業在世界各地是獨立出現的，無獨有偶，國家、城市、歷史建築以及書寫文字也是如此。所有這些類似之處，引出了一系列深刻的、關於人類歷史演化基本模式的問題：無論在任何地區，無論在任何社會和生態條件下，人類歷史是否存在一個基本輪廓，一個大體一致的發展方向和模式？如果這種基本模式存在，它是否來源於我們這個物種的天性或文化演變的基本原則？抑或這些類似都是誤導性的？[049]

這一段文字非常耐人尋味。很容易讓人聯想到《周易》：「天下同歸而殊途，一致而百慮。」我想世界文化、中國文化起源更應該是「滿天星斗」式，「各地的發展軌跡總是有著驚人的相似點」。

在春秋戰國那亂糟糟數百年當中，「宣威盛世」是唯一的盛世，除此之外，連治世與中興都沒有。但在「中原中心論」和「黃河中心說」影響下，夏商周時期的南方淪為「燈下黑」，長期被視為「蠻夷」。好不容易有個「宣威盛世」，也沒怎麼受到重視，迄今常被忽略。楚文化本身燦爛輝煌，後來漢朝的服飾、舞蹈、音樂、文學、哲學等，都直接繼承自楚國。楚人雖然被中原視為「蠻夷」，往往又被蠻夷視為「華夏」。

---

[048]　蘇秉琦、殷瑋璋：《關於考古學文化的區系類型問題》，《文物》1981年第5期。

[049]　[美] 大衛・克利斯蒂安：《極簡人類史》（*This Fleeting World: A Short History of Humanity*），王睿譯，北京：中信出版集團，2016年，P78。

當然，楚國也是人治，也需要僥倖，遇到明君國富兵強，遇到昏君則內外交困。前400年左右，楚國落到舉步維艱的地步。從內政來說，存在「大臣太重，封君太眾」的問題，出現「上逼主而下虐民」的局面，君王難當，民眾也受欺壓。從外部來說，尤其是在與吳國相爭中，窮兵黷武，大傷元氣。稍有恢復，內政又亂，忠良顛倒，迫使足智多謀的大臣伍子胥出逃。吳國派伍子胥率軍攻楚國，占了都城。幸好越王勾踐趁機攻吳國，秦國也出兵幫助，楚國才得以光復。越滅吳後，勢盛一時，但與楚通好，秦也友好相處，使楚國重新強盛起來。

各國的改革相繼成功，你死我活的競爭更劇烈，內憂外患又嚴重威脅到楚國。這時，吳起來到楚國。吳起曾在魏國推行改革，政績卓著。他的軍事才能出眾，著有《吳起兵法》48章，在秦漢之前與《孫子兵法》、《孫臏兵法》齊名。楚悼王排除種種阻撓，予以重用，主持變法。吳起在楚國變法的內容與商鞅在秦國的變法差不多，吳起個人也就難免商鞅式的下場（不過，商鞅變法在稍後幾年）。那些被廢爵位的貴族，對吳起產生刻骨仇恨。第三年，即前381年，發生驚心動魄的一幕：楚悼王忽然病逝，那些貴族立即發難，封鎖消息，設下埋伏，趁吳起拜行入殮大禮時，亂箭齊發。吳起機智地伏在悼王屍體上，反變法的貴族仍然亂箭飛射，難免射到悼王的遺體。那些人射殺吳起無法解恨，又將他的屍體拉出去車裂。

太子熊臧獲悉，不打草驚蛇，順利即位楚肅王。然後，揚言要給除去吳起的功臣行賞。那些人興高采烈，紛紛出來爭功。葬禮結束後，肅王立刻調動軍隊，按圖索驥，將「功勞簿」上的貴族逐個逮捕。那些人在封地起兵抵抗，王師逐一擊破。依照楚國律法「麗兵於王屍者，罪同謀逆，誅滅三族」，盡誅那70餘家封君貴族及其三代。這次變法雖然總共才一年多時間，但收到了立竿見影的效果，楚國迅速恢復強勢，為其後的宣王、威王開創盛世打下良好的基礎。

本卷開篇話：追問歷史盛世

此後 11 年，亦即前 370 年，楚肅王死，其弟宣王繼位。宣王在位 30 年，卒後其子威王立。遺憾的是，「宣威盛世」雖是那幾百年當中唯一的盛世，卻似乎不怎麼受到重視，數據甚少。其亮點主要是力戰爭雄。楚宣王繼位之初，採取「息兵養民」國策，集中精力忙於國內各方面的改革與發展，對外盡量不介入，以靜制動，以不變應萬變，讓魏、趙、秦、齊、韓等去混戰。俟國內社會經濟穩定發展後，才開始在國際舞臺上大顯身手。

西部：楚宣王發動大規模征戰，一舉攻占巴國南部黔中之地（今重慶涪陵、黔江）。後來楚威王又進軍巴國最後一道鹽泉，攻占今重慶巫溪、巫山、奉節一帶，置為巫郡。隨後全線西進，攻占江州及其北的陪都墊江（今重慶合川），並進入雲南和四川西南部，徹底解除巴蜀威脅。

北部：楚威王親自統兵北上伐齊，齊軍大敗，楚國疆域擴展至泗水之上。魯、宋、衛等小國見風使舵，由附齊改為附楚。楚國大有統領北方各國之勢。對秦則採取和的策略。

東部：越王攻楚，楚國迅速從北部調回兵力，結果越軍大敗，越國被滅，全部領土落入楚國囊中。

楚軍滅越後，移師北上，又與齊大戰，大敗齊國。至此，楚國強大到頂峰，其版圖囊括長江中下游及淮河流域。當時名士蘇秦對楚威王讚道：「楚，天下之強國也；大王，天下之賢王也……夫以楚之強與大王之賢，天下莫能當也。」[050]

楚國社會、經濟、軍事、文化發展狀況，可以從一個角度窺見一斑：他們有豐富的銅、錫、鉛等礦產資源，採礦與冶煉、鑄造技術大發展，生產大量青銅禮器、武器、生產工具和生活用品。楚國還盛產黃金，是當時唯一使用金幣的地方。楚國冶煉鋼鐵技術高於其他諸侯國，其武器以鋒利

---

[050]《戰國策・楚一》。

聞名，其鋼矛鋒利像蜂毒，輕便如疾風。[051] 為此，秦昭王曾在朝堂上嘆道：「聽說楚國鋼鐵好，造的劍特別鋒利，所以士兵也特別勇敢！」[052] 據統計，春秋時期楚國主動發起的戰爭有 111 次，而晉國僅 90 次，齊國 70 次，秦國僅 44 次，由此可見當時軍事實力，也可見楚國的心志。

然而，決定戰爭勝負的絕不僅是軍事實力。軍事實力之外，還得比野蠻、卑鄙程度，比陰謀、詭計多端等等。這樣一比，楚國就有某些先天不足了。也許可以說：楚人太單純、太善良了！楚威王被田嬰騙了，緊接著又被張丑騙。可是，與其接班人懷王相比，威王的受騙上當不足掛齒。楚懷王被秦國騙至死，楚國一敗再敗，由強轉衰，倒數計時也開始了。

---

[051] 《荀子・議兵》，「宛鉅鐵釶，慘如蜂蠆；輕利僄遫，卒如飄風。」
[052] 《史記》卷 79，〈范雎蔡澤列傳〉，3 冊，P1,891，「秦昭王臨朝嘆息……曰：『吾聞楚之鐵劍利而倡優拙。夫鐵劍利則士勇，倡優拙則思慮遠。夫以遠思而御勇士，吾恐楚之圖秦也。』」

本卷開篇話：追問歷史盛世

第一章
漢武盛世

【提要】

　　漢武帝劉徹當政時期，從西元前140年繼位至前87年去逝，擊敗匈奴，奠定中華疆域版圖；「罷黜百家，獨尊儒術」，儒家學說開始獲得獨尊地位。

　　劉徹開創一種文體「罪己詔」，從此朝政出現危機或遭受天災時，有些帝王會釋出〈罪己詔〉，及時公開自省自責，以示誠意，團結臣民。

第一章　漢武盛世

來龍：「文景之治」

漢文帝劉恆、景帝劉啟當政時期，從前 180 年劉恆繼位開始，至前 141 年劉啟去逝，其間「無為而治」，休養生息，稅收為當時世界最低，刑制由野蠻轉為文明，被譽為「文景之治」，詳見《春之卷》第一章。

劉徹繼位之初，由竇太后攝政。前 135 年竇太后去世，劉徹親政。第二年，劉徹親自面試各郡國推薦來的人才時，發表重要講話，大談治國理想，一是立志學堯、舜，目標是「成康之治」，不用刑法而「德及鳥獸，教通四海」；二是要實現「天人合一」，社會與自然和諧，使「星辰不孛，日月不蝕，山陵不崩，川谷不塞」，讓祥瑞並出，河洛出書；三是要讓夷狄臣服，四方來賀。[053]

最大亮點：「獨尊儒術」

孔子告誡他的學生子夏：「你要努力當君子儒，而不要滿足於小人儒！」[054] 儒者有大小之分，大者稱「君子儒」，小者稱「小人儒」。對此解釋，歷來有些爭議。清時學者認為：「君子儒能識大而可大受，小人儒則但務卑近而已。君子小人以廣狹異，不以邪正分。」[055] 也許可以更簡潔、通俗些說：君子儒是有思想的，而小人儒僅通一些簡單禮儀罷了。現代紅白大事也總得有人主持那些程序性的儀式，那主持人應該就是所謂「小人

---

[053]　《漢書》卷 6，〈武帝紀〉，4 冊，P115，「今朕獲奉宗廟，夙興以求，夜寐以思，若涉淵水，未知所濟。猗與偉與！何行而可以章先帝之洪業休德，上參堯舜，下配三王！朕之不敏，不能遠德，此子大夫之所睹聞也。賢良明於古今王事之體，受策察問，咸以書對，著之於篇，朕親覽焉。」

[054]　《論語・雍也》，「子謂子夏曰：『汝為君子儒，無為小人儒！』」

[055]　劉寶楠：《論語正義》。

儒」。孔子年少時曾經在鄉里為紅白大事吹嗩吶之類，應該也屬於「小人儒」，但他不滿足於此，終成「君子儒」。

劉邦接受了儒生的建議，尊孔崇儒。前195年他還專程到山東曲阜，以天子祭祀社稷的「太牢」禮祭孔，成為歷史上第一個親臨孔廟的君王。生前淪為「喪家狗」的孔子，終於讓帝王開始刮目相看！

不過，劉邦重的多半是「小人儒」，滿足於宮廷禮儀，逞皇帝的威風，至於國家意識形態方面還是兼雜的「黃老之學」。這種思想統治了近70年，即從漢開國，直至劉徹繼位之後一、兩年。梁啟超非常精闢地剖析：「當時百家都致力於天下變革，為什麼最後獨尊儒學一家呢？因為帝王要專制，先秦儒家對此是反對的，而之後儒家是支持的。」[056]

劉邦當年之所以取儒者的帽子尿尿，是因為孔學會阻礙他造反奪權；等到他稱帝後，孔學可以幫助他阻止別人造反、奪他的權，所以改而尊孔，並特地到曲阜去跪拜。天下大定之後，儒學取代黃老學說是不得不然的趨勢。何況劉徹當太子時，身邊有幾位儒門子弟，如他的老師衛綰、王臧等。

建國立朝70來年，老一輩的忠臣、能臣差不多走光了，人才問題越來越突出。劉徹繼位第二年，即前140年，詔「舉賢良方正能言直諫之士」，名義是皇帝考試，實際上由衛綰代為主持。董仲舒埋頭苦讀，到「三年不窺園」的地步。這時，他覺得時運到了，機不可失，便跳出「園」，先後三次上書應對，提出「大一統」、「天人感應」、「獨尊儒術」三大理論。董仲舒強調：「唯天子受命於天，天下受命於天子，一國則受命於君。」詳見《春之卷》第三章。

對於董仲舒的觀點，衛綰非常滿意，將董仲舒推薦給劉徹。衛綰還提

---

[056] 梁啟超：《飲冰室合集・論中國學術思想變遷之大勢》，「當時百家，莫不自思以易天下，何為不一於他而獨一於孔……蓋前此則孔學可以為之阻力，後此則孔學可以為之奧援也。」

出,各地推薦來的人才,有贊同申不害、韓非、蘇秦、張儀學說的,一律罷黜。申不害、韓非、蘇秦、張儀的學說,都是被歷史證明的富國強兵思想,不同於儒家。對此建議,劉徹同意。

竇太后聽說新錄取一批儒生,大發雷霆。劉徹還得看點她的臉色,便將衛綰撤職。但同時任用一批儒者:竇嬰為丞相,田蚡為太尉,趙綰為御史大夫,王臧為郎中令,申公為太中大夫。其中竇嬰是竇太后堂姪,趙綰是研究《詩經》的學者,申公是他的老師。這樣的任免,應該有某種平衡吧?

趙綰、王臧為衛綰抱不平,建議劉徹今後自作主張,不必事事請示太后。竇太后聽了又動怒:「趙綰和王臧想當第二個新垣平啊!」新垣平是劉恆時期一個巫師,說是望氣能見文帝,因為長安東北有五彩神氣,因此得寵。後來有人揭露那是胡說八道,被誅三族。竇太后指責趙綰和王臧也是欺詐,並要求像對新垣平那樣治罪。她還派員查了趙綰、王臧以權謀私的證據。劉徹無奈,只好將趙綰、王臧下獄。他們害怕真像新垣平被株三族,連忙自殺。自此,劉徹也銷聲匿跡了6年,其間在《史記》中沒有他一字記載。

竇嬰、田蚡和申公也被免職,改任信奉黃老思想的許昌為相,又達到某種平衡。這樣,儒道相對平靜了兩年。前138年詔選天下博學而有才的人,突出者破格重用,如嚴助、朱買臣、吾丘壽王、司馬相如、東方朔、枚皋、終軍。這批人的確也都是那個時代的風流人物,但顯然跟後世所理解的「儒」大相逕庭,沒一個典型的儒士。再一點請注意:這批劉徹親自選拔的人才,幾乎沒一個善終,突顯那個「獨尊儒術」的時代,官場生存環境之險惡。

劉徹置「五經博士」,這是尊儒的又一重大舉措。「五經」指儒家5部主要的經典:《詩經》、《尚書》、《禮記》、《周易》、《春秋》,沒包括《論語》、

《孟子》。博士制度在秦朝時開設，沒限儒家還是法家。劉徹只限儒家經典，首開歷史先河，以後歷代皆如此。儒學從此成為國學、官學。有人說這就是「罷黜百家，獨尊儒術」的實際意義，但這並不意味著其他學說被禁，只不過沒被列入國學、官學而已。

對此，竇太后反應如何？不得而知。也許，她重病在床，根本沒聽說，或者說，劉徹根本不用看她的臉色行事了。

前135年，竇太后去逝，劉徹徹底擺脫約束，隨即以「坐喪事不辦」為由，將許昌免職，提拔田蚡為丞相。從此，劉徹像秦始皇那樣，開始做他想做的一切，包括崇儒、征戰、追求長生不老的仙藥。

親政第二年，劉徹令各郡國「舉孝廉」一人。在科舉制興起之前，人才選拔制度為察舉制。所謂「察舉」，察是從上至下，官方考察；舉是從下到上，民眾推薦。而「孝廉」即「孝順親長、廉能正直」之意，從此成為任用官員的一種科目，明清以此雅稱舉人。不久，又要求各地「舉賢良、文學」，劉徹親自面試。這裡「賢良」指品貌端正、道德高尚之人；「文學」一詞在當時指精通儒家經典之人，魏晉時期才開始變成今天的意涵。前128年，劉徹還特別制定一條紀律：「不舉孝，不奉詔，當以不敬論。不察廉，不勝任也，當免。」[057] 當官就是用人，這跟我們現代觀念很接近，但具強制性，不許你埋沒人才。前124年，為博士官置弟子50人，免他們的賦役。這裡的「弟子」，大概相當於專家、學者的助手，也予優待。前106年，還令各州、郡「舉茂才、異」等人才，任用為將相及外交官。這裡「茂才」又作「茂材」，是漢代的另一種察舉常科，也即「秀才」，明清兩代稱「生員」。「異」指傑出的人才。由此可見，劉徹所重人才實際上並非「獨尊儒術」，而是全面性的，包括「異才」。從此，「平民政府」轉變為「士人政府」。儒生繼承了君子的稱號，卻沒有繼承到貴族的權威。西漢及以後

---

[057] 同注53，卷6，〈武帝紀〉，4冊，P119。

的王朝，距孔子時代的周政理想，不僅沒有更接近，反而越來越遙遠。

當時便有大臣批評劉徹「內多欲而外飾以仁義」。學者指出：「武帝時接受大儒董仲舒建議，獨尊儒術，立五經博士，儒學看起來很興盛，但實際上儒學並未真正成為有效的社會意識形態」，「甚至有人懷疑：董仲舒關於『罷黜百家，獨尊儒術』的建議，劉徹到底採納了沒有？詔令何在？」[058] 這像個誘人的謎，2,000多年來吸引無數專家學者，但至今仍是一筆糊塗帳。然而，有兩點絕對不含糊——

其一，「不管劉徹如何選擇性地取用董仲舒的理論，最終的結果都會大體相似：漢帝國獲得意識形態上的合法性」，[059] 並讓此後所有造反奪權者一個又一個很快在意識形態上「合法」地站穩腳跟，且有助於劉徹順利實現秦制的正式回歸，千古傳承。

其二，從此開始，「罷黜百家，獨尊儒術」的事實傳承千古。

劉徹「獨尊儒術」的真相，有必要從以下三個層面進一步了解。

一、「春秋決獄」

董仲舒明說：「霜者天之所以殺也，刑者君之所以罰也。」他親自編寫《春秋決獄》，收錄232個經典案例，用《春秋》經義注釋刑罰。通俗地說，就是用孔子的思想來對犯罪行為進行分析、定罪，即用《詩》、《書》、《禮》、《易》、《樂》、《春秋》六經中的內容，作為判案的主要依據，法律變成次要。凡與儒家經義相背的法律，以儒家經義為準。再換言之，著重追究犯罪動機，動機好的一般從輕，甚至免罪；如果動機不好，即使有好的結果，也要受到嚴厲的懲罰，犯罪未遂也要按已遂處罰。但實施情況不一定，劉徹還經常根據自己的意願制定新的法律，並以此開展「嚴打」運動。

---

[058] 李春青：《趣味的歷史：從兩周貴族到漢魏文人》，北京：三聯書店，2014年，P315、360。
[059] 諶旭彬：《秦制兩千年：封建帝王的權力規則》，P76。

最大亮點：「獨尊儒術」

▸ **見知法：**

前 130 年作「見知法」，規定吏知他人犯罪而不舉，以故縱論處。張湯與趙禹編《越宮律》、《朝律》等法律，用法嚴峻。趙禹曾助推鹽鐵專賣、告緡、算緡，深受劉徹賞識，先後晉為太中大夫、廷尉、御史大夫，權勢遠在丞相之上。因為用法嚴酷，後人將他視為酷吏的代表人物之一，不過他為官清廉儉樸。

▸ **腹誹法：**

前 119 年官府發行兩種新幣，一種「金幣」（銀與錫合金），一種是「皮幣」（白鹿之皮）。一張皮幣規定值錢 40 萬，面值太大，不適合流通，只能在王侯宗室之間作禮幣，說穿了，就是明目張膽搜刮貴族們的錢。為此，劉徹向大臣顏異徵求意見，希望得到他的支持。顏異如實說：「朝賀的蒼璧（即青玉璧）才值數千，而墊在屁股底下的皮幣反而值 40 萬，本末顛倒，太不相稱。」劉徹聽了非常失望。前 117 年，有人告顏異別的事，劉徹派張湯受理。張湯與顏異本來就有嫌隙，查知曾有客人說政令多不便，顏異沒有明確表示反對，而「微反脣」，即嘴脣略微動了動，可能想表示贊同。張湯據此定顏異「腹誹」（心中誹謗）罪，處以死刑。顏異被誅後，「公卿大夫多諂諛取容矣」，而酷吏辦案則有「腹誹之法比」，即比照顏異以「腹誹」的罪名加誅。後來在「鹽鐵會議」上，論及顏異之死，丞相史一方還認為顏異「處其位而非其朝，生乎世而訕其上」，死有餘辜[060]。

▸ **沉命法：**

由於種種原因，被迫反抗的民眾不斷增加，多的數千，少的數百。造反者攻打城邑，奪取武庫，影響很大。官府派兵殘酷鎮壓，可是軍隊一撤，他們聚集又反。為此，劉徹對地方官施加壓力。前 99 年，頒「沉命法」，規定凡二千石以下之小吏察捕不力者，皆處死刑。從此，小吏唯恐

---

[060] 《鹽鐵論》卷 5，〈論誹〉，P244。

不能如期破案而招禍，只得努力隱匿當地的反抗情況，反而助長了暴亂。

劉徹時期不僅立法嚴酷，執法更是殘暴，酷吏特別多。西漢正史有傳的酷吏總共18人，其中12人是劉徹之臣，限於篇幅無法一一介紹他們的「先進事蹟」。學者認為：「與秦朝以來的政府相比，漢武帝的統治也是更為集權、殘暴和專制的政權之一。」[061] 劉徹與秦始皇的差別，也許僅在於有沒有「獨尊儒術」的外衣。而「罷黜百家，獨尊儒術」，本身是文化上的專政。

■ 二、對外戰爭

◎匈奴：

匈奴改變不了劫掠的本性，成為漢王朝的心腹大患。然而，他們明說「漢雖強，猶不能兼併匈奴」[062]。大漢君臣恨得咬牙切齒，可又無奈。那些學富五車的謀臣，如劉邦的劉敬，呂后的樊噲、季布，劉恆的賈誼、晁錯等，幾乎沒一個主戰了。賈誼提出「五餌」之策，是什麼錦囊妙計呢？他在朝堂之上正經八百提出的策略是：對匈奴來降者或使者，用好吃、好穿、美女、歌舞之類「壞其目」、「壞其口」、「壞其耳」、「壞其腹」、「壞其心」[063]。用現代話來說，是用糖衣、炮彈去腐蝕他們的鬥志。說來可笑，可是認真一想，還是覺得深有其理。所謂「金以儒亡」，無非就是說繁文縟節之類的禮制，讓他們的統治者墮落了。然而，他們也會「以漢制漢」，重用漢族降臣，如著名「漢奸」中行說，他常常忠告單于要保持匈奴

---

[061]　[美] 顧立雅（Herrlee Glessner Creel）：《孔子與中國之道》，P284。
[062]　同注53，卷94，〈匈奴傳〉下，6冊，P2,806。
[063]　同上，卷48，〈賈誼傳〉，5冊，P1,738，「愛人之狀，好人之技，仁道也；信為大操，常義也；愛好有實，已諾可期，十死一生，彼將必至。此三表也。賜之盛服車乘以壞其目；賜之盛食珍味以壞其口；賜之音樂婦人以壞其耳；賜之高堂邃宇、府庫奴婢以壞其腹；於來降者，以上召幸之，相娛樂，親酌而手食之，以壞其心。此五餌也。」

的優良傳統，不要學漢人那一套。[064] 所以，至少在這個時期，他們沒有腐化墮落，軟硬不吃，讓漢人頭痛不已。

劉徹親政之初，與匈奴還是「友好」的，所以他們又派人前來請求和親。劉徹交由大臣討論。王恢是「大行令」，相當於現代外交部長，建議拒絕和親。他說：「過去與匈奴和親，匈奴老是不守盟約，照樣侵犯邊界，我們應該發兵攻擊！」御史大夫韓安國則說：「派兵去千里之外，不易取勝。現在匈奴馬草充足，很難控制。我們占了其地，不能算開疆拓土；擒獲其民，不能算強大。況且強弩之末不能穿魯縞，狂風到最後連雁毛也捲不起，還是等他們衰竭了，再用兵為宜。目前，還是繼續和親為宜。」[065] 群臣多數附和韓安國，劉徹只好同意再次和親，但他心裡很不甘願。

前133年，王恢再次建議征討匈奴，劉徹欣然同意。王恢的計謀是，統軍30萬在馬邑（今山西朔州）山谷中設伏，由當地從事外貿的聶壹通報匈奴，謊稱他已將馬邑的長官殺了，請他們乘虛而入。匈奴信以為真，單于親自率10萬騎入境，直奔馬邑。不想，他們行至距馬邑200來里的地方，只見牛羊，遍野不見牧人，覺得異樣，便就地攻占一個要塞，從俘虜口中獲知真相，立即撤退，讓王恢的伏兵白辛苦一場。但是，雙方50年的和平從此被打破，恢復大規模衝突。

前130年夏，劉徹徵萬民修整雁門通道，加強戰備。第二年春，命衛青、李廣等4人各率萬騎分別出擊。衛青一路斬敵700，其餘三路軍皆敗。翌年秋，匈奴分道入侵，一路侵遼西，殺太守；一路侵漁陽、雁門，

---

[064] 同上，〈匈奴傳〉上，6冊，P2,782，「今中國雖陽不取其父兄之妻，親屬益疏則相殺，至到易姓，皆從此類也。且禮義之敝，上下交怨，而室屋之極，生力必屈焉。夫力耕桑以求衣食，築城郭以自備，故其民急則不習戰功，緩則罷於作業。嗟土室之人，顧無喋喋占占，冠固何當？」

[065] 《史記》卷108，〈韓長孺列傳〉，3冊，P2,193，「千里而戰，兵不獲利。今匈奴負戎馬之足，懷禽獸之心，遷徙鳥舉，難得而制也。得其地不足以為廣，有其眾不足以為強，自上古不屬為人。漢數千里爭利，則人馬罷，虜以全制其敝。且彊弩之極，矢不能穿魯縞；衝風之末，力不能漂鴻毛。非初不勁，末力衰也。擊之不便，不如和親。」

殺掠 300 餘人。劉徹命衛青等將敵擊退，並起用李廣為太守。匈奴人畏懼李廣，稱「漢之飛將軍」，多年不敢染指他的地盤。

前 127 年初，匈奴又入侵上谷、漁陽，殺掠吏民上千。衛青等率軍反擊，奪取河南地（即黃河河套西北部地區）。漢在此設朔方郡，發 10 萬民修復秦時城堡與要塞。第二年匈奴發生分裂，一部降漢，另一部則入侵代郡，殺太守；侵雁門，殺掠千餘人。

前 124 年冬，匈奴接連侵擾朔方，劉徹命衛青率 6 將軍、10 餘萬兵反擊，出塞六七百里，俘匈奴小王 10 餘人，男女 5,000 餘，畜無數。劉徹派使者到前線慰問衛青，提拔他為大將軍。但匈奴並未收斂，同年末又入侵代郡，殺掠吏民千餘。第二年，衛青率 6 將軍出定襄，斬敵數千。不久，衛青又統 6 將軍出定襄，俘斬萬敵，但損失也大，一將軍敗降，另一路全軍覆沒。次年匈奴萬人入侵上谷。

前 121 年，劉徹改用霍去病率萬騎出隴西擊匈奴，歷 5 國，轉戰 6 日，過焉支山千餘里，殺匈奴兩個小王，獲大勝。為此，匈奴人哀唱：「亡我祁連山，使我六畜不蕃息。失我焉支山，使我婦女無顏色。」焉支山所產紅色染料可作為女性化妝品，「胭脂」一詞由此而來。

同年夏，再次深入 2,000 餘里，又大捷。為此，匈奴單于召回兩個小王，要軍法嚴懲。這兩個小王害怕，率 4 萬餘人叛逃降漢。劉徹命霍去病去接收，將先後來降的匈奴人就近安置在隴西等 5 郡。第二年，匈奴又分兵入侵，殺掠千餘人。隔年夏，劉徹發動更大規模反擊，命衛青、霍去病各率 5 萬騎、步兵及民工數十萬人，分別從定襄、代郡出塞，向漠北追擊。衛青一路出塞千里，斬敵近 2 萬，直至趙信城而還。霍去病一路出塞 2,000 里，殺敵近 7 萬，封狼居山而還。這一仗，總共殺敵八、九萬，自己損失數萬。匈奴遠逃，漢軍也因馬少未再大舉出擊。

但沒過幾年，前 112 年，匈奴與西羌勾結，聯手 10 萬大軍入侵隴西

等地。於是，與匈奴的拉鋸戰又幾乎年年都有。直到前87年劉徹死，這年冬，匈奴還入侵朔方，殺掠吏民，不贅述。總之，劉徹出了幾口惡氣，但並未制服匈奴。

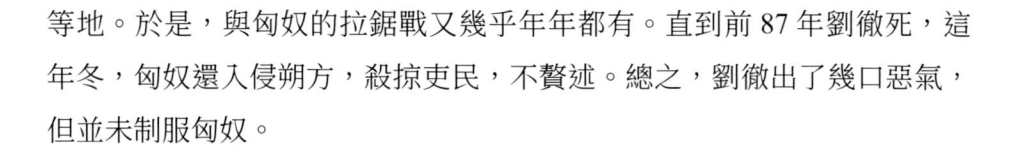

◎**西域**

西域一般指玉門關、陽關以西，蔥嶺，即今帕米爾高原以東，巴爾喀什湖東、南及新疆廣大地區，後來包括今青海、西藏，有時還包括亞洲中、西部等地區。那一帶在前5世紀左右形成諸多國家，號稱36國，實際超過50，或游牧部落，或城郭國家，小的只有千餘人，最大烏孫也只有63萬人。西漢初，匈奴勢力擴展到那個地區，徵收重賦，並當作侵擾西漢的策略基地──時稱「右臂」。為了安定西部邊境地區，劉徹開始重視西域。被匈奴逐到阿姆河（今阿富汗與塔吉克的界河）上、中游地區的大月氏，欲報世仇，劉徹決定聯合大月氏夾攻匈奴，「斷匈右臂」。劉徹募人出使西域，這時漢與匈奴尚處於「友好」時期。從這點來看，劉徹對匈奴最初的策略是想不戰而屈人之兵，或者說「借刀殺人」。

張騫早期經歷不詳，當時僅為「郎」的侍從官。他極積應募，於前138年率100多名人員出發。行至河西走廊，碰上匈奴騎兵，全部被俘，押送王庭（今內蒙古呼和浩特附近）。匈奴單于威逼利誘，張騫堅持「不辱君命」，「持漢節不失」。一晃10年過去，監視有所鬆懈，張騫帶隨從出逃，但不是回國，而是繼續履行使命。這時形勢已發生變化，匈奴唆使烏孫進攻月氏，月氏被迫從伊犁河流域繼續西遷，落腳鹹海附近的媯水地區。因此，張騫一行向西南進入焉耆，再溯塔里木河西行，過庫車、疏勒等地，翻越蔥嶺，直達大宛（今烏茲別克費爾干納盆地）。這一路極為艱難，他們不畏險阻。大宛王熱情支持，派出嚮導和譯員，將他們送到康居（今烏茲別克和塔吉克境內）。康居王又派人將他們送到大月氏。可是大月氏因為新的國土富沃，距匈奴和烏孫已遠，無意復仇，張騫一行空手而歸。不

第一章　漢武盛世

料，羌人也成為匈奴的附庸，導致張騫一行又被匈奴扣留一年多。前126年初，匈奴發生內亂，張騫等再次出逃。同年夏，張騫回到長安，將此行經歷與見聞，特別是對蔥嶺東西、中亞、西亞，以至安息（今伊朗）、印度諸國的位置、特產、人口、城市、兵力等情況詳細匯報。劉徹非常滿意。

經過多年戰爭，大漢終於扭轉了局勢，但匈奴向西北退卻後，藉助西域的力量繼續與漢對抗。於是，劉徹再派張騫出使西域。這次目的不同。當時，劉徹想發展與烏孫的關係，嫁過去一位公主，但烏孫王卻同時娶一位匈奴新娘，且給匈奴更隆重的禮節。不過，烏孫與匈奴有舊仇。因此，劉徹派張騫去鼓動他們東歸故地，並勸說西域其他各國與漢聯合，而不要支持匈奴。前119年，提拔張騫為中郎將，率員300多名，攜帶金幣、絲帛等財物數千萬，牛羊萬頭。然而，人算不如天算，張騫一行到烏孫時，烏孫發生內亂，張騫的使命又泡湯。不過，此行分別訪問了中亞的大宛、康居、大月氏、大夏等國，帶回「汗血寶馬」及葡萄、核桃、苜蓿、石榴、胡蘿蔔和地毯等等，也傳給他們鑄鐵、開渠、鑿井等技術和絲織品、金屬工具等，拓展出一條連結歐亞兩大洲的「絲綢之路」，於前115年凱旋而歸，現代稱之為偉大的外交家、探險家、「絲綢之路的開拓者」。專家學者說：「沒有證據能證明在西元前1世紀以前，中國和西域地區存在大量的貿易」，也就是說，張騫之前兩地的貿易極少。「絲綢之路」這個概念，遲至19世紀末由一名德國地理學家創造。「此前無論是處於絲綢之路兩端的中國人還是羅馬人，都沒有意識到這樣一條線路的存在，甚至沒有注意到對方的存在」。[066]

鑑於烏孫不肯歸附，劉徹在邊境置酒泉、武威二郡，從內地遷民，以絕匈奴與西羌的通道。但西羌還是與匈奴狼狽為奸，前112年，西羌集結10

---

[066]《哈佛中國史・秦與漢》，P144。

萬人攻安故、枹罕（均屬隴西），匈奴則攻五原，殺太守。劉徹發兵 10 萬征西羌。匈奴聽說烏孫與漢有聯繫，非常氣憤，準備討伐。烏孫害怕，索性向漢求婚，劉徹同意。後來，烏孫王死，該漢女又依其俗，改嫁其子新王。

樓蘭，多漂亮的名字！樓蘭在今甘肅敦煌以西、阿爾泰山以北、庫魯克山之南，西至尉犁一帶，古時扼「絲綢之路」要衝。漢使者通西域時，往來都經過樓蘭。樓蘭跟烏孫一樣騎牆，前 108 年、前 92 年，分別向漢朝和匈奴送一位王子當人質。樓蘭王死時，消息還沒傳入漢，匈奴搶先將王子送回去繼位。劉徹派趙破奴率軍討樓蘭，俘其王。樓蘭降漢後，又遭匈奴攻擊，於是兩面稱臣。前 101 年，匈奴與樓蘭勾結，派騎兵襲擊漢使者，想破壞漢的西域通道。劉徹大怒，命大軍出擊，又俘樓蘭王。樓蘭王無奈說：「小國在大國間，不兩屬無以自安，願徙國人居漢地。」劉徹只好將他放回國，要求他暗中監視匈奴。前 99 年，漢還命樓蘭軍出擊車師（今新疆吐魯番），被匈奴救兵所敗。後來變單親匈奴，成為漢的心腹大患。更過分的是，樓蘭王幾次暗殺漢使者。

◎其他

直道開通後，秦始皇才開發「百越」── 南方兩大塊蠻荒之地，一是「閩中地」，二是「陸梁地」。前 113 年遣使南越，明確南越王享受諸侯王待遇，實行漢法。第二年春，南越王的國相呂嘉發動叛亂，殺漢使者及南越王夫婦，立建德為新王。同年秋，劉徹委派兩將軍率 10 餘萬人，分 5 路出擊。戰爭慘烈，次年火燒番禺（今廣州）城，俘建德與呂嘉，南越亡。以其地分置南海郡（治番禺）。

前 111 年，西南發生叛亂，殺漢使者及犍為太守。劉徹遣將率巴、蜀罪人去鎮壓，改設牂牁郡。夜郎侯本來依附南越，現在朝漢，被封為夜郎王。相鄰見狀，也紛紛主動臣服，劉徹便在那一帶設越嶲等郡。前 109 年，滇王也降漢，漢在那裡置益州郡。前 108 年，武都氐人（古民族）起

事,很快被鎮壓,將那些人分徙酒泉郡。前 105 年,昆明蠻人(古民族)起事,殺漢使者 10 餘人,劉徹遣兵討伐。

前 111 年,東越王餘善反叛,殺漢將吏,自立為帝,劉徹調兵遣將鎮壓。前 109 年秋,漢募天下死罪為兵,從水陸兩路出征朝鮮。第二年夏,朝鮮抵擋不住,大臣發動宮廷政變,殺了朝鮮王降漢。漢在那裡設 4 郡:樂浪(今朝鮮平壤)、臨屯(今朝鮮咸鏡)、玄菟(今遼寧清源)、真番(今朝鮮開城)。

劉徹在位 53 年,其中 50 年打仗,擊潰匈奴帝國,東併朝鮮,南誅百越,西越蔥嶺,征服大宛,奠定中華疆域版圖,功不可沒。不過,有三點切不可忽略:

一是戰爭代價太大,很快變得「海內虛耗,人口減半」[067]。

二是有些戰爭顯然是非正義的,司馬光甚至認為有些戰爭只不過是劉徹為了破格封侯國舅爺李廣利。[068]

三是某種僥倖因素。雷海宗說:「漢武帝時代武功的偉大是顯然的,是人人能看到的。但若把內幕揭穿,我們就知道這個偉大時代是建築在極不健全的基礎之上。」為什麼這樣說呢?因為「戰國時代的兵可用,漢時的兵不可用,只有遇到才將率領時才能打勝仗」。[069]

■ 三、橫徵暴斂

「文景之治」時國庫錢太多,以致串錢的繩子生蟲,散錢多到無法計算,那真叫「不缺錢」。劉徹曠日戰爭,大興土木,疏於農業,「文景之治」留下的財富,很快揮霍一空。

---

[067] 同注 53,卷 7,〈昭帝紀〉,4 冊,P163,「承武帝奢侈余敝師旅之後,海內虛耗,戶口減半。」
[068] 《資治通鑑》卷 21,〈漢紀〉13,2 冊,P812,「武帝欲侯寵姬李氏,而使廣利將兵伐宛,其意以為非有功不侯,不欲負高帝之約也。」
[069] 雷海宗:《中國文化與中國的兵》,P38。

◎稅賦改革：

前 123 年，即劉徹上臺第 17 年，財政部報告：「臧錢經用，賦稅既竭，不足以奉戰士。」[070] 劉徹意識到財政危機的嚴重性，不是懸崖勒馬，停止意義不大的征戰，改行節儉，而是採取一系列改革措施，進一步斂財。前 119 年，重用一批「興利之臣」，如大鐵商東郭咸陽、大鹽商孔僅為「大農丞」，主管全國鹽、鐵方面的事務；大商人桑弘羊為「侍中」(原為散職加官，劉徹時地位上升，超過「侍郎」)，負責全國經濟工作。同年底，針對富商大賈頒布《算緡令》和《告緡令》，在全國上下開展轟轟烈烈的「算緡、告緡運動」：

一是凡屬工商業主、高利貸者、囤積商等，不論有無市籍，都要據實呈報自己的財產數目，官府從每 2 緡 (1 緡＝ 1,000 錢) 抽取 1 算，即 120 文 (有的說是 200 文)。一般小手工業者從優，每 4 緡抽取 1 算。

二是除官吏、三老 (鄉官) 和北邊騎士以外，凡有軺車 (即小馬車) 的，每乘抽取 1 算；販運商的軺車，1 乘抽取 2 算；船 5 丈以上的，抽取 1 算。

三是凡隱瞞不報，或呈報不實的，罰戍邊一年，並沒收其財產。對於告發隱瞞的，賞給所沒收財產的一半。

四是禁止有市籍的商人及其家屬占有土地和奴婢，違者沒收其全部財產。

這兩項法令對那些大富人家顯然不利，遭到強烈反對，《史記》：「富豪皆爭匿財」。然而，也有一個人與眾不同。卜式經營畜牧業，成為富豪。他愛國熱情高漲，慨然上書，表示自願捐家財一半當軍費。劉徹大吃一驚，連忙派人去調查。欽差直截了當地問：「你想當官是嗎？」卜式答：

---

[070] 同注 53，24，〈食貨志〉，4 冊，P972。

「不想。」又問：「那麼，你家裡有什麼冤屈想申訴嗎？」卜式答：「沒有，我家與世無爭。」又問：「既然如此，那你為什麼想捐獻呢？」卜式說：「天子征匈奴，我認為有德的應當死節於邊疆，有錢的應當出錢，這樣就可以滅匈奴了！」[071] 劉徹徵詢丞相公孫弘的意見，公孫弘認為卜式矯情立異，動機不正，不宜鼓勵。幾年後，財政危機加重，卜式捐給當地官府 20 萬錢。地方官上報請求表彰，劉徹記起前事，便對卜式特別嘉許，召拜為中郎，賜爵左庶長（第十級爵），田 10 頃，布告天下。隨後七、八年間，又賜爵關內侯（第十九級爵），進位御史大夫。

劉徹在舉國掀起一場聲勢浩大的「向卜式學習」運動，不想「天下莫應」。右內史（治理京師的長官）義縱公然認為告緡的人是亂民，予以搜捕。這樣，《告緡令》也難以推行了。劉徹大怒，將義縱處以死刑，重申《告緡令》，強行實施 3 年。結果，天下中等以上的商賈之家大都被告發，沒收上億財產及成千上萬的奴婢，沒收田地更多，不少人因此傾家蕩產，國庫才重新充盈起來。錢穆認為：「在漢武帝的多項財政稅收計畫中，若從利害得失方面而言，則算緡與告緡這項措施，最為困擾人民了。」[072]

不僅如此，劉徹還有其他一系列斂財式的改革。

—— **賣官**：前 123 年，詔令民買爵贖罪，並置武功爵，每一級約 17 萬，買到「千夫」級的，可以優先為官。這不僅把官場弄亂，還因為買到大夫可以逃兵役，可徵調的役夫也日益減少。

—— **均輸與平準**：前 115 年開始試行「均輸法」，5 年後在全國實施，民間進貢土特產，用不完的不必運送京師，改送中央派駐各地的「均輸官」，在那裡暫存，聽候調令，多餘的就地出賣。與此配套有「平準法」，即由官府收儲天下百貨，價高時出售，價廉時買入。此舉結果，一是商賈

---

[071] 同注 68，卷 19，〈漢紀〉11，P742，「天子誅匈奴，愚以為賢者宜死節於邊，有財者宜輸委，如此而匈奴可滅也。」

[072] 錢穆：《中國經濟史》，P68。

無法與官府匹敵，無法獲利，這兩項新政說是方便百姓，實際上是官府做生意，與民爭利。二是如《鹽鐵論》所說：「今釋其所有，責其所無」，強迫繳納百姓沒有的土特產，百姓只得將自己所有的賤價賣出，再向商賈高價購入官府所指定的。如此一賣一買，百姓兩頭吃虧。

——**追溯富人罪**：前114年，推出「株送法」，即追捕「世家子弟和富人騷擾百姓」案，幾千人受牽連，但其中願意上繳財富的，可以入補郎官。

——**賣法**：前97年，令死罪贖錢，50萬減死一等。

劉徹的旗號是「獨尊儒術」，而桑弘羊卻是個公認的法家，他稱讚秦始皇，輕禮孔子，所推行的改革並沒有改進道德狀況，反而使民眾變得更熱衷於爭權奪利了。

◎錢幣改革：

秦始皇統一政權，也統一錢幣，將原本各國那些五花八門的刀幣、布幣、蟻鼻之類，統一為現代在文物市場還能見的銅幣——半兩錢，並由中央政府統一製造。這種錢圓形方孔，每個重8克（秦制半兩=8克）。劉邦沿用秦代貨幣制度，黃金與銅錢並行，並仍稱半兩錢，但「以為秦錢重難用，更令民鑄莢錢。」所謂「莢錢」，指錢的形狀像榆莢。劉邦「無為而治」固然好，可是把鑄幣權也下放民間，未免失之過寬。因為銅錢輕重和成色不一，造成混亂，為民眾帶來諸多不便。

為此，早在前192年，劉盈就明令禁止民間私鑄錢，前144年，劉啟又禁止民間私鑄貨幣，只准郡國鑄。郡國直屬中央，由中央委派官吏管理，初步控制鑄幣權。

劉徹上臺第二年初就進行貨幣改革，發行三銖錢。錢上鑄有「三銖」二字，因名。銖是古代一種重量單位，1/24兩為1銖，3銖非常輕。但不

久又停用三銖錢，改行半兩錢。錢文曰「半兩」，重 12 銖。實際上，這種錢在秦時就通行，西漢初年所鑄錢重量雖陸續減輕，但仍稱半兩。

前 118 年，劉徹廢除半兩錢，發行五銖錢，幣重與名稱相符。前 113 年，劉徹下令取消郡國鑄幣權，將鑄幣權控制在中央手中，貨幣自此穩定下來。

此後，劉徹還進行多次錢幣改革。後期的改革，主要目的是以通貨貶值彌補財政虧空。從此直到唐代，五銖錢沿用長達 700 年。據統計，此後 120 年，共鑄造貨幣 280 億萬錢，平均每年約 2 億 2,000 萬錢的貨幣量。錢穆：

> 由於屢改錢幣，錢益輕薄而物價日益昂貴。商賈遂囤積貨物而逐利，且民間盜鑄之風大盛。依法盜鑄錢幣者死，但盜鑄者多而不能盡誅，五年之間，因盜鑄而受死刑者已達數十萬人。赦罪者亦有 100 餘萬人，數量可謂驚人。[073]

不過，劉徹也禁地方鑄錢，因此民間盜鑄錢犯罪整體越來越少，幣制逐步走上正軌，使中國的幣制得到空前統一。專家學者甚至稱：「漢代是明顯的貨幣經濟時代。」[074]

去脈：皇帝悔過自新

與此同時，劉徹還像秦始皇強烈地追求永生，多次舉辦大規模求仙活動，勞民傷財。直到前 89 年春赴東萊（今山東掖縣）臨大海求神山，又上泰山封禪回來，才恍然大悟，嘆道：「朕過去實在是糊塗啊！竟然被道士

---

[073] 同上，P69。
[074] 《中國的歷史・秦漢帝國》，P273。

騙了。天下怎麼可能有仙人呢？盡是胡說八道。節儉飲食，服些良藥，不過可以少生病而已。」[075]

從此，他不再求仙。此舉比秦始皇厲害。秦始皇是至死無悔的，劉徹則親自發現受騙上當，根本原因不在於騙子太壞，而在於身為帝王的自己「愚惑」！清末學者易佩紳評論：「自謂狂悖，自謂愚惑，千古之君，罕有自責如是者。」也因此，迄今有人懷疑劉徹此言的真實性。[076]

不管怎麼說，劉徹後悔的還更多。早在劉徹四處征戰、捷報頻傳的時候，就有大臣徐樂上書，警示「天下誠有土崩之勢」。徐樂用陳涉起事比喻「土崩」，用吳楚「七國之亂」比喻「瓦解」，指出「土崩」之禍之所以重於「瓦解」，就在於「民困而主不恤，下怨而上不知，俗已亂而政不修」，使「民」這個政治統治最廣泛的社會基礎發生動搖，因此「天下之患，在於土崩，不在於瓦解」。[077] 當時，劉徹年輕氣盛，鶯歌燕舞，徐樂的話他聽不進去，現在天下跟自己身子骨一樣危機叢生，不能不有「土崩」之憂。

劉徹之所以能自悔，是因為有一點與秦始皇不同：殺自己親人太多。最糟的是前 92 年一個中午，劉徹午睡時夢見幾千個手持棍棒的木頭人打他，嚇醒後還心跳不已。古人認為言語詛咒能使仇敵或敵國應驗，包括射偶人（偶人厭勝）和毒蠱等等，這是一種巫術。我們可以從小說中讀到，女子又思又恨負心郎，便用針扎一個布娃娃。劉徹迷信這一套，認為有人詛咒他，立即派江充追查。江充是「直指繡衣使者」，直接受皇帝和朝廷委派，緝捕京城匪盜、監察官員和王公貴戚，有調動軍隊的權力，可以誅殺各地官員，氣焰沖天。在這場「巫蠱之禍」當中，掘地三尺，又用炮烙

---

[075] 同注 68，卷 22，〈漢紀〉14，2 冊，P860，「向時愚惑，為方士所欺。天下豈有仙人，盡妖妄耳！節食服藥，差可少病而已。」

[076] 辛德勇：〈漢武帝晚年政治取向與司馬光的重構〉，《清華大學學報‧哲學社會科版》2015 年第 1 期。

[077] 同注 53，卷 64 上，〈徐樂傳〉，6 冊，P2,117。

第一章　漢武盛世

之類酷刑逼供，前後冤死數萬人。

　　劉據是劉徹29歲才生的，如掌上明珠。劉據長大後，性情仁慈，行事又謹慎，與劉徹明顯不同。劉徹脾氣暴躁，因此他對劉據偶然也表示遺憾。這可嚇壞了生劉據的衛皇后及大舅子衛青等人，生怕劉據被廢。有次，劉徹特地對衛青大表白：

　　漢家庶事草創，加四夷侵凌中國，朕不變更制度，後世無法；不出師征伐，天下不安；為此者不得不勞民。若後世又如朕所為，是襲亡秦之跡也。太子敦重好靜，必能安天下，不使朕憂。欲求守文之主，安有賢於太子者乎？聞皇后與太子有不安之意，豈有之邪？可以意曉之。[078]

　　我非常欣賞前幾句，常引用論證改革的必要性。他說朕的改革與征伐都是不得不為之，但你們今後如果還像我這樣做，那就可能會重蹈亡秦的覆轍。這話顯示，劉徹對他所作所為是很清楚的。第二層意思表示相信太子「必能安天下，不使朕憂」，並明確要求將此話轉告皇后與太子，請他們安心。然而，隨著劉徹病久，江充越發不安。江充是個酷吏，有預感劉據接班後他沒有好日子，便先下手，趁著率巫師在上林及京城掘地尋找木頭人的機會，查到衛皇后和太子劉據的住室，用事先準備好的木頭人陷害劉據。當時劉徹在渭河之北的甘泉行宮養病，通聯不便，劉據有口難辯，一氣之下派人把江充殺了。劉徹聽信誤報，以為太子謀反，令丞相率兵「平叛」。激戰5日，劉據兵敗自殺，其3子1女也遇害。

　　有個為劉邦守陵的小官田千秋斗膽為劉據鳴不平。劉徹事後也意識到太子其實沒有反叛的企圖，越想越後悔，苦於無處訴說，於是召見田千秋，誠摯地說：「清官難斷家務案。你坦誠直言，是神靈要你來的啊！」隨即封田千秋為大鴻臚。幾個月後，又讓田千秋接任丞相，封為「富民侯」。然而，「千秋無他才能，又無伐閱功勞，特以一言寤意，數月取宰

---

[078]　同注68，P844。

相，封侯，世未嘗有也」。[079] 所以，匈奴單于聽聞，好奇地問漢使者：「是不是漢朝的丞相不用賢才，隨便一個男人上書就行？」使者回國如實向劉徹匯報，劉徹反而認為這使者說話不當，要處置他。不過，「富民」二字意味深長，「以明休息，思富養民也」。[080] 田千秋上任後還是辦了些實事，如協助展開「巫蠱之禍」平反昭雪等一系列撥亂反正的工作。一方面對參與巫蠱案、陷害太子的人進行嚴懲，不惜恢復已廢近百年的夷族之刑，夷江充等人三族。另一方面，修建「思子宮」，以寄哀思；又在劉據死的湖縣（今河南盧氏）修建一座「歸來望思」臺，期盼其魂來歸。在此基礎上，劉徹開始對自己全面進行深刻的反思。前89年，採納田千秋建議，罷諸方士求神仙事。

同年，桑弘羊建議派兵到輪臺（今屬新疆）屯田以防匈奴侵擾，劉徹卻批示：「今請遠田輪臺，欲起亭隧，是擾勞天下，非所以憂民也，今朕不忍聞。」劉徹同時強調：「朕執政以來所作所為，太過度了，讓天下百姓受苦了，後悔不已。從今以後，凡是可能傷害百姓的事，一律罷停。」[081] 劉徹不是嘴上說說，而是徹底整治，重回休養生息的國策。沒幾天，又詔「當今務在禁苛暴，止擅賦，力本農，修馬復令，以補缺」，[082] 命趙過指導農民推行「代田法」。劉徹還不顧年老多病，下田「親耕」，以示重農。就這樣，逐步恢復興盛與和諧，而避免像強秦一樣暴病死亡。

劉徹此舉開創一種文體——「罪己詔」。從此，當朝政出現危機或遭受天災時，有些帝王會釋出〈罪己詔〉，及時公開自省、自責。據統計，歷史上先後有90多位帝王下過〈罪己詔〉，不僅發生重大人禍要主動檢討自己的領導者責任，連發生不可抗拒的天災，也要深刻反省自己有什麼過

---

[079] 同注68，P860。
[080] 同上，P862。
[081] 同注72，「朕即位以來，所為狂悖，使天下愁苦，不可追悔。自今事有傷害百姓，靡費天下者，悉罷之！」
[082] 同注53，卷94，〈西域傳〉下，6冊，P2,883。

錯，讓老天爺生氣、發怒。儘管有些〈罪己詔〉流於形式，言不由衷，並沒有發揮實際作用，但帝王能夠公開「自我批評」並提升到「罪」的程度，總比那些死不認錯、死不改悔，反而強求人們頌揚，並對批評者施予「文字獄」的楊廣、朱元璋、乾隆們，要好得多。

劉徹脫胎換骨，為下一任改革復興鋪平了道路，開創「昭宣中興」，詳見《秋之卷》第一章。

劉徹時期就是《史記》作者司馬遷生活的時代。然而，《史記》中的〈孝武本紀〉原文已失，現存《史記》中的這一卷，是幾十年之後一位叫褚少孫的儒生補寫的，也就是說，劉徹的歷史形象可能有誤。

第二章
明章之治

【提要】

　　從西元 57 年漢明帝劉莊登帝至 88 年章帝劉炟去逝，恢復對西域的統治，儒學系統化，完善曆法，引進佛教。

　　知縣太守之類地肯定不會嫉妒帝王，因為不可同日而語。會嫉妒帝王的，一般是他的兄弟等皇室。

第二章　明章之治

來龍：「光武中興」

漢光武帝劉秀恢復漢室後，對外和平，集中精力於內部，大力解決奴婢和土地兼併等歷史遺留問題，農業勞動生產率居歷史最高水準，人口達歷史高峰，被譽為「光武中興」，詳見《春之卷》第二章。

劉莊太子地位得來不易，立太子之後及繼承皇位很順利。沒想到，登帝之後，他那些兄弟倒要為難他。人為什麼嫉妒？因為不服。為什麼不服？因為嫉妒者認為與被嫉妒者差不多，憑什麼他能當皇帝而我不能？知縣太守之類的肯定不會嫉妒帝王，因為不可同日而語。會嫉妒帝王的，一般是他的兄弟等皇室。當然，那些造反奪權的人另當別論。

劉秀對諸王的限制很嚴，10個兒子雖然封王，但不讓他們就國，而且封地很小，沒有任何實權。劉秀死後，劉莊即位，諸王才陸續到自己的封地去。然而，他們一回去就接二連三出難題。

首先跳出來的是劉荊。他很不安分，又沒英雄豪氣，耍些雕蟲小技。劉荊冒充皇舅郭況，寫信給劉彊，挑撥離間說他無罪被廢很冤枉，應該從自己的封地起兵，像劉邦那樣奪天下。劉彊是個老實人，一看這信嚇壞了，馬上呈報劉莊。劉莊倒是大度，不想兄弟殘殺，不了了之。劉荊不死心，找人看相，竟然說：「我貌類先帝。先帝三十得天下，我今亦三十，可起兵未？」[083] 這話又把相士嚇跑，跑去報告官府。這回劉荊也害怕了，連忙投案，沒想到劉莊仍不予追究。但不久後劉荊又請巫師用巫術詛咒劉莊，而這巫師也告官。事不過三，劉荊絕望，自殺了結。

劉英是劉秀庶出的兒子，母親許美人地位較低，但他很小就被封為楚王，封國在劉邦龍興之地。劉英喜好結交游俠之士，嗜好仍然是「黃老

---

[083]　《後漢書》卷42,〈光武十王列傳〉,8冊, P978。

之學」。當時佛教已滲入淮北地區，劉英深受影響，他府內留居僧人、居士。據考證，這是中國歷史上最早的僧團，劉英則是中國已知最早的佛教信徒。眾所周知，佛教主張「四大皆空」，看破紅塵。然而，劉英卻屢遭紅塵誤。65 年，詔令各地犯死罪的人繳納生絹贖罪，鬼使神差，劉英不知為什麼感到心虛，竟然也送黃絹、白絹 30 匹。劉莊收到這絹，感到莫名其妙，退了回去，說：「你有何罪要悔呢？不要自尋煩惱，把這些絹資助那些僧侶吧！」更糟的是，5 年後劉英結交、迎納方士，作金龜玉鶴，刻文字符瑞。符瑞多指帝王受天命的徵兆，劉英刻符瑞做什麼？有人告他謀反。朝廷派人調查，然後控訴劉英招聚奸猾，造作圖讖，大逆不道，當處死罪。劉莊不忍殺，但不得不廢劉英王位，貶居丹陽。第二年，劉英到丹陽後自殺。他結交的方士被牽涉致死上千人，還有幾千人受牢獄之災。

淮陽王劉延，劉秀與郭氏第四子。73 年，有人告發他與愛姬謝氏招納奸詐狡猾之人，私作圖讖，祭祀鬼神許詛咒。劉莊派人調查，牽連很多人，全被誅殺或流放。也有人請求誅殺劉延，劉莊認為他的罪比劉英輕，特旨加恩，貶為較小的阜陵王，只有兩個縣。

這些宗室謀反無法成功，最主要原因是他們沒有掌握封地的兵權，所以不可能成氣候。再說，封地的國相和官吏都是受皇帝委託監督他們的，跟春秋戰國及後來唐時不一樣。

最大亮點：擺平西域

■ 一、匈奴之患終於消除

漢與匈奴時戰時和，長期無法穩定下來。後來，匈奴分裂為南、北兩部，南匈奴請求內附和親，劉秀樂意。北匈奴也請求和親，劉秀則感到為

難。劉莊當時已是太子，發表意見：「如果我們與北匈奴和親，他們不會畏懼，南匈奴也會對我們有二心。」[084] 於是拒絕。劉莊即位後，同意與北匈奴發展貿易關係。但他們依然經常南下騷擾，逼得劉莊改變劉秀「息兵養民」國策，重新對匈奴開戰。

73年，兵分4路出擊北匈奴：一路率酒泉、敦煌、張掖士兵及盧水羌2,000騎出酒泉塞；二路率河東北地、西河羌兵及南單于1萬作騎出高闕（今內蒙古狼山中部）塞；三路率太原等郡及烏桓、鮮卑兵1萬餘騎出平城塞；四路率武威、隴西、天水及羌兵萬騎出居延（今內蒙古額濟納）塞。北匈奴聞風而逃。一路在天山遇敵，大敗北匈奴呼衍（呼延）王，斬首千餘級，追至蒲類海（今新疆巴里坤湖），留軍屯伊吾盧城（今新疆哈密）。

75年，漢軍還京，北匈奴卻派2萬騎攻車師。漢將耿恭派300騎前往救援，途中遭遇，寡不敵眾，全軍盡沒。北匈奴殺車師王後，轉而圍攻金蒲城（今新疆阜康）。耿恭親自登城指揮作戰，連敗匈奴。這時劉莊去逝，救兵無法迅速到達。車師叛漢，與匈奴合兵攻耿恭。劉炟繼位後，派張掖、酒泉、敦煌3郡及鄯善7,000人增援。援軍到達，北匈奴見勢而逃，車師復降漢。

東漢不僅不願與南匈奴聯手攻北匈奴，還與北匈奴互市，南匈奴也不滿，三方相互矛盾。南匈奴嫉妒心大發。北匈奴王趕1萬餘頭牛馬到中原交易，南匈奴在半路將那些牲口劫走。武威太守孟雲建議，要求南匈奴將戰俘與戰利品歸還北匈奴。劉炟召集百官討論，爭議很大。劉炟最後說：「江海所以能成為百川的首領，是因為它們地勢低下。現在，漢與匈奴間的君臣名分已定，我們怎能背信棄義呢？」[085] 於是，決定用加倍價格，

---

[084] 《資治通鑑》卷44，〈漢紀〉36，P1,716，「南單于新附，北虜懼於見伐，故傾耳而聽，爭欲歸義耳。今未能出兵而反交通北虜，臣恐南單于將有二心，北虜降者且不復來矣。」

[085] 同上，卷47，〈漢紀〉39，P1,828，「江海所以長百川者，以其善下之也。」「況今與匈奴君臣分定，辭順約明，貢獻累至，豈宜違信，自受其曲！」

將南匈奴所劫的牲口購來，還給北匈奴。同時對南匈奴殺敵擒虜的，按常規論功行賞。

再接下來，北匈奴大難臨頭。鮮卑族是中國北方阿爾泰語系游牧民族，秦漢時從大興安嶺一帶南遷至西拉木倫河流域。西漢時，鮮卑還只是個屈膝於匈奴的小部族。東漢時期，鮮卑族開始強大。45年，漢遼東太守祭肜大敗鮮卑，其首領降漢。不久，鮮卑族另一部落首領到洛陽朝漢，被封為王，與寧城護烏桓校尉同轄鮮卑人。隨著北匈奴勢力衰弱，鮮卑開始攻北匈奴。85年，鮮卑與南匈奴、丁零及西域各族聯手攻擊北匈奴，迫使北匈奴逃遁。87年，鮮卑再次大敗北匈奴，殺其單于。同年北匈奴內部大亂，58個部落28萬人分別在雲中、五原、朔方和北地降漢。不久，北匈奴遭饑荒，又有大批人降漢。

二、重整西域

在「以戰止戰」同時，劉莊很注重外交，兩次派班超出使西域。

73年，班超率36名隨從到鄯善。鄯善王對班超等人開始還很友好，沒幾天突然變冷淡。班超猜想匈奴也派人來了，便找一個侍者追問：「匈奴人在哪？」那侍者只好照實說。班超立即把36人召集起來，邊喝酒，邊說：「我們到這偏遠的鬼地方來，目的是立功求富貴。但現在匈奴人來了，鄯善王態度大變。如果把我們抓了送給匈奴，連骨頭都回不了家，怎麼辦？」眾人一聽，紛紛表示願聽從班超。這天天剛黑，班超率將士直奔匈奴使者駐地，10人拿鼓，其餘人持刀槍弓弩埋伏在門兩邊，然後順風縱火，前後鼓譟，聲勢喧天。匈奴人亂成一團，被殺30多人，其餘葬身火海。第二天，班超請來鄯善王，把匈奴使者的首級給他看，他只好表示歸附東漢，並同意把王子送作人質。

不久，班超到于闐。當時已有匈奴使者駐于闐，名為監護，實際掌握

第二章　明章之治

于闐大權。班超到來，于闐王很冷淡。神巫對于闐王說：「為什麼要附漢呢？神已經發怒。漢使有騧馬，快讓他們牽來侍候我！」于闐王派人向班超討馬。班超爽快答應，但要求神巫自己來牽。等神巫到來，班超不由分說，一刀將他殺了，把首級送還于闐王。于闐王嚇壞了，當即下令殺匈奴使者，歸附東漢。

匈奴人扶持的龜茲王，仗勢橫行，派兵攻疏勒，另立龜茲人兜題為疏勒王。班超到疏勒，在90里外落腳，派手下田慮去招降。班超交代：「兜題不是疏勒人，疏勒人肯定不會賣命。如果不降，你可以抓他！」果不其然，兜題見田慮一個人來，根本沒降意。田慮乘其不備劫持他，乘馬疾馳而回。這時班超率眾進城，將疏勒文武官員集中起來，宣布立原來國王的姪兒為王。

84年，班超發動疏勒、于闐攻莎車。莎車王暗通疏勒王忠，固守烏即城。班超便另立疏勒王室，將不願反叛的人調動起來攻叛王忠，相持半年。因為康居派精兵援救莎車，而月氏與康居關係親密，班超便派人聯繫月氏王，請他勸說康居王。康居王果然撤兵，還生俘叛王忠押回疏勒，烏即城向班超投降。87年，班超徵于闐等國2.5萬人，再攻莎車。龜茲王聯合溫宿等國5萬軍，援救莎車。班超召集眾將商議，說：「眼下我們寡不敵眾，不如各自散去，于闐軍向東，我軍向西，天黑分頭出發。」龜茲王聽說漢軍撤兵，親率一萬騎趕到西邊攔截班超，另外8,000騎到東邊狙擊于闐軍。班超得悉兩支敵軍分兵而出，便祕密把各部兵力集中起來，連夜奔襲莎車城。莎車措手不及，一片驚亂，四方奔逃。班超殲敵5,000多人，繳獲大量牲畜、財物，莎車王投降，龜茲等國各自撤退。

就這樣，東漢逐步恢復對西域的統治。史書多說班超「出使」，實際上可謂「出征」。30多個人就能降服一個個小國，漢之強可見一斑。

此外，黃河以北大允谷（今青海貴德）一帶的燒當羌，這時期日趨強

盛。57年，燒當羌攻隴西，敗郡兵，守塞諸羌皆叛。劉莊派張鴻率諸郡兵應對，結果也敗。隨後又派馬武率4萬大軍，大敗燒當羌。然後募兵屯隴右，每人發錢3萬。平靜一些年，86年燒當羌又攻隴西，被當地太守擊敗，酋帥也被俘。隨後釋放，羌兵潰散。第二年，護羌校尉傅育率精騎3,000出擊羌人，傅育陣亡，官兵戰死880人。新任護羌校尉張紆用毒酒殺來降的羌人，伏兵殺羌部落首領等800餘人，並斬其可汗之首祭傅育墳，然後又擊斬數千羌人。

這時期西南平穩。74年，西南夷哀牢、白狼等百餘國朝漢，稱臣奉貢。白狼指四川西境蠻族部落，一般指氐羌，也有說就是今天彝族或納西族的先民。當時，白狼王還吟詩3首，歌頌中央政權。這詩原為藏語，翻譯後送洛陽。

此外，還有必要說說當時的文化。

◎尊孔尊儒

據統計，歷史上親臨曲阜祭孔的帝王共11人、18次，其中包括劉莊和劉炟。72年，劉莊到山東巡視，特地拜訪孔府，祭祀孔子及其72弟子。他還親登講堂，為皇太子和諸王說經。85年，劉炟到東部巡視，到闕里祭祀，演奏古樂，會見孔家後裔62人。劉炟像當今電視臺記者一樣，提問孔僖先生：「今天舉行這麼隆重的活動，你們家族是不是感到很榮耀？」孔僖連忙叩謝皇恩浩蕩，萬分激動地說：「當然啦！臣聽說，聖君明主沒有不尊師重道的。如今陛下屈尊光臨我們卑微鄉里，這是崇敬先師，發揚君王的聖德，不只是微臣家族私有榮耀！」這馬屁拍得恰到好處，劉炟聽了大笑，說：「如果不是聖人子孫，怎麼可能說出這麼好的話！」[086]當即提拔孔僖為郎中，跟隨進京。

---

[086] 同注83，卷79，〈儒林列傳上〉，P1,729，「非聖者子孫，焉有斯言乎！」

第二章　明章之治

　　時任東郡（約今河南東北部和山東西部部分地區）太守張酺，劉炟為太子時跟他學過《尚書》，算是師生關係。如今變君臣，該怎麼見面？既然是雙重身分，劉炟就來個雙重禮儀。首先，劉炟行弟子禮，請張酺當著百官再講一遍《尚書》，然後才讓他行君臣禮。

　　經過任城時，劉炟到在野名人鄭均家看望。鄭均從小喜歡老子，他哥哥當縣吏，經常收受別人餽贈，鄭均多次勸諫不聽。於是，鄭均外出工作，賺錢回來給哥哥，說：「財物沒了，可以重新獲取，而為官受賄，毀了名聲，終身難以挽回。」[087] 他哥哥聽了很感動，從此變成一個廉官。鄭均推恩好讓，善化一方，美名四揚，朝廷多次召他為官，都被推辭。現在劉炟路過，賜他「尚書」稱號，俸祿終身。這事傳開，人們稱他為「白衣尚書」。白衣本指平民，這裡指離職、去官。後來，人們以「白衣尚書」比喻雖已不當官，但領俸祿的人。

　　這一路，劉炟還到定陶親耕勸農，到泰山以柴祭告岱宗，到汶上明堂祀五帝並赦天下，最後到東平祭祀獻王劉蒼。劉蒼是劉秀之子，封東平公17年，進爵為王。他是個美男子，留有鬚髯，腰10圍，自幼好讀經書，雅有智思。朝中修禮樂、定制度，常請他主持。現在，劉炟緬懷先輩，傷感不已。他對劉蒼兒孫嘆道：「朕常思念他啊！現在，我來到他故地，他的房屋還在，人卻歸天……」說著，淚流滿襟。意猶未盡，又用牛、羊、豬三牲祭祀。聽說驃騎府吏丁牧、周栩侍奉過劉蒼祖孫三代，忠心耿耿，至今不肯離去，劉炟又很感動，立即提拔他們入官。

　　79年，劉炟將當時著名博士、儒生召集到白虎觀（洛陽北宮），親自組織討論五經之同異，歷時一旬。這是一次模棱兩可的會議，要求諸位放棄分歧，統一思想，攜手並肩為皇上服務。會後，命班固將討論記錄、整理，匯編成書，名為《白虎通德論》，又稱《白虎通議》、《白虎通》。這部

---

[087]　同上，卷27，〈宣張二王杜郭吳承鄭趙列傳〉，P632，「物盡可復得，為吏從臧，終身捐棄。」

書系統吸收陰陽五行和讖緯之學，形成今文經學派的主要論點，是董仲舒以來儒家神祕主義哲學的進一步發展。其主要內容是用董仲舒「無類比附」的手法，將君臣、父子、夫婦之義與天地星辰、陰陽五行等各種自然現象相比附，用以神化封建秩序和等級制度。

《幼學瓊林》向少年、兒童推銷「伯禽趨跪」的榜樣：周公的兒子伯禽去見周公3次，被不分青紅皂白痛打了3次。伯禽感到十分委屈，便找商子訴苦。商子勸慰說：「南山之陽有一種樹叫喬木，北山之陰有一種樹叫梓木，你去看一下！」伯禽去看，只見喬木高大，梓木低矮。商子解釋說：「喬木高仰是做父親的道理，梓木低俯是做兒子的道理。」伯禽恍然大悟，第二天再去見父親，一進門就主動跪下準備挨打。周公這才露出笑容，「嘉其得君子之教」，表揚他得到好老師的教誨了。其實，現代學生都知道，大自然的喬木、梓木與人類父子關係相比，在邏輯上是犯了「類比不當」的錯誤。為了他們的「天理」，不惜扭曲世界真相，歪曲人間真理。諾曼·梅勒（Norman Kingsley Mailer）所說的那把梯子，原本是木竹做的，現在改用銅鑄鐵打，要千年萬年不朽。君臣、父子、夫婦之間的關係，猶如天在上，地在下一樣，是永遠無法改變的。

劉炟不僅要求自己的太子、諸王侯及大臣子弟、功臣子孫學經典，還創辦南宮，專門為外戚樊氏（劉秀母家）、郭氏（劉秀後家）、陰氏（劉秀後家）和馬氏（劉莊後家）等「四姓小侯」開學，傳道解惑。期門（漢皇侍從官）和羽林（漢禁衛軍），必須通曉《孝經》章句。

◎佛教

佛教於西漢末年傳入中國。前2年，博士弟子景盧受大月氏使臣伊存口授《浮屠經》，是佛教傳入中國的最早紀錄。64年某天晚上，劉莊做一個夢，一位神仙金身有光環繞，輕盈飄蕩從遠方飛來，降落在殿前。第二天上朝，劉莊把這個夢告訴群臣，詢問何方神聖。太史傅毅說：「聽說西

方天竺（印度）有位神，號稱『佛』，能夠飛身於虛幻中，全身發射光芒。皇上夢見的可能是佛吧！」[088] 於是，劉莊派使者蔡愔等13人去西域，訪求佛道。

3年後，蔡愔等人與兩位印度僧人迦葉摩騰、竺法蘭回洛陽，以白馬馱回佛像及經卷。經書內容大致以虛無為宗，貴慈悲不殺，以為人死精神不滅；生時所行善惡皆有報應，所以人貴修練精神，以至為佛。劉莊聽了很感興趣，要求翻譯一部分佛經。劉莊還令在洛陽建造寺院，安置印度名僧，儲藏他們帶來的物品。這就是洛陽白馬寺的來歷。

不少地方有白馬寺，如安徽桐城、江西撫州、山西晉城等。河南洛陽老城以東12公里的白馬寺，有中國佛教「祖庭」和「釋源」之稱，是中國第一座佛教寺院。

◎章草

有一種漢字書寫方式叫「章草」，特點是筆有方圓，橫有波折，簡潔連筆；字字有區別，字字不相連，草體而楷寫。關於「章草」的由來，有不同說法，基本說法是：漢章帝劉炟喜愛這種書體，要求大臣奏事都要用這種字型，所以這種字型也姓「章」。

東漢被推崇為中國歷史上「風化最美，儒學最盛」的時代，司馬光稱：「自三代既亡，風化之美，未有若東漢之盛者也」。[089] 這應該主要指前期，顯然與劉秀、劉炟的個人素養不無關係。

劉莊性情有些陰暗，熱衷特務政治，高階官員常被辱罵，身邊小官則常被毆打。[090] 有次對郎官藥崧發火，拿起手杖責打，藥崧躲到床下了，還

---

[088] 同上，卷88，〈西域傳〉，P1,976，「世傳明帝夢見金人，長大，頂有光明，以問群臣。或曰：『西方有神，名曰佛，其形長丈六尺而金黃色。』帝於是遣使天竺問佛道法，遂於中國圖畫形象焉……後遂轉盛。」

[089] 同注84，卷68，〈漢紀〉60，4冊，P2,736。

[090] 同上，卷44，〈漢紀〉36，3冊，P1,744，「帝性褊察，好以耳目隱發為明，公卿大臣數被詆

喝令他出來受打。藥崧急中生智，斗膽頂嘴：「天子穆穆，諸侯煌煌。未聞人君，自起撞郎！」[091] 劉莊聽了好笑，只好放過他。不過，劉莊勤政，經常夜二更（21～23 點）才睡，五更（3～5 點）就起床工作。[092] 這樣，有效保障綱紀整肅、吏治謹嚴。劉炟基本上繼承劉莊的作風，但對外戚過於放鬆，這是後話。

劉莊、劉炟繼續實行與民休養生息國策，圖謀經濟持續快速發展。上林苑是劉徹在秦代一個舊址擴建的宮苑，地跨今長安、咸陽等 5 縣，縱橫 300 里，面積約 2,460 平方公里，既有優美的自然景觀，又有華美宮室，為中國皇家園林之最。早在建設之初，就受到「上乏國家之用，下奪農桑之業」的批評。後因不堪重負，裁撤管理人員，把所占池、田陸續發還貧民。東漢初期，上林苑已是一片廢墟。84 年，令各郡國招募那些自己沒田而想到別的地方墾植的農民，賜給公田，且免租 5 年，免算賦 3 年。86 年，令常山、魏郡、清河等 6 郡，把閒田分給貧民開墾。遇有天災，減免稅賦更是必不可少，如 75 年京師及兗、豫、徐 3 州大旱，詔不收 3 州田租、芻槀（一種實物稅）。

東漢初鼓勵生育。85 年劉炟下詔，前令民有產子者減免人頭稅 3 年，現在增加一條：所有懷孕的婦女，每人賜給胎養穀 3 斛，並免其夫人頭稅 1 年。第二年劉炟又下詔，孤兒家庭以及養不起孩子的家庭，均由官府供給糧食。在這樣鼓勵下，東漢人口恢復很快。劉秀末年，全國人口 2,100 多萬；劉莊末年，不到 20 年間猛增至 3,400 多萬；劉炟時升至 5,000 多萬，差不多是中國歷史人口的高峰。

史書描述其時：「天下安平，人無徭役，歲比登稔，百姓殷富，粟斛

毀，近臣尚書以下至見提拽。」

[091] 同注 83，卷 41，〈鍾離宋寒列傳〉，P950。
[092] 《東觀漢記》卷 2，「乙更盡乃寐，先五更起，率常如此。」

三十，牛馬被野」，[093]「以吏得其人，國樂其業，遠近畏服，戶口滋殖焉」。[094]

去脈：「漢和盛世」

　　漢和帝劉肇當政時期，嚴查耽誤農時擾亂百姓的事件，詔令省減內外廄及涼州諸苑馬，並將上林苑、廣成囿等皇家園林開放給貧民，允許他們採捕，不收稅。鄧皇后崇尚節儉，禁絕郡國獻珍玩，逢年過節只讓郡國供應些紙墨而已。當時天災不多，但劉肇非常重視，詔貧民有田業而因為貧窮無法自耕者，由官府貸給種糧。太學博士傳業以官定為準，以各家章句作為標準答案，結束異說紛爭的現象。各方面人才輩出，如大將竇憲、外交家班超、思想家王充、史家班固及總結造紙術的蔡倫等。刑法則「務從寬恕」。大敗北匈奴，恢復西域都護府，西域全部歸附漢朝。這時期被譽為「漢和盛世」，詳見下章。

---

[093]　同注 83，卷 2，〈顯宗孝明帝紀〉，7 冊，P79。
[094]　同注 84，卷 45，〈漢紀〉37，P1,780。

第三章
漢和盛世

【提要】

　　漢和帝劉肇當政時期（88～105年），壓抑外戚勢力，滅北匈奴，刑法「務從寬恕」。

　　「當一種制度未至崩潰時，即有弊竇，人們總認為是人的不好，而不會歸咎於制度的」。宦官問題人們歸咎東漢的多，可是東漢之後呢？為什麼還時不時冒出來？

第三章　漢和盛世

來龍：「明章之治」

東漢開國一路好勢頭，現在又是一大盛世。

88年劉炟逝世，太子劉肇即位，即漢和帝。糟糕的是，劉肇當時才10歲，只好由養母竇太后執政。風水輪流轉，兩周時期美女多出姜家，兩漢時期美女多出竇家。前有西漢竇太后，後有東漢桓帝竇皇后，再後來還有北魏武帝竇太后、唐睿宗竇皇后。且說劉炟這個竇皇后，不僅美貌，還是個才女，6歲能書寫，端莊優雅，深得寵愛。然而，這竇皇后可不是善人。她自己無法生孩子，收養劉肇。她誣太子劉慶的生母宋貴人「挾邪媚道」，逼得宋貴人自殺，廢劉慶為清河王，改立劉肇，才當上皇太后。

竇太后臨朝後即大謀私利，尊母沘陽公主為長公主，封邑3,000戶，兄竇憲和弟竇篤、竇景都提拔掌實權。有道是「舉賢不避親」，如果這些皇親國戚德才兼備的話，未嘗不可，問題是他們大都無才無德。大臣鄭弘多次「言甚苦切」地上書，揭露「竇憲奸惡，貫天達地，海內疑惑，賢愚疾惡，謂『憲何術以迷主上？』」。[095] 其實，竇憲也沒什麼非凡的迷術，皇上就是庇護加庇護，直至小虎養成大虎，無法再庇護。

97年竇太后逝世，還沒下葬就有幾位大臣上書，要求貶太后尊號，不宜與先帝合葬，很多官員附和。劉肇親手下詔：「竇氏雖不遵法度，而太后常自減損……恩不忍離，義不忍虧。案前世上官太后亦無降黜，其勿覆議。」[096] 強行壓制異議。

劉肇的話不夠妥當。有識之士認為：「當時皇帝都幼小，幸好竇太后與皇后鄧綏能幹，裡裡外外應付得當，才不致出大問題。」[097] 嚴格來說，

---

[095]　《資治通鑑》卷47，〈漢紀〉39，P1,830。
[096]　《後漢書》卷10上，〈皇后紀〉，7冊，P276。
[097]　謝采伯：《密齋筆記》，「後漢止三宗九帝，皆幼沖。一百十八年，政歸母后，幸竇鄧之賢，內外扶持，無大變故。」

至少是前半期,許多舉措應當突出竇太后或某大臣如何決策。

最大亮點:平定四邊

一、匈奴威脅不再

前一時期,匈奴遇新敵——鮮卑,現在已是強弩之末。88年,北匈奴發生饑荒,數千人投奔南部。南匈奴單于請求東漢出兵征北匈奴,劉肇同意。

竇憲以前被壓制,劉炟死後才翻身,好像要把前些年的忍氣吞聲補償回來似的,越發膽大妄為。竇憲的祖父和父親均因枉法被殺,其中父親的案件是韓紆審的。現在竇憲報私仇,派人殺韓紆的兒子,拿人頭到父親墳前祭奠。都鄉侯劉暢進京弔喪,經常進宮私會太后。竇憲擔心劉暢對自己不利,也派人殺他。太后下令調查,查出幕後主使者是竇憲,而殺宗室是死罪。竇憲為免一死,抓住朝廷對外用兵的機會,請纓贖罪。

這年竇憲、耿秉等發北軍、12郡的騎士及羌、胡兵共5萬餘騎,分兵3路出塞,同擊北匈奴。第二年,竇憲、耿秉在稽落山(今內蒙古白雲鄂博附近)大敗北匈奴,收降20多萬人。他們追擊3,000餘里,凱旋時在燕然山(一般認為今蒙古國杭愛山)刻石記功。對於這次大捷,舉國歡呼,一般官僚自尚書以下「議欲拜之,伏稱萬歲」。當時,「萬歲」一詞任何人可用,而不是皇帝的代名詞。軍中著名文學家班固作〈封燕然山銘〉:「封神丘兮建隆嵑,熙帝載兮振萬世!」班固與竇憲關係親密,隨後還撰有〈竇將軍北征頌〉,對此次北征大加歌頌,不意後來成為禍根。「燕然山」作為立功建業的表徵,對後世有長遠的影響。

90 年，北匈奴遣使入漢稱臣。南匈奴不滿足，請求東漢繼續出兵，直滅北匈奴。劉肇同意，派 8,000 騎襲擊，斬首 8,000 級，生擄數千人，北匈奴單于負傷而逃。第二年，竇憲遣兵出居延塞 5,000 餘里，在金微山（今俄羅斯西伯利亞）再次大敗北匈奴，獲空前勝利。北匈奴單于丟下其母，自己逃得無影無蹤。

隨後，北匈奴的殘兵敗將數千人在蒲類海自立單于，遣使請降，竇憲接受。但大臣袁安等主張讓南匈奴返北庭去受降，不應當再接受北匈奴新單于。爭論結果，劉肇還是採納竇憲的意見。第二年，派使者為北匈奴新單于授璽，派中郎將在伊吾持節監護，與對南匈奴一樣。

但這時，自己一方發生變故。竇憲凱旋而歸，劉肇嘉獎竇憲，授為大將軍，位在三公之上，權勢熾盛。他舊病復發，更加跋扈恣肆，竟然欲謀叛逆，幸好劉肇已初長成人。92 年，趁竇憲班師回京，年僅 14 歲的劉肇，派大鴻臚持節到郊外迎接，然後親臨北宮，關閉城門，將竇憲的死黨全都逮捕，下獄誅死。同時收回竇憲的大將軍印綬，改封冠軍侯，要求他回封地。竇憲回封地後，被迫自殺。

因為這次和解主要是竇憲促成的，北匈奴新單于擔心雙方的和平也變卦。第二年，北匈奴新單于率眾北逃。漢遣 1,000 餘騎追擊，將他斬殺。94 年夏，南匈奴單于師子繼位後，有五、六百投降的北匈奴人乘夜襲擊師子。隨後北匈奴 15 個部落、20 餘萬人叛亂，另立北匈奴單于，劫殺官吏百姓，焚燒郵亭和廬帳，準備穿越大漠北去。劉肇命鄧鴻代理車騎將軍之職，與馮柱、朱徽等率 4 萬兵，再次大敗北匈奴，前後殺敵 1.7 萬。北匈奴的殘餘西逃而去，再也無法威脅中原。這可是了不起的勝利！西去的匈奴引起連鎖反應，像一股狂風颳倒一棵大樹，大樹將強大的西羅馬帝國壓垮。不過，鮮卑人趁機占據他們的地盤，兼併大量人口，勢力開始漸漸壯大，同樣威脅中原。104 年，遠遁的北匈奴曾遣使稱臣，請求和親，修復

舊約，劉肇拒絕。

南匈奴也不是都很安心。96年，南匈奴王發動叛亂，漢兵追殺，將其餘眾2萬餘人遷於安定、北地。

二、瓦解燒當羌

燒當羌首領迷吾不把漢軍放在眼裡，屢侵隴西邊境地區。隴西太守張紆派1,000餘騎及金城郡兵出擊，迷吾抵擋不住，只好請降。張紆受降，宴請各羌首領，卻設伏兵，酒中投毒，殺迷吾等800餘，又縱兵殺400餘，生俘2,000餘。

迷吾死後，其子迷唐繼位，很快復興。迷唐親率一萬騎，攻臣服漢朝的小月氏胡。這時，朝中發生爭議，有些官員認為羌與胡互相攻擊，對漢有利。原張掖太守鄧訓等大臣則認為，張紆毒殺迷吾是失信行為，才使羌人各部反叛。應該以恩德相待胡人，使其為我所用。劉肇採納鄧訓的觀點，並以鄧訓取代張紆護羌校尉之職。

88年，鄧訓一到任便下令開城門，接納胡人。鄧訓一方面招降，迷唐的叔父率本部800戶前羌人依附；另一方面，率4,000騎出塞擊迷唐，迷唐逃出大小榆谷（今青海貴德東河曲一帶）。第二年春，迷唐準備重返大小榆谷。鄧訓命6,000兵襲擊，斬殺1,800餘人，俘虜2,000人，繳獲馬牛羊3萬餘頭。迷唐遭到毀滅性打擊，率殘餘西逃1,000餘里。

迷唐恢復實力後，97年率8,000兵犯隴西，殺主官。劉肇命3萬漢、羌、胡聯軍討伐，大敗迷唐，斬俘1,000餘人。漢軍死傷也慘重，不能再追，於是回師。第二年，鄧訓出懸賞，羌人各部落紛紛歸順。見此情形，迷唐怕成為孤家寡人，也請降。鄧訓接受迷唐的投降，撤去他的軍隊，並要他到京城朝覲。迷唐殘部不足2,000人，物資所剩更少，遷居金城。

劉肇要他們回大小榆谷，迷唐則覺得漢人在黃河造了橋，漢軍可以隨時襲擊，很不放心，不肯回去。100 年，迷唐再度叛亂，攻殺搶掠。漢軍 3 萬出擊，大敗迷唐，6,000 餘人投降，燒當羌瓦解。迷唐遠逃，幾年後病死，他的兒子降漢，總共才剩幾十戶。

■ 三、西域全歸附

前幾年，大月氏助漢攻車師有功，提出和親，班超拒絕，月氏王便與漢面和心不和。90 年夏，大月氏突然命 7 萬兵東越蔥嶺，攻班超。班超駐軍很少，大都恐慌。班超冷靜說：「月氏兵雖然多，但他們跋涉數千里，運輸不便，有何可憂？只要藏好糧食，堅守不出，不過幾十天，敵人便會餓得自己投降。」班超猜想他們糧草將盡，一定會派人到龜茲求援，便命設伏。果不其然，伏兵把那求援的使者殺了，送還敵軍。他們慌了，只求一條生路。敗軍回去後，月氏王大為震驚，不得不誠心與漢和好。

91 年，龜茲、姑墨、溫宿等國也附漢，同年底恢復西域都護府，班超為督護，駐節龜茲。至此，西域只剩焉耆、危須（今新疆和碩）、尉犁（今新疆庫爾勒）3 國未降。94 年秋，班超發龜茲、鄯善等 8 國聯軍共 7 萬兵，進攻焉耆、危須、尉犁。大軍至尉犁，班超派使者通告：「都護此來，只想撫慰三國。你們如果想從善，就派首領來迎接，會得到賞賜，隨後我們回軍。現在，先賞賜你們國王彩色絲綢 500 匹。」焉耆王派左將北鞬支送牛酒迎接，班超指責：「你掌有大權，你們國王不親自來迎，是你的罪過。」但還是贈送禮物給北鞬支，放他回去。焉耆王見北鞬支安然無恙，就放心地親率高官隆重迎接班超。可是，焉耆王一返回，卻下令拆掉山口的圍橋。班超繞道進焉耆，在距王城 20 里的地方駐紮。然後，宣布宴請 3 國國王及大臣，焉耆王、尉犁王及北鞬支等 30 多人信以為真。沒想到，宴席才坐定，班超突然變臉，責問：「危須王為什麼不來？焉耆國相等人

為什麼逃跑？」立即把他們全部斬殺，傳首京師，並縱兵斬殺5,000多人，俘獲1.5萬人，馬畜牛羊30多萬頭，另立焉耆國王。至此，西域50多國全都歸附漢朝。

為穩定局勢，班超在那裡停留半年才返回。劉肇頒詔說：「班超出入西域22年，改立他們的國王，安撫那裡的人民，並為我祖先報仇雪恥，而又不需勞駕大軍遠征，功莫大焉。為此，封班超為定遠侯，食邑千戶。」[098] 帶二、三十人就可以讓一個又一個小國「賓服」，應該是空前絕後的。對於班超，好評如潮，我最在意的是蔡東藩所說：「沒『大過人之才智』者，是不可能建此大功的。」[099]

100年，班超已68歲，在西域堅守了31年，上書請求回京。劉肇可能認為他不可或缺吧！許久未批覆。他妹妹班昭（即「曹大家」）上書，為班超年老多病求情，這才獲准，派任尚去接西域都護之職。102年，班超回到洛陽，不日便病逝。赴任前夕，任尚特地向班超討教。班超說：「那裡的官吏士兵，本來就不是什麼孝子賢孫，都是因犯罪而被遷塞外的。西域各國則心如鳥獸，叛離容易而擁絡難。要無為而治，多寬恕他們的小過。」任尚聽了很失望，對親信說：「我以為班超有什麼奇術呢！不過而已罷了。」[100] 結果僅4年時間，西域各國就紛紛反叛，任尚斷送了西域的和平。後來，任尚還因通敵受賄而被處死。由此可見，班超的政治智慧有多麼傑出。

這時期的「舉孝廉」不能不說說。

劉肇很重視人才。94年，詔舉賢良方正、能直言極諫之士各一人。這

---

[098] 同注96，卷47，〈班梁列傳〉，8冊，P1,067，「超遂逾蔥領，迄度縣，出入二十二年，莫不賓從。改立其王，而綏靡其人。不動中國，不煩戎士，得遠夷之和，同異俗之心，而致天誅，闢宿恥，以報將士之仇。」

[099] 《後漢演義》第28回，「西漢有張騫，東漢有班超，皆一時人傑，不可多得。吾謂超之功尤出騫上，騫第以厚賂結外夷，雖足斷匈奴右臂，而浪糜金帛，重耗中華，雖曰有功，過亦甚矣。超但挈吏士三十六人，探身虎穴，焚殺虜使，已見膽力；厥後執兜題，定疏勒，指揮任意，制敵如神，而於中夏財力，並不妄費，此非有大過人之才智，寧能及此？」

[100] 同注95，卷48，P1,892，「我以班君當有奇策，今所言，平平耳」。

裡選人才的職能是「極諫」，即臣下對君主盡力規勸，而不是對下督導、檢查之類。晁錯〈舉賢良對策〉：「救主之失，補主之過，揚主之美，明主之功，使主內無邪辟之行，外無騫汙之名。事君若此，可謂直言極諫之士矣。」第二年，劉肇召見公卿，奏議機密事，然後強調：「天子不英明，感化流俗沒有上策，政事不得民心，上天會譴責的。」於是，決定學祖上「舉孝廉」，從中選出能勝任一方官職的 30 人，分別任「郎中」（帝王侍從官的通稱）、「典成」（主掌訴訟案件之職）、「長」（諸侯國縣令）、「相」（諸侯國郡太守）。

不過，以「舉孝廉」為主要途徑選拔官吏，過度強調所謂的道德，很快出現副作用。有人在葬親後，在墓旁挖地洞住著，服孝 20 多年，地方官爭頌他的孝行，紛紛向朝廷推薦重用。新太守陳蕃凡事認真，得悉他其間生了 5 個兒子，便責問：「你竟然在守孝中有兒女情，豈不是欺世惑眾，褻瀆鬼神？」[101] 陳蕃不僅不予提拔，反而將這偽君子法辦。陳蕃這樣的官員太少了，導致沽名釣譽者多，真才實學者少。從此千年，偽君子也越來越多。

88 年，劉炟病逝，年僅 31 歲，遺詔後事從簡，不起寢廟；同時罷郡國鹽鐵之禁，允許民眾煮鹽鑄鐵，讓利於民。劉炟這種情懷，深深影響了劉肇。93 年，親政後的劉肇詔：「去年秋麥歉收，恐怕民眾糧食不足。特命各郡國實核，如果特困戶應即救濟。如果各縣官吏落實不力，影響農業生產及農民生活，先拿當地市長問罪。」[102] 同時，劉肇詔令省減內外廄及涼州諸苑馬，並將上林苑、廣成囿等皇家園林開放給貧民，允許他們採捕，不收稅。

這時期的刑罰較輕。劉肇任用的廷尉陳寵富有同情心，每次斷案，都

---

[101] 同注 96，卷 66，〈陳王列傳〉，P1,459，「聖人制禮，賢者俯就，不肖企及。且祭不欲數，以其易黷故也。況乎寢宿塚藏，而孕育其中，誑時惑眾，誣汙鬼神乎？」

[102] 同注 96，卷 4，〈孝和孝殤帝紀〉，7 冊，P119，「去年秋麥入少，恐民食不足……而豪右得其饒利。詔書實核，欲有以益之，而長吏不能躬親，反更徵召會聚，令失農作，愁擾百姓。若復有犯者，二千石先坐。」

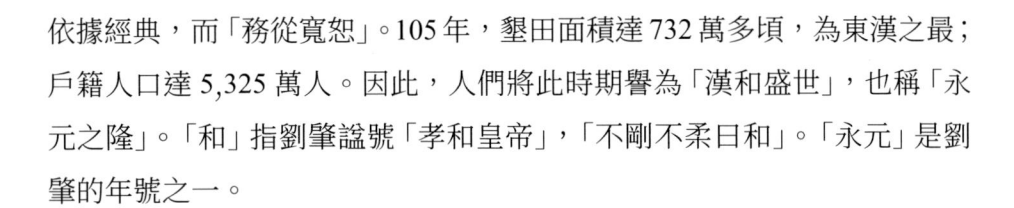

依據經典,而「務從寬恕」。105 年,墾田面積達 732 萬多頃,為東漢之最;戶籍人口達 5,325 萬人。因此,人們將此時期譽為「漢和盛世」,也稱「永元之隆」。「和」指劉肇諡號「孝和皇帝」,「不剛不柔曰和」。「永元」是劉肇的年號之一。

去脈:外戚與宦官之禍

外戚在東漢是個嚴重問題。兩漢母族、妻族勢力主要有 20 家:

氏族	關係	主要人物
呂氏	漢高帝妻族	呂雉、呂祿、呂產、呂臺
	漢惠帝母族	
薄氏	漢文帝母族	薄姬、薄昭
竇氏	漢文帝妻族	竇漪房、竇長君、竇廣國、竇嬰、竇彭祖
	漢景帝母族	
王氏	漢景帝妻族	王娡、王信、田蚡
	漢武帝母族	
衛氏	漢武帝妻族	衛子夫、衛青、霍去病
史氏	漢宣帝祖母族	史良娣、史高、史丹
李氏	漢武帝妻族	李夫人、李廣利、李延年
上官氏	漢昭帝妻族	上官皇后、上官桀、上官安
王氏	漢宣帝母族	王翁須、王接、王商
霍氏	漢宣帝妻族	霍成君、霍光、霍顯、霍禹、霍山
許氏	漢宣帝妻族	許平君、許廣漢、許延壽、許嘉、孝成許皇后
	漢元帝母族	
	漢成帝妻族	

第三章　漢和盛世

氏族	關係	主要人物
王氏	漢元帝、漢平帝妻族	王政君、王鳳、王根、王莽、孝平王皇后
王氏	漢成帝母族	王政君、王鳳、王根、王莽、孝平王皇后
傅氏	漢哀帝祖母族、妻族	傅太后（傅昭儀）、傅喜、孝哀傅皇后
丁氏	漢哀帝母族	丁姬、丁明
竇氏	漢章帝妻族	章德竇皇后、竇憲
鄧氏	漢和帝妻族	鄧綏、鄧騭
閻氏	漢安帝妻族	閻姬、閻顯
梁氏	漢順帝妻族	梁妠、梁商、梁冀、梁女瑩
梁氏	漢桓帝妻族	梁妠、梁商、梁冀、梁女瑩
董氏	漢靈帝母族	董太后、董重
何氏	漢靈帝妻族	何皇后、何進

在與皇族、宦官勢力鬥爭中，外戚是沒有多少優勢的，往往敗得最慘。據統計，這20家外戚當中，最後能「保族全身，四人而已」。[103]

與此同時，宦官也成為一大問題。92年，除竇氏黨羽中鄭眾等宦官有功，隨後鄭眾被提拔為大長秋，職掌奉宣中宮命，參與政事，也開啟了宦官干政之禍端。102年，將鄭眾封為鄛鄉侯，食邑1,500戶，又開宦官封侯之惡例。雖然鄭眾沒什麼惡行，蔡倫還有造紙之功（現有爭議），但宦官干政之害還是日益嚴重。

105年，年僅27歲的劉肇突然駕崩，「漢和盛世」終結，東漢開始走向黑暗的深淵。劉肇生有許多皇子，但大都夭折，僅剩兩個。一是劉勝，患怪病多年，顯然不適合。另一是劉隆，出生只有100天，只好勉強立他，成為中國帝王中即位年齡最小的皇帝，鄧綏皇后隨之升為太后，臨朝聽政。沒想到，第二年劉隆又悄然離世，年僅一歲，成為中國帝王中壽命

---

[103]　同注95，卷47，〈漢紀〉39，3冊，P1,840。

最短的皇帝，史家稱「八月皇帝」或「百日皇帝」。接著，清河孝王劉慶之子劉祜繼位，時年也只有 13 歲，仍由鄧太后聽政。而劉祜在位僅 19 年，32 歲時又突然病死。

應當承認鄧綏是優秀的。她實際執政 16 年間，儘管皇帝接二連三暴死，加之「水旱十年」，還是維持政局的基本穩定。鎮壓了西羌之亂，而無外患。她不得不重用她的家人，例如她的哥哥鄧騭，可是她對外戚整體要求很嚴。早年鄧綏有病，劉肇特許她母親和兄弟入宮服侍，而且不限留宮日數，鄧綏還是不想偏袒私幸。她以竇氏為誡，令宗族閉門靜居。事實上，鄧騭對自己要求也很嚴格。107 年封他為上蔡侯，食邑一萬戶，又因迎立安帝之功，加 3,000 戶。鄧騭逃避冊封的使者，到宮前上疏辭讓。但那時期的外戚與宦官好比翹翹板，這頭起來那頭下，那頭起來這頭下。鄧氏得勢後，宦官李閏等人十分不滿。

121 年鄧綏去世，諡號「和熹」，與劉肇合葬於慎陵。由此可見，當時大臣們對鄧綏的評價很高，現代人也稱她為著名的女政治家。然而，李閏等人出於不可告人的目的，誣鄧騭已故弟弟鄧悝、鄧弘、鄧閶與尚書鄧訪想要廢掉安帝而另立劉翼，導致鄧氏族人被廢為庶人，免官、沒收資財田宅，或流放邊郡，還有的逼迫自殺，同年，鄧騭父子也絕食而死。

所幸大司農朱寵勇敢站出來，脫光上衣，抬著棺材，上書為鄧騭鳴冤，認為他們的罪名沒有確鑿證據，未經審訊，一家 7 口卻全都死於非命，屍骨分散各地，冤魂不能返鄉，違背天意，全國各地一片頹喪。安帝一方面將朱寵免官返鄉，另一方面也遣使者以中牢禮儀祭祀鄧騭，讓被流放的鄧氏族人回京師。後來的順帝也憐憫鄧騭無辜，起用鄧騭親屬 12 人為郎中，並擢升朱寵為太尉。

史上不公之事太多了。鄧騭弟弟們謀反，更顯然是冤案。朱寵的鳴冤及安帝、順帝的平反是對的。竇憲最後因謀反罪被殺，我認為很可能也是

一樁冤案。我們必須更反思歷史上那無數的謀反罪。

　　劉肇時期開始，外戚與宦官輪流執掌朝政，後果越來越嚴重。外戚梁冀，不僅在朝中飛揚跋扈，在外也橫行霸道。他喜歡兔子，就在洛陽城西圈幾十畝地建兔苑，某人不知禁令，打死他一隻兔子，就有 10 多個人受牽連被處死。他的家產約 30 兆緡，相當於當時全國租稅的一半。對這個惡人該怎麼辦？桓帝只能找宦官唐衡，躲到廁所裡密謀。唐衡找 4 個同夥，設計殺了梁冀及其同夥，舉國歡慶。不想，唐衡等 5 個宦官因功得勢後，比梁氏集團有過之而無不及。有時宦官具有擁立皇帝的實力，甚至受封為侯，養子繼位，其兄弟、弟子出任地方太守、縣令，勢力擴大全國。一般認為夏商周三代以女色招災，秦以暴虐亡國，西漢因外戚而斷絕，東漢則以宦官而傾國。此為中國歷史上第一次宦官大禍害，唐末為第二次，明末為第三次。

　　不過，專家學者指出：「我們無法認同中國古代歷史著作中對太監的價值判斷。這些歷史著作無一例外地都由儒家學者編纂，對他們來說，身為政治『爆發戶』的太監，往往是被仇視的對象。」但該專家學者也承認：「除了幾個少數的例外，太監們對主子的忠誠和自我犧牲，都是始終不渝的。」[104] 但我想，那麼「幾個少數的例外」對歷史的負面影響，足以掩蓋這類人員的正面作用。

　　談及外戚與宦官之禍時，呂思勉說：「當一種制度未至崩潰時，即有弊竇，人們總認為是人的不好，而不會歸咎於制度的。」[105] 比如同是外戚與宦官的問題，人們歸咎東漢的多。可是，東漢之後呢？宦官問題為什麼還時不時冒出來，並且直接殘害了大唐與大明？

---

[104]　《統治史》卷 1，P525。
[105]　呂思勉：《中國通史》，P386。

第四章
太康之治

【提要】

西晉武帝司馬炎當政時期，從 265 年篡位開國至 290 年去逝，結束百年分裂，制定史上第一部儒家法典，「太康文學」興盛，「天下無事，賦稅平均，人咸安其業而樂其事」。

在「公權之要」上存有私心的遠不止司馬炎一人。

第四章　太康之治

來龍：三國鼎立

　　三國大致呈「品」字形，魏國居北方，蜀國居南方西部，吳國居南方東部。蜀國與吳國結盟，東西呼應，與魏抗衡。

　　《三國演義》婦孺皆知，雖然那是小說，但反映了一定的歷史事實，那戰爭不是一般之激烈，這裡不贅述。且說 263 年魏軍奇襲成都，孝懷皇帝劉禪投降，蜀國亡。劉禪被擄到魏都洛陽，封為安樂公。某天，有人問劉禪：「你不思念蜀國嗎？」劉禪反問：「我在這裡生活好好的，為何要思念蜀國呢？」這話讓蜀國的愛國者聽了流淚，「樂不思蜀」典故流傳迄今。蜀國不僅留下這麼個文謅謅的成語，還因為劉禪小名「阿斗」，曾有過諸葛亮這樣的名師輔佐，俗人編了一堆歇後語：阿斗當皇帝 —— 軟弱無能；阿斗當官 —— 有名無實；阿斗的江山 —— 白送；阿斗式的人物 —— 沒能耐，諸葛亮跟著丟人。

　　儘管曹操拒絕稱帝，史學界只說他有缺點，但從來沒有否定他，他在北宋之後還是被小說、戲曲、民間故事歪曲成一個大奸臣。其實，他堪稱富有遠見的政治家、卓越的軍事家、著名詩人，絕對稱得上歷史英雄。曹操 25 個兒子，幾乎個個優秀，孫子輩就糟了。曹操之孫曹叡繼位後，雖然在軍事、政治和文化方面有所建樹，但後期大興土木，沉湎女色。曹叡的養子曹芳繼位後更糟，長年不親政而沉迷女色，棄講學、辱儒士，與戲子之類倒是打得火熱。公卿大臣忍無可忍，上奏郭太后同意，改立曹髦為帝。曹髦是曹丕之孫，年近 20 歲，詩文書畫水準頗高，對權傾朝野的司馬昭十分不滿，只可惜心計少了些。260 年的一天，他召來 3 位大臣商議，明說：「司馬昭之心，路人所知也。吾不能坐受廢辱，今日當與卿自出討之。」[106] 結果，大臣一出門便告密，曹髦率衛兵，還沒摸到司馬昭的

---

[106]　《三國志・魏書》卷 4，〈高貴鄉公紀〉，P109。

門就被殺。只因還欠人氣，司馬昭像曹操一樣不敢稱帝，而新立曹操一個15歲的孫子曹奐。265年，司馬昭中風猝死，其子司馬炎繼承王位。同年底，司馬炎重演曹丕當年讓漢帝禪位的歷史，要曹奐靠邊去，改國號為「晉」，史稱「西晉」。

最大亮點：燦爛的文化

281年，汲郡（今河南衛輝西南）有人盜掘戰國時期魏襄王的墓。地方官發現那墓中燒剩有大批竹簡，10萬多字，立即上報。司馬炎獲悉，即命中書監荀勖、中書令和嶠等幾十位文化界名家釋讀、整理這批竹簡，稱之「汲塚書」，整理為《古本竹書紀年》。這些竹簡的成書時間比司馬遷《史記》成書時間早200年，弄清楚諸多歷史迷案。由此，史學很快發展成一門獨立的學問。否則，汲郡地方官或司馬炎隨便哪位的文化意識都不高，不大可能會有如此重大的成就。

當時，盛行一種被後人稱頌的「太康文學」，其代表人物為一左（左思）、二陸（陸機、陸雲兄弟）、二潘（潘岳、潘尼叔姪）、三張（張載、張協、張亢兄弟）。特別是——

左思：文人最喜歡的成語「洛陽紙貴」，說的是282年，因洛陽人紛紛搶購，紙張奇缺，紙價飛漲。為什麼呢？因為左思的〈三都賦〉寫得太好了，人們紛紛傳抄，紙張供不應求。左思出身寒門，其貌不揚，而且口才不好，不善交際，書法鼓琴沒一樣學成，連父親都常後悔生了這個兒子。左思決心為當時三都——魏、蜀、吳的都城鄴、成都、建業寫系列賦，苦於數據缺乏，便冒昧向朝廷提出，要求當一名管理圖書和著作事務的祕書郎。司馬炎同意，並允許他隨意查閱皇宮裡的數據。〈三都賦〉終於寫

第四章　太康之治

出,又因為是無名之輩而遭輕視,陸機在寫給他弟弟的信中說:「聽說有個狂徒寫〈三都賦〉,我想那只能為我蓋酒罈子!」幸好名家張華等人鼎力推薦,不僅讓洛陽的紙一時賣光,而且在文學史上享有一定地位。

陸機:《晉書》稱他「少有奇才,文章冠世」,詩風重藻繪排偶,與其弟陸雲被譽為「太康之英」,又與潘岳形成「太康詩風」,有「潘江陸海」之稱。他的〈文賦〉是中國文學理論發展史上第一篇系統的創作論。陸機還善書法,其〈平復帖〉是中國古代存世最早的名人書法真跡。

其他領域也出現不少傑出人物,如裴秀創造性運用「一分為十里,一寸為百里」的比例尺,把皇宮中用幾十匹絹做成的巨圖,縮成「地形方丈圖」,這是地圖學史上劃時代的創新;皇甫謐一邊攻讀醫書,一邊在自己身上做試驗,發現不少針灸穴位,著有《針灸甲乙經》,這本書廣為流傳,朝鮮、日本的醫生也奉為必讀之書。

同時,制度文化方面頗有創新。268年伊始,司馬炎頒《泰始律》,分〈刑名〉、〈法例〉、〈盜律〉、〈賊律〉、〈詐偽〉、〈請賕〉、〈告劾〉、〈捕律〉、〈系訊〉、〈斷獄〉、〈雜律〉、〈戶律〉、〈擅興〉、〈毀亡〉、〈衛官〉、〈水火〉、〈廄律〉、〈關市〉、〈違制〉與〈諸侯〉,共20篇,620條,特點是「峻禮教之防,準五服以制罪」。五服指禮治中為死去的親屬服喪的制度,具體指斬衰、齊衰、大功、小功、緦麻。所謂「準五服以制罪」,就是按照「五服」親屬關係遠近及尊卑,作為定罪量刑的依據。此法被視為中國古代第一部儒家化的法典,一直持續到明清。與此前令相比,《泰始律》有所放寬,特別是對女性。因此,此法被東晉和南朝所沿用,在中國法律發展史上有重要的地位。

晉時承繼重農抑商的傳統,強制「儈賣皆當著巾,白帖額,題所儈賣者及姓名,一足著白履,一足著黑履」,[107] 真不知他們怎麼會如此挖空心

---

[107]　《太平御覽·服章部》。

思羞辱人？但司馬炎有志於開創一個「無人不飽暖」的大同社會，經濟方面也有諸多改革創新，最重要的經濟改革是三法——

占田制：正丁男子占田 70 畝，女子 30 畝。所謂「課田」，督課耕田之意，國家按課田數徵收田租。丁男課田 50 畝，丁女 20 畝，次丁男 25 畝，次丁女及老小不課，每畝課田租米 8 升。

戶調制：丁男之戶，每年輸絹 3 匹、綿 3 斤，丁女及次丁男之戶減半。

蔭客制：限田制，規定官員一品可占田 50 頃，以下每低一品減田 5 頃。除官員不課田，不繳戶調外，可按官位高低，蔭其親戚，多者及九族，少者三世。

一般認為這些改革獨具特色，限制土地兼併，保障稅收和徭役，增強國力，只是加劇了整個社會的貴族化傾向。但也有人否定。錢穆認為：「晉朝在中國歷史上可以說是最壞的朝代」，[108] 不知他這評價是否包括這個盛世。錢穆明確說「戶調制有名無實」，認為這實際上是王莽的「王田制」和曹操「屯田制」的綜合體。依據之一是 268 年，傅玄上疏說：「舊兵持官牛者，官得六分，士得四分；自持私牛者，與官中分。今一朝減持官牛者，官得八分，士得二分，持私牛及無牛者，官得七分，士得三分，人失其所，必不歡樂。臣愚以為，宜佃兵持官牛者與四分，持私牛者與官中分。」當時，距戶調制正式頒布有十餘年，用今天的話來說，應該屬於「試辦」吧？錢穆的另一個證明是，當時屯田「歲責六十斛」，即每人每年繳 60 斛，此制甚為寬大。再說，「西晉定出戶調制不到 30 年，天下大亂，故有其制而無其實，可能並無推行此制」。[109]

透過多方努力，西晉經濟迅速發展。史籍描述：

太康之中，天下書同文，車同軌，牛馬被野，餘糧棲畝，行旅草舍，

---

[108]　錢穆：《中國經濟史》，P119。
[109]　同上，P121。

第四章　太康之治

外閭不閉。民相遇者如親,其匱乏者取資於道路。故於時有「天下無窮人」之諺。雖太平未洽,亦足以明,吏奉其法,國樂其生,百代之一時矣。[110]

因此,「太康之治」又稱「太康盛世」、「太康繁榮」。不過,這一段文字顯然有誇張之嫌,真可能「天下無窮人」了嗎?

那個時期的亮點,還值得一說 ——

司馬炎上臺之初,西晉與吳的關係算是友好,即使不友好,那也是吳國恃強凌弱。司馬昭去逝,吳還遣使來弔唁。司馬炎新官上任,忙於國內事務,吳國四處挑釁。268 年,吳一方面攻交趾,但失敗,郁林、九真都附晉;另一方面攻晉國江夏、襄陽、芍陂,也失敗。

國內稍安定,司馬炎開始著手反攻。269 年,司馬炎任命大將軍羊祜為荊州諸軍都督。當時,西晉和孫吳各有一個荊州。西晉的荊州包括今陝西、河南一小部分與湖北北部,吳國的荊州包括今湖北和湖南大部分地區,南北對峙。

羊祜從長計議,一方面大力發展荊州,創辦學校,安撫百姓,另一方面與吳國人以誠相待,來降的去留自定,懷來遠人。軍隊一分為二,一部分戍守,另一部分墾田。當年墾田 800 餘頃。剛來時,軍隊儲糧不足 100 日,後來積穀可用 10 年。第二年,吳國在荊州也換上名將,他叫陸抗,可謂棋逢對手。陸抗到任後,注意到羊祜的舉措,認為不可迷信長江天塹,而應認真備戰。272 年,吳西陵守將獻城降晉,陸抗立即圍攻西陵。司馬炎令羊祜等分別進攻江陵等地,以分散陸抗的主力,救援西陵,但失敗,羊祜被貶。

羊祜認為平吳戰爭不宜操之過急,相應調整策略,一方面大辦水軍,

---

[110]　《文選》卷 49,干寶:《晉紀總論》。

另一方面加強政治攻勢。每次交戰,羊祜都與對方商定時間,不會突然襲擊。巡邏兵抓到吳軍兩位將領的孩子,羊祜卻將孩子送回,後來那兩將領率部隊來降。行軍過吳邊境,收田裡稻穀充糧,但用絹償還。吳國軍民對羊祜心悅誠服,稱他「羊公」。有次陸抗生病了,竟然向羊祜求藥。羊祜果然派人把藥送來,左右怕其中有詐,陸抗說:「羊祜會是那種下毒藥的人嗎!」一飲而下,病情果然有所好轉。對羊祜信任到如此地步,吳主孫皓聽了,感到不安,連忙派人到前線批評、教育。陸抗回答:「一鄉一村都不可不講信義,何況上國!我如果不講信義,人們只宣揚羊祜的美德,對我們有什麼好處呢?」[111]孫皓認為有道理。兩軍對壘,誰也不輕易挑起衝突。

274 年,陸抗病重,上疏說西陵「雖云易守,亦復易失。若有不守,非旦失一郡,則荊州非吳有也」,建議加強西線防禦。陸抗死後,由他幾個兒子分掌其兵。但晉吳衝突增多,當月就有兩將降晉。年末,又有幾名吳將降晉。小規模衝突時不時發生。

276 年,司馬炎改封羊祜為征南大將軍,恢復一切職權。羊祜認為經過 7 年準備,實力已超過吳軍,滅吳的條件和時機已成熟,建議對吳發起總攻。然而,支持的少,反對的多。雖然司馬炎本人也支持,但反對者認為,當時西北地區的鮮卑還在為敵,不應該兩線作戰,剛好晉軍又在秦、涼地區吃敗仗。羊祜嘆息不已:「當斷不斷,當予不取,實在遺憾!」278 年,羊祜病重,司馬炎特派中書令張華前往看望。羊祜對張華說:「吳人暴政已極,伐吳可不戰而勝。統一天下而興文教,晉主可比堯舜,百代難逢之盛事。如果錯過,孫皓死,吳人另立明主,晉有百萬大軍也難越長江,不是遺留後患嗎?」[112]並建議杜預代他統軍。羊祜死後,舉國皆哀,

---

[111] 《晉書》卷 34,〈羊祜傳〉,P663,「一邑一鄉,不可以無信義,況大國乎!臣不如此,正是彰其德,於祜無傷也。」

[112] 同上,P666,「今主上有禪代之美,而功德未著。吳人虐政已甚,可不戰而克。混一六合,

司馬炎著喪服痛哭。

又經過一年準備，279 年，杜預照羊祜生前的軍事部署，發 20 萬軍，兵分 5 路，即塗中、江西（今長江下游北岸、淮水以南）、武昌、夏口與江陵，沿長江北岸向吳軍發起總攻，第 6 路從巴東、益州出發沿江東下，直搗吳國都城建業。東吳的防守苦心經營多年，不僅在巫峽設定無數鋒利的、長達 10 餘丈的鐵錐，還在江面狹窄處用粗大的鐵鍊封鎖住江面。晉軍針鋒相對，在船上載無數根數丈長的麻油火炬，硬是將那些鐵鍊燒斷。不等第 6 路軍進城，吳帝孫皓便命使者出迎請降。前後僅用 4 個多月，大獲全勝，東吳全部郡、州、縣併入晉版圖，宣告全國統一，結束長達近百年的分裂局面。滿朝文武歡慶時，司馬炎流著淚說：「此羊太傅之功也！」[113]

去脈：「八王之亂」

對於司馬炎，好評如潮。當時大臣說「世談以陛下比漢文帝」[114]，後世甚至有人認為「晉武帝純孝性成，三代以下不多得」。[115] 然而，縱觀千古盛世，我最強烈遺憾的是 —— 明君難終。司馬炎是明君難終的代表之一。司馬炎死前一年，大臣劉頌上疏批評說：「當下值得憂慮的事不少，如果以後成患，其責還是在陛下。」對此，「帝皆不能用」，[116] 結果不幸被

以興文教，則主齊堯舜，臣同稷契，為百代之盛軌。如舍之，若孫皓不幸而沒，吳人更立令主，雖百萬之眾，長江未可而越也，將為後患乎！」

[113] 同上，P667。

[114] 《晉書》卷 45，〈劉毅傳〉，12 冊，P838。

[115] 李慈銘：《越縵堂日記》。

[116] 《資治通鑑》卷 82，〈晉紀〉4，5 冊，P3,284，「自泰始以來，將三十年，凡諸事業，不茂既往。以陛下明聖，猶未反叔世之敝，以成始初之隆，傳之後世，不無慮乎！使夫異時大業，或有不安，其憂責猶在陛下也。」

劉頌言中。

有個典故很普及：「羊車望幸」，說的就是司馬炎。司馬炎早年可謂愛情、事業兩不誤，273 年，詔選公卿以下的美女充實六宮，未經選美的不許出嫁。第二年，又詔取良家及小將吏家的美女 5,000 人入宮，弄得「母子號哭於宮中，聲聞於外」。[117] 有位名叫胡芳的美女入宮後，還在下殿號泣，左右慌忙勸道：「別讓陛下聽到了！」胡芳卻回答：「死且不畏，何畏陛下！」[118] 由此可見，入宮當嬪妃是多麼令人生畏之事。280 年滅吳之後，司馬炎就專事享樂了。第二年，再從吳國俘虜王公以下家中，選美女數千人入宮。至此，宮中嬪妃近萬名。有人統計，當時全國平均每 200 多戶就有一戶是司馬炎的岳父、岳母。什麼多了都成災，美女也不例外。這麼多美女，先享用哪一個？他十分頭痛，想出一個妙計：坐著羊車，讓羊隨意走，羊車停在哪，他就在哪寵幸。妃子為了爭寵，也發明一計：插竹枝在門上，再灑鹽水，羊喜歡鹽水，羊車就停在她門口。

皇帝寵妃不難理解，不可思議的是，司馬炎會鼓勵大臣鬥富。初期，司馬炎鑑於曹魏末期為政嚴刻，風俗頹廢，生活奢豪，特別強調要對廣大民眾「矯以仁儉」。太醫獻一件用野雞頭毛織成的毛衣，司馬炎命人在殿前燒掉，宣示天下不許再製奇裝異服。一滅吳，卻變奢侈。當時京都洛陽三大富豪，其一是司馬炎的舅父、大將軍王愷，再是散騎常侍石崇。石崇聽說王愷家裡用糖水洗鍋，就命自家用蠟燭當柴燒，人們紛紛傳揚石崇比王愷闊綽。王愷不服，家門前道路 40 里，用紫絲編成屏障。石崇就用比紫絲貴重的綵緞，鋪設 50 里屏障。王愷連忙請司馬炎幫忙，司馬炎不僅不批評、不阻止，還把宮中一株兩尺多高的珊瑚樹，賜給王愷，讓他到眾人面前誇耀，逼得石崇服輸。為此，大臣傅咸尖銳批評說：「奢侈之費，

---

[117] 同上，卷 80，〈晉紀〉，5 冊，P3,196。
[118] 同注 114，卷 31，〈胡貴嬪傳〉，11 冊，P627。

第四章　太康之治

甚於天災。」[119]

石崇為什麼能成鉅富？原來他當過荊州刺史，除了搜刮民脂民膏，還做過搶劫勾當。外國使臣或商人經過，他派部下敲詐勒索，甚至殺人劫貨。那麼，司馬炎呢？282 年，司馬炎祭祀南郊時，忽然得意問隨從劉毅：「你看，朕能跟哪位漢帝相比？」萬萬沒想到，劉毅居然回答：「桓帝、靈帝！」司馬炎嚇一跳：「他們是昏君、亡國之君啊！」劉毅正色說：「桓帝、靈帝賣官所得錢還入國庫，陛下賣官得錢都入私人腰包，在這方面陛下還不如桓帝、靈帝呢！」司馬炎聽了好氣又好笑，只好打趣說：「桓帝、靈帝之時，誰敢這樣直言？朕能讓你這樣直言，所以朕比他們強！」[120] 這倒是真的，司馬炎聽到真話，也說了真話。

司馬炎對接班人問題是非常重視的。上臺第三年，那年他才 31 歲，就立太子司馬衷。司馬衷的知名度很可能不亞於父親司馬炎，因為他有個故事，知道的人應該更多：他當上晉惠帝後，有一年饑荒，百姓很多人餓死。司馬衷在深宮中聽完匯報，困惑不解：「百姓沒米充飢，為什麼不吃肉呢？」人們普遍認為司馬衷「甚愚」或是「笨蛋」，也有人從今天的醫學角度，說他不能算笨蛋。不管算不算，智商非常可能真有問題。王夫之認為：「惠帝之愚，古今無匹，國因以亡。」[121]

那麼，司馬炎妻妾如雲，生了 18 個兒子，存活也不少，為什麼偏偏要立司馬衷呢？據說是因為長子司馬軌很早就死了，按儒家正統，只好立次子；也有人說，司馬炎是為了將來傳位給聰明的孫子司馬遹，立司馬衷只是權宜之計。更可信的說法是：司馬炎早懷疑司馬衷的智商有問題，曾進行多次測試，問題是司馬衷的妻子賈南風很聰明，每臨測試便請老師替他解答，司馬炎看了答案卷，以為兒子的思維正常。這麼說，司馬炎受了

---

[119]　同上，卷 47，〈傅咸傳〉，12 冊，P874。
[120]　同注 116，卷 81，〈晉紀〉3，「桓、靈之世，不聞此言；今朕有直臣，固為勝之。」
[121]　王夫之：《讀通鑑論》卷 12，中華書局，2013 年，P301。

兒媳的騙。而當年娶她，則是因為她母親賄賂楊皇后的左右。追根溯源，還是司馬炎受騙上當。不過，身為父親，相處不是一年、兩年，如此上當受騙，我不大相信。

如果不是司馬炎受騙上當，那就是他有意為之了。他唯有一個小10歲的弟弟司馬攸，聰明過人，深受愛戴。司馬昭曾經明說：「我現在是替死去的兄長（司馬師）代掌相國之位。我去世後，應該由司馬攸繼承。」司馬炎得位後，卻一直排擠司馬攸，連「讓司馬攸輔佐司馬衷」的建議也拒絕，更別說廢司馬衷而改立司馬攸。司馬炎勒令司馬攸離開京城，帶病去自己封國，死於途中。所以說：「皇太子與司馬攸爭位一事，也明顯反映出在本應視為公權之要的下任皇帝選定上，司馬炎存有私心。當此後局勢一步步陷入外戚專權的深淵時，可以說後續混亂的端倪，已在此時若隱若現。」[122]

當然，在此「公權之要」大事上存有私心的遠不止司馬炎一人。司馬炎晚年的朝政，被皇后楊艷族人所掌控。楊艷是司馬衷的生母，否則很可能是另一種局勢。290年，司馬炎一死，司馬衷繼位，就立賈南風為皇后，司馬遹為太子；同時任命楊艷之父楊駿為太尉、太傅、大都督，總攬朝政。

假如賈南風跟司馬衷一樣傻也罷，很可能會有能臣幫他們掌控朝政。問題是賈南風聰明過頭，又喜歡弄權。司馬衷像是賈南風的祕書，往往是賈南風根據自己意願起草好詔書，讓司馬衷抄寫而已。楊駿率先站出來反對賈南風專權，賈南風便與司馬衷的弟弟司馬瑋合作，宣布楊駿謀反，殺了他，其位由司馬衷的叔祖司馬亮接任；並廢殺楊太后，滅其三族數千人。僅3個月，覺得司馬亮礙手礙腳，她又命司馬瑋以謀反罪殺了司馬亮。不日，再以矯詔擅殺大臣的名義殺了司馬瑋。如果僅此也罷，她起

---

[122]　[日]川本芳昭：《中國的歷史‧魏晉南北朝》，P50。

第四章　太康之治

用了幾位能人，這七、八年間，史稱「故數年之間，雖暗主在上而朝野安靜，華等之功也。」[123] 問題是她自己沒生兒子，生怕太子司馬遹將來登基，會對她不利，又廢殺司馬遹，這引起許多皇族的強烈不滿。300 年，司馬遹被害第十天，司馬衷的叔祖趙王司馬倫，掌握京城禁衛軍，假詔廢殺賈南風，滅其三族。如果至此也罷，畢竟算是除害，沒想到司馬倫以為大權在握，才半年就踢開司馬衷，他自己稱帝。這樣一來，其他皇室無法容忍，開始「八王之亂」，即 8 個王爭權奪利，相互廝殺。柏楊評論：

　　八王之亂是一種為敵報仇式的自相屠殺，愚蠢而殘酷，姓司馬的家族跟狼群沒有兩樣。它促使大一統的晉王朝由癱瘓而崩潰，飽受災難的五胡民族，趁機掙脫枷鎖。[124]

「八王之亂」一亂 16 年，盛世成果還能殘剩幾何？

---

[123]　同注 116，P3,308。
[124]　《中國人史綱》中冊，P41。

第五章
元嘉之治

【提要】

南朝宋文帝劉義隆當政時期,從424年繼位至453年被殺,四方賓服,玄學、史學、文學、儒學齊驅並駕,「元嘉曆」流傳日本。

總以為將來接自己班的是太子,萬一發生不測,最可靠的也一定是太子。怎麼也想不到事實正好相反。這並不是孤例。

第五章 元嘉之治

來龍：再現春秋戰國

這時期，中國歷史發生深刻變化。北方混戰更嚴重，先後有前趙、後趙、前燕、前涼、前秦、後秦、後燕、西秦、後涼、南涼（鮮卑）、西涼、北涼、南燕、北燕、夏等 15 個政權，連同西南巴氏建立的成漢，共 16 國，與東晉長期對峙，史稱「五胡十六國」。其實，16 國之外還有漢人冉閔的魏、丁靈翟氏的魏、氐族楊氏的仇池、鮮卑慕容氏的西燕、鮮卑拓跋氏的代國，共 5 個政權，總計 21 個。想像一下，21 個帝王你死我活、相互爭戰，會有多混亂？再接下來的南北朝，其中南朝有宋、齊、梁、陳，北朝則有北魏、東魏、北齊、西魏、北周。

那時，套用一句俗話說：「拿塊磚往大街上隨便一扔，就會砸到一位將軍。」其中一位將軍叫劉裕，小名「寄奴」，有點像少數民族的名字，其實他是道地漢人。他以劉邦弟弟楚王劉交的子孫自居，但到他這時候，實在沒剩什麼可炫耀。他父親只是小吏，且早逝，家境貧苦，幼年賣草鞋維生。後來從軍，英勇善戰，屢立大功，平步青雲。不到 20 年時間，對內平息戰亂；對外致力於北伐，取巴蜀、伐南燕、滅後秦，消滅南方各大割據勢力，實現東晉南朝大一統，先後受封相國、宋公，加九錫，位在諸侯王之上。

當時皇帝晉安帝司馬德宗，很像東周天子，有名無實，許多將軍實際上自立，不受君命。更要命的是，司馬德宗跟司馬衷一樣智商有問題，據說他連冬、夏的差別都分辨不出，夏蟲不可語冰！司馬德宗的朝政主要由會稽王司馬道子主持。大將桓玄殺司馬道子，改國號為「楚」，貶司馬德宗為平固王。劉裕起兵伐桓玄，桓玄挾司馬德宗逃江陵。後來桓玄被殺，司馬德宗復位。沒多久，桓玄的將軍桓振攻江陵，司馬德宗被俘，所幸又被劉裕解救。這樣，劉裕成為東晉舉足輕重的人物。隨後北伐屢戰屢勝，

劉裕在朝中獨掌大權，排擠與他不和的大臣，矯詔命以令外地刺史。419年，司馬德宗死，一般認為是劉裕派人縊死或毒死。隨後立司馬德文為帝。第二年，劉裕逼迫司馬德文禪讓，自己即位，改國號「宋」（史稱「劉宋」），為武帝，拉開南朝序幕。

劉宋初期大致擁有黃河以南廣大地區，成為東晉南朝時期疆域最大、實力最強、經濟最發達、文化最繁榮的王朝。後期的疆域自潼關以東、黃河以南，直至青州，也是當時百年最大。

劉裕這「暴發戶」不會忘本，清心寡慾。大臣建議朝廷備音樂，他以沒閒暇，且不會欣賞為由推掉。地方進獻琥珀枕，但他聽說琥珀可以療傷，就叫人搗碎分發將士。他平時穿著十分隨便，連齒木屐，普通裙帽，用土屏風、布燈籠、麻繩拂。為了讓後人「憶苦思甜」，他在宮中展覽兒時用過的農具、補綴多層的破棉襖。他孫子孝武帝劉駿參觀這些破爛的東西時，譏笑祖上是「鄉巴佬」。劉裕在天之靈如有聽聞，不氣到吐血才怪。

說實話，百姓並不「小氣」，不會在乎帝王的享受。全國這麼多人，每人出一分錢，就夠讓他享受！在乎的是，他要為百姓多做些實事，少說點漂亮的空話。很幸運，劉裕是這種帝王。他在位期間，除了征戰，業績有：一是整頓吏治，親信、功臣當中有「驕縱貪侈，不恤政事」的，堅決嚴懲，決不手軟。規定荊州府置將不得超過2,000，吏不過萬；州置將不過500，吏不過5,000，減輕百姓負擔。二是重用寒人，當時從中央到地方大權，一直掌握在王、謝、庾、桓4大家族手中。劉裕改革，唯才是舉。三是繼續實行「土斷」，居民按實際居住地編戶籍，除南徐、南兗、南青3州之外，多數僑置郡、縣被合併或取消，不再分土著和僑人，對勢家大族隱藏戶口的嚴厲清查，還禁止豪強封山澤、亂收租稅，疆域內百姓可以任意樵採捕撈。四是整頓賦役制度，嚴禁地方官吏濫徵租稅、徭役，官府需要的物資「與民和市」，照價付錢，不得徵調，同時減輕雜稅、徭役等。

第五章　元嘉之治

那些因戰爭徵調的奴隸，一律放還。五是大力辦學，劉裕識字不多卻非常重視教育，下詔說「古之建國，教學為先，弘風訓世，莫尚於此」[125]。

很遺憾劉裕也薄命，422 年，正式當皇帝第三年即病死，長子劉義符繼位。劉義符時年 17 歲，頗有英雄少年氣概，聰明又有膂力，善騎射又通曉音樂，但自幼嬌養失教，聲色犬馬，繼位後根本不把政務放心上。當時國際形勢依然十分嚴峻，稍不小心就可能被人吞併。顧命大臣謝晦、檀道濟、徐羨之、傅亮等文武大臣感到問題嚴重，幾個人一起商量，決定另立新君。424 年的一天，徐羨之、檀道濟等人帶兵入宮，將酣睡中的劉義符抓了，收取印璽，以太后的名義廢他為營陽王，不久將他斬殺。同時，徐羨之派人將劉裕次子劉義真斬殺，擁立聲望好又多有祥瑞之兆的三子劉義隆為帝，改年號為「元嘉」。

最大亮點：璀璨而悲慘的文化

劉義隆像他父親劉裕一樣重視文化，使這個充滿血光的時代，閃爍一些智慧之光。

劉義隆直接指揮重要文化工程。《三國志》是西晉陳壽編寫的，記載魏、蜀、吳三國鼎立的歷史。陳壽在尊重史實基礎上，以簡練、優美的語言，描繪一幅幅肖像圖，非常生動，可讀性很高，公認這不僅是一部史學鉅著，還是一部文學鉅著，但存在史料不足的問題。劉義隆認為《三國志》記事太簡，429 年，命裴松之補注。裴松之與其父裴駰、祖裴子野有「史學三裴」之譽。裴松之不負重任，著重補充原書的遺漏、糾正錯誤。同一事，幾家記述不同的，都收錄備考。對史事和人物有所評論，對陳壽

---

[125]　《宋書》卷 3，〈武帝本紀〉，14 冊，P40。

議論不當的，也加以批評，大大豐富原書的內容。特別是他所引用的原始材料，現已大部分佚失，幸而保留在他的注中，因而史料價值非常珍貴。裴松之此舉開創了作注新例，但現代專家學者認為裴松之注解也有謬誤之處，不可盡信。不過，世上有可以盡信的史書嗎？

劉義隆也直接參與文化活動。446年，劉義隆親臨國子學策試諸生，答問59人。國子學是那個時代的教育管理機關和最高學府，276年始設，與太學並立。好比現代的總統到一所大學，能夠應付59名學生的問答，儘管居高臨下，沒有一定的學識和自信是不行的。想必當時沒有預設問題吧？

當時最興盛的自然是儒學。豫章雷次宗，從小入廬山，成為兼通儒佛的學者，但他長期隱退。438年，劉義隆特召雷次宗到京，在雞籠山開館，聚徒百人教授。劉義隆自己也多次親臨學館，資給甚豐，又授官職。雷次宗不受官銜，歸還廬山。448年，劉義隆強徵雷次宗到京師，在鍾山西巖下設招隱館，專為皇太子和諸王講授經學。雷次宗仍然堅持不入公門，每次從華林園東門入延賢堂，寧願多走些路。劉義隆也尊孔，442年，詔魯郡修孔子廟、孔子墓及學舍，並遷5戶於孔子墓側，免租賦，種松樹600株。

因為重儒學，也就講「仁政」。426年，劉義隆委派袁渝等16名大臣分別深入四方各州郡縣，巡察吏政和民風，訪求百姓隱情，要求各郡縣如實報喜也報憂，並親臨延賢堂聽訟。從此每年開展「三訊」活動，即訊群臣、訊群吏、訊萬民，三訊定罪才殺。

與此同時，分設玄、史、文、儒四個學館，這在中國文化史上是一件不可忽視的大事。因為從先秦到晉，文、史、哲不分，「文學」一詞包羅各種學術和典籍。4學的設定，代表文、史、哲明確分家，並確定玄學以何尚之、史學以何承天、文學以謝元、儒學以雷次宗為教授。玄學研究

第五章　元嘉之治

《老子》、《莊子》、《周易》，產生於魏晉，且是魏晉時期主要哲學，是道家和儒家融合的哲學。何尚之少時輕薄，及長倒是以操行見稱，他曾立宅建康南城外，聚徒講學，四方名士慕名而來，謂之「南學」。何承天是著名的反佛教無神論思想家，針對佛教「神不滅論」，他反駁說：「形體和精神是互相依託的，人死神散，形神一致，就好比柴與火之間的關係。薪弊火微，薪盡火滅。」謝元博通經史，所撰〈安邊論〉有一定影響。四大館長都是當時學界重量級人物。不過，這讓儒家感到不滿，幾百年後的司馬光還怒批：「天下只有儒學，哪裡來四學！」[126] 儒家念念不忘「獨尊」。

當時自然科學 —— 尤其是天文學 —— 有新的發展。436 年，劉義隆詔太史令錢樂之新鑄渾儀。渾儀是古代一種天文觀測儀器。444 年，何承天撰《元嘉曆》，經檢驗證實比舊曆精密，使用 65 年之久，還流傳到日本等國。

這個時期的文化璀璨眩目，同時我也感到無比悲傷，因為一顆又一顆燦爛的星星殞落。何承天 447 年死，裴松之 451 年也死。裴松之的舅舅曾推薦他去當太守，他考量風險大，遲遲不肯動身。不久那裡軍閥火併，舅舅死於戰亂，他躲過殺身之禍，可是終究躲不過死神。此外還有陶潛等。然而，我更感到悲慘的是《後漢書》作者范曄，他捲入劉義隆與劉義康糾紛而被殺。同時，還有謝靈運。謝靈運跟世界上所有人一樣都有缺點，他的缺點是自恃門第高貴，才華橫溢但非常高調，自詡「天下文才十斗，曹子建獨占八斗，我占一斗，餘者天下共分之」。他喜歡到深山探險旅遊，從者上百，伐木開徑，百姓以為山賊而驚逃。他遭同僚排擠，調離京城，不久又被召為祕書監，還被指定撰修晉史。但謝靈運看出劉義隆對他只不過「以文義接見」罷了，便辭官歸老家，與朋友吟詠，寄情山水。其間，他認為「湖多害生命」，積極謀求決湖為田，與會稽太守發生矛盾，太守告他有

---

[126]　《資治通鑑》卷 123，〈宋紀〉5，8 冊，P5,088，「史者儒之一端，文者儒之餘事。至於老、莊虛無，固非所以為教也。夫學者所以求道。天下無二道，安有四學哉！」

「異志」。劉義隆知道他被誣，未予追究，改任臨川。但他依然荒廢政事，遨遊山水。司徒劉義康派人抓他，他那天可能多喝了幾杯，鬼使神差，居然興兵拒捕，犯下死罪。劉義隆說來還是愛才，降死一等，流放廣州。沒想到433年，又有人告發他參與謀反，這回劉義隆不再饒。謝靈運很信佛，受死前布施，捐出自己的鬍鬚，裝飾南海祇洹寺的維摩詰菩薩佛像，並作絕命詩。你相信謝靈運會謀反嗎？你會因此恨劉義隆嗎？我絕不相信謝靈運會愚昧到那種地步！我恨那些一再告他、實際上是嫉妒他的小人！

與此同時，劉義隆也很注重民生經濟。

447年，下詔減免百姓拖欠租債，給孤老殘病者每人賜穀5斛。10斗為1斛（斛與「石」相通，南宋後改為5斗1斛），10升1斗，1升2市斤。100斤穀子一般出米80斤，另有10多斤糠。那麼5斛穀就是1,000斤穀，即800斤米和100多斤糠。30多年前，城市居民定量供應，每位成年人每月稻米為28市斤，一年只有336斤。這樣算來，劉義隆賜給孤老殘病者的穀，不僅夠養活他本人，還可以養活他家裡人！值得注意的是，446年被稱為「大有年」，糧食大豐收。但449年那段時間，沒大災也沒大豐的紀錄，劉義隆同樣詔遣使深入基層，巡行百姓，訪貧問苦，對孤老鰥寡者，又每人發慰問穀5斛。

劉義隆重視水利建設。安徽著名的芍陂，繼300多年前東漢修治之後，三國曹操親臨合肥，令開芍陂屯田，引水淺灌，既可產軍糧，又可通運漕。430年，時任豫州刺史劉義欣，又命殷肅修芍陂，可灌良田萬餘頃。444年，武陵王劉駿命劉秀之修襄陽六門堰，灌良田數千頃。445年疏濬淮水，開墾湖熟廢田千頃。

南京玄武湖古稱「桑泊」，原本只是一塊沼澤溼地，三國吳王孫權引水入宮，才初具湖泊形態。446年，對玄武湖進行一次大規模疏濬，挖出的湖泥堆成幾個小島，其中最大為蓬萊、方丈、瀛洲3島，合稱「三神

山」，或許就是今天玄武湖中梁洲、環洲和櫻洲的前身。傳說湖中兩次出現「黑龍」（很可能是現在的揚子鱷），因而改現名，現在仍然在為人們造福。史書描述其時：

> 自此區宇宴安，方內無事，三十年間……有市之邑，歌謠舞蹈，觸處成群，蓋宋世之極盛也。[127]

劉義隆在位期間，境內政治、經濟、文化均得到較大的發展，是東晉南北朝國力最為強盛的時期。

去脈：子孫大逆不道

就劉義隆個人來說，他是個悲劇人物，司馬光認為他「文有餘而武不足」。[128]

劉義隆的錯誤是明顯的、多方面的，而且是嚴重的。錯誤之一是喜歡遙控指揮，草率行事，而又固執己見。「運籌帷幄之中，決勝於千里之外」，這是劉邦的名言。然而，因為戰場在百里、千里之外，戰況瞬息萬變，所以《孫子兵法》更早提出：「城有所不攻，地有所不爭，君命有所不受。」劉義隆過於自信，絕不許「君命有所不受」。不僅對行軍食宿有嚴格要求，就連交戰日期和時刻，也得等他從宮裡發詔書下令，難怪北魏要譏他如3歲嬰兒。偏偏他又急於滅北魏。在連年征戰、國力漸衰、兵力不足

---

[127] 同注125，卷92，〈良吏傳〉，15冊，P1,505，「自此區宇宴安，方內無事，三十年間，氓庶蕃息，奉上供徭，止於歲賦，晨出莫歸，自事而已。守宰之職，以六期為斷，雖沒世不徙，未及曩時，而民有所繫，吏無苟得。家給人足，即事雖難，轉死溝渠，於時可免。凡百戶之鄉，有市之邑，歌謠舞蹈，觸處成群，蓋宋世之極盛也。」

[128] 司馬光：《稽古錄》卷14，「文帝勤於為治，子惠庶民，足為承平之良主；而不量其力，橫挑強胡，使師徒殲於河南，戎馬飲於江津。及其末路，狐疑不決，卒成子禍，豈非文有餘而武不足耶？」

的情況下，仍然不顧他人反對，堅持北伐，堅持親自遙控、指揮百里、千里之外的戰爭細節。這樣，有碰巧贏的時候，但更多是讓自己的軍隊處於被動，貽誤戰機，導致北伐失敗，進而使國家重創，走向衰弱。

更糟的是，劉義隆過於寵愛自己的子孫。也出於不信任他人的秉性，他防範異姓文武大臣，猜忌宗室子弟。這雖然有一定必要，但防人過度，走向另一個極端，讓太子擁有龐大的軍力。他總以為，將來接自己班的是太子，萬一發生不測，最可靠的也一定是太子！他怎麼也想不到，事實正好相反，謀他命的，就是太子！

太子劉劭，本來好讀書，但是被寵壞，為所欲為，做了許多壞事。劉義隆終於看不過去，訓斥了幾次。這讓他受不了，他請「天師」祈求上天，別讓劉義隆發現他做的壞事。「天師」做巫蠱，在玉石上刻劉義隆像，埋到含章殿前，詛咒劉義隆早死。劉義隆知道後，一方面追捕「天師」等人，另一方面準備改立太子。在廢立太子這種敏感的大事上，劉義隆偏偏優柔寡斷，被劉劭知道。453年三月十五日夜，月亮應該很圓、很明亮吧！劉劭謊稱劉義隆詔令，率其私養的勇士2,000多人闖宮，把劉義隆殺了。然後，劉劭自立為皇，改元太初。

網友說，劉義隆絕對是中國歷史上最悲慘的皇帝。他童年時，父親殺他母親，且不喜歡他，沒父愛也沒母愛；少年時，親眼看見大哥劉義符被大臣活活打死；青年時勵精圖治，卻北伐失敗；中年時，發現自己的長女和太子有染，想廢太子，太子卻把他給殺了。此外，三皇子劉駿剛為他在天之靈報仇，卻讓他「戴綠帽」──中國歷史上唯一一個和生母有通的皇帝，後來小女兒又被自己親孫子劉子業強納為妾……數百年後，他還遭人嘲笑，說劉義隆好大喜功，倉促北伐，反而讓北魏拓跋燾抓住機會，騎兵南下，直抵長江北岸，[129] 幸好有人追封「元嘉之治」4個字，讓他安息。

---

[129]　辛棄疾:〈永遇樂·京口北固亭懷古〉,「千古江山,英雄無覓孫仲謀處。舞榭歌臺,風流總被

第五章　元嘉之治

　　劉義隆第三子武陵王、江州刺史劉駿，當時正率江、豫、荊、雍 4 州軍隊討伐西陽蠻族，驚聞父皇被兄長殺害並篡位，馬上調轉槍口，傳檄四方，共討劉劭，各州郡紛紛響應。同年底，劉駿大敗劉劭，於新亭（今江蘇南京南）稱帝，隨即攻下建康，活捉劉劭，殺劉劭及其 4 子。

　　可是劉駿也不是什麼好人。劉駿很有才華，詩文造詣非常高。他深愛殷貴妃，殷貴妃不幸早逝，他寫一首〈傷宣貴妃擬漢武帝李夫人賦〉，其中有句：「流律有終，心情無歇。徙倚雲日，徘徊風月。」這詩情真意切，字字悱惻纏綿抑揚盡，足令天下文人折服。甚至有人說他開創帝王寫民歌的先河。可他貪財好色，無以復加。他「人盡可妻」，一般人還有底線，他卻連生母也淫亂一番。叔父劉義宣 4 個女兒養在宮中，個個花容月貌，劉駿不顧是堂姐妹，也要一起召幸。劉義宣十分痛恨，起兵造反。劉駿害怕，打算讓位，在別人勸阻下，才派兵去鎮壓。沒想，劉義宣只是虛張聲勢，很快潰不成軍，連同 10 個兒子被殺。

　　國庫很快被劉駿揮霍一空，他便以賭樗蒲的方式斂財。樗蒲是古代一種賭博的遊戲，漢代即有，魏晉盛行。以擲骰決勝負，但下官只能輸不能贏，輸了錢可以升官，與賣官無異。

　　劉駿自己的生命也很快揮霍一空。464 年，劉駿 35 歲，年紀輕輕就病死。他死後，由 17 歲的長子劉子業繼位。

　　劉子業跟他父親一樣淫亂，竟然將親姑劉英媚封為夫人。他還公然把各王妃、公主集中起來，強令左右侍從姦汙。他令宮女赤身裸體與他在宮中奔跑嬉戲，有不從者即殺。有段著名的軼聞就發生在這時，山陰公主劉楚玉抱怨：「妾與陛下，雖男女有殊，俱託體先帝。陛下六宮萬數，而妾

雨打風吹去。斜陽草樹，尋常巷陌，人道寄奴曾住。想當年，金戈鐵馬，氣吞萬里如虎。元嘉草草，封狼居胥，贏得倉皇北顧。四十三年，望中猶記，烽火揚州路。可堪回首，佛狸祠下，一片神鴉社鼓。憑誰問：『廉頗老矣，尚能飯否？』」

唯駙馬一人。事不均平,一何至此!」[130] 劉子業覺得有理,馬上為妹妹配面首 30 名。「面首」指男妾。

劉子業還濫殺無辜,弄得人心惶惶。才過一年多,465 年,幾位大臣忍無可忍,將劉子業殺了,擁立劉義隆第十一子劉彧為帝。

劉彧本來是個敦厚的人,曾飽受姪子皇帝劉子業欺負,把肥胖的他關進竹籠,封為豬王;把他衣服剝光,每頓飯逼他像豬一樣用嘴食木槽。劉子業幾次要殺他,全賴和他一同被關的弟弟劉休仁設法解救。然而,劉彧登上皇位,人性隨之大變,首先將兄長劉駿 28 個兒子殺掉,再把多次救過他命的弟弟劉休仁等殺了,又很快弄得民不聊生,怨聲載道。

好不容易出個盛世,卻好比信用卡透支,快樂一時,得用好多艱辛去償還。

---

[130]　同注 125,卷 7,〈前廢帝紀〉,14 冊,P97。

第五章　元嘉之治

第六章
永明之治

【提要】

　　南齊武帝蕭賾當政時期,從482年繼位至493年去逝,富國為先,發展教育,優厚鰥寡孤獨,「女士富逸」。

　　如果僅聽片面之詞,根據「禪讓」而來「禪讓」而去的字眼去想像那盛世,真會以為那是個充滿詩情畫意的美好時代。

第六章　永明之治

來龍：「禪讓」而來

有人說南齊高帝蕭道成是天上掉下來的皇帝，意指他的皇位是「禪讓」來的。這麼說很有趣，但不公道。其一，天上掉下來的事不是不可能，但罕有，而「禪讓」在中國幾千年歷史上，實在不少。其二，有句俚語是「有撿也要起得早」，意思是，就算天上有掉餡餅，也得早起才可能讓你撿到，否則就被別人撿走了，告誡要勤奮，要珍惜機遇。這麼說，能夠撿到天上所掉餡餅之人，也是值得敬重的。蕭道成就是如此。他接受「禪讓」，與啟那樣靠父親精心策劃，或像溥儀那樣被父親抱在懷裡坐享其成，完全不同。

蕭道成小名「鬥（鬭）將」，其實他出身儒學世家，是蕭何 24 世孫。雖然他父親蕭承之是劉宋時期著名武將，但蕭道成 13 歲便到建康拜師名士雷次宗，深研《禮經》、《左氏春秋》等儒家經典。只不過那個時代更需要「鬥將」，父親領兵駐防地改鎮豫章，蕭道成不得不棄學隨父南下，並加入軍中。蕭道成畢竟有「鬥將」的血統，英勇善戰，屢立戰功，平步青雲。因平叛有功，蕭道成晉爵為公，遷中領軍將軍，掌禁衛軍，實際上已經形成獨掌朝政的局面。476 年升任尚書左僕射（相當於宰相）。

劉義隆之後一代不如一代。第七代劉昱，雖然自幼聰慧，但生性好殺，喜怒無常，越來越無所顧忌。他喜歡親手殺人，一日不殺就手癢。他常常帶著隨從晨出晚歸，或晚出晨歸，路上碰到誰就殺誰，與魔鬼無異。他與大臣蕭道成，「深相猜忌，幾加大禍」。477 年的一天中午，驕陽似火，蕭道成袒胸露腹臥在自家堂中休息，劉昱突然到訪，他想穿衣都來不及。劉昱笑道：「好大的肚皮啊！」隨即命蕭道成站著別動，讓他在其腹部畫一個靶心，張弓引箭就要射。蕭道成帶著哭腔央求：「老臣無罪啊！」左右連忙也勸說：「陛下箭法太好，一箭就會射死，以後再想射就沒了，不如把

箭頭包起來。」劉昱覺得有理，將箭頭用布包起來，才留蕭道成一條小命。為此，連陳太妃都怒罵道：「蕭道成有功於國，今若害之，誰復為汝著力者？」[131] 這才沒殺蕭道成。但如此苟活，蕭道成還能殘存幾分忠心？無獨有偶，劉昱對待侍從楊玉夫也是忽冷忽熱，七夕那天又恨得切齒，叨念說：「明日當殺小子，取肝肺。」[132] 楊玉夫害怕，立即糾集 25 人，連夜將劉昱殺了，然後請蕭道成出來收拾局面。劉昱惡貫滿盈，天人共憤，太后在詔書中歷數他的罪狀，說：「昱窮凶極暴，自取灰滅，雖曰罪招，能無傷悼。棄同品庶，顧所不忍。可特追封蒼梧郡王。」[133] 史稱後廢帝。第二天，立成王劉準為帝。劉準這年才 10 歲，只好由蕭道成攝政。蕭道成不是周公，兩年後自己坐上龍椅，廢劉宋王朝，改國號為「齊」，史稱「南齊」。

別小看劉準，早將人間一切看透！479 年四月下旬，頒詔禪位給蕭道成，按禮儀，劉準應當到殿前雲會百官，他卻不想去，躲到佛像寶蓋下。可是佛並沒能保佑他，大將軍王敬則還是找到了，硬要將他接走。劉準淚流滿面，驚恐問道：「你們要殺我嗎？」王敬則說：「只是請你移宮吧！想當年你祖上取代司馬氏，也是這樣的！」劉準只能淚漣漣乞求：「但願我下輩子再也別投胎帝王家！」[134] 蕭道成不相信眼淚，沒過幾天就殺了劉準。劉宋王朝後 30 年，一個個骨肉相殘。劉裕子孫滿堂，劉義隆 19 個兒子，劉駿 28 個兒子，劉彧 12 個兒子，結果除 1 人早年投降北魏得以幸留外，其餘都被自己人殺個精光。

蕭道成的皇位是撿來的，但他會珍惜，他及時華麗轉身，摒棄暴政，而修建儒學，精選儒官。禁止宗室占山川，與民爭利；減免賦役，安撫流民。他將宮殿、御用儀杖等原本用金、銅製作的器具，全用鐵替代，取消

---

[131] 《南齊書》卷 1，〈太祖紀〉，P7。
[132] 《建康實錄》卷 14。
[133] 《宋書》卷 9，〈後廢帝紀〉，14 冊，P126。
[134] 《資治通鑑》卷 135，〈齊紀〉，P5,585，「願後身世世勿復生天王家！」

第六章　永明之治

衣服上的玉珮、掛飾等，也禁止民間使用各種華麗飾物，不得將金銀製成金箔、銀箔，甚至不准織繡花裙，不准穿錦鞋。他還博學，擅長草隸，是中國歷史上著名的書法家，文學上也有一定造詣，著有《齊高棋圖》2卷。更重要的是，他志向高，宣稱：「讓我治天下十年，當使黃金與土同價！」[135] 他僅要求當政10年，與現代連任兩屆差不多，在那皇帝終身制時代，實在太少，但他命薄，482年病逝，終年56歲，在位僅4年。

對太子蕭賾，蕭道成是滿意的。此前6年，蕭賾為左衛將軍，有次平叛，朝廷還沒決策之時，蕭賾看到有利地形，便立即領兵占據以備戰，不失時機，蕭道成聽說後大喜：「此真我子也！」

最大亮點：詩情畫意

482年，蕭道成置國子學，學員200人，並任命中書令張緒為國子祭酒。這張緒可是個人物，曾有人進獻「蜀柳數株，枝條甚長，狀若絲縷」，蕭賾將它栽在靈和殿前，時常賞玩，感嘆：「此柳風流可愛，似張緒當年。」那麼，張緒怎麼個「風流」呢？他口不談錢，偶爾有點錢，也隨手分發。他終日端坐清談，可以整天不吃不喝，門生看他餓到不行，才弄點吃的給他。有一次，大臣王儉發現一個地方官舉止非常得體，鶴立雞群，便問：「你和誰共事過？」那人回答：「我十幾歲時在張緒身邊，耳濡目染。」現在，要用這樣風姿清雅的人物去引領學子們。但同年蕭道成死後，便「以國哀之故，廢國子學」。

485年恢復國子學，並用上公禮儀祭奠孔子，而廢總明觀。總明觀是前15年創設，又稱「東觀」，集藏書、研究和教學三位於一體，設祭酒，

---

[135]　同上，卷135，〈齊紀〉，9冊，P5,616。

置玄、史、文、儒 4 科。現在,將總明觀的職能合併於國子學,同時詔王儉在家開學士館,把 4 科書全都搬到王儉家裡,讓他以家為館。這王儉也是個人物,他長於禮學,精通朝儀,無人能比。他每 10 天到學館一次,監試學生。他還親自設計髮髻,斜插幘簪,朝野羨慕,互相仿效。王儉常言:「江左風流宰相,唯有謝安。」因此,他自比謝安。蕭賾對他非常信賴,選拔官員,只要是他推薦的,沒有不准的。

當時,皇帝不是萬能的。紀僧真出身微寒,從小當兵,聰明伶俐,成為蕭道成的親信。蕭道成要他模仿自己的手跡,到以假亂真的地步,常代皇帝「報答書疏」。蕭賾即位,紀僧真任中書舍人,負責起草詔令,參與機密,權力不小。紀僧真還很有修養,「容貌言吐,雅有士風」,連蕭賾都感慨說:「人何必計門戶,紀僧真常貴人所不及。」[136] 然而,世風重門閥,紀僧真不能免俗,忍不住請求說:「臣小人,出自本縣武吏,邀逢聖時,階榮至此。為兒婚,得荀昭光女,即時無復所需,唯就陛下乞作士大夫。」您皇上陛下開開恩,賜我一個「士大夫」身分吧!蕭賾聽了,無奈地笑笑說:「這種事朕說了也不算,不信你去找江斆、謝瀹試試。」江斆出身豪門望族,父子兩代駙馬;謝瀹也是當時名士,世家子弟。紀僧真奉旨去求見,沒想到,屁股還沒坐熱,江斆便對左右說:「移吾床讓客。」當時床指的是現代的椅子,意思是:「你來了,我走!」不願與紀僧真這種人平起平坐。紀僧真「喪氣而退」,對蕭賾嘆道:「士大夫這種身分,不是天子所能任命的。」[137]

齊初沿用晉律。489 年,蕭賾命王植根據晉律「削其煩害,錄其允衷」,制定齊律,稱《永明律》,共 1,532 條,20 卷。但當時統治階層崇尚玄學與佛學,蔑棄禮法,以清談為高雅,以法理為俗務。雖然《永明律》修成

---

[136] 同注 131,卷 56,〈紀僧真傳〉,16 冊,P663。
[137] 《南書》卷 36,〈江斆傳〉,25 冊,P627,「士大夫故非天子所命。」

第六章　永明之治

並頒發，因統治層意見不一，還是「事未施行，其文殆滅」。呂思勉批評說：「談玄本不是壞事，以思想論，玄學要比漢代的儒學高明得多」，不過他們「狡黠的講求趨避之術，養成不負責任之風」。[138]

蕭道成曾命重新校訂戶籍。蕭賾設「校籍官」，強令他們每天每人都要查出幾件奸偽案。被認定「卻籍」（假冒戶籍）者，要充軍戍邊。一連幾年，怨聲載道。485年冬，富陽唐寓之聚集400多人反叛，攻占富陽縣城，三吳一帶被撤銷戶籍的人紛紛投奔富陽，很快發展到3萬多人。第二年陷錢唐，稱帝封太子，設文武百官。然後，又陷東陽，犯山陰等地。蕭賾派數千禁軍前往鎮壓。唐寓之的烏合之眾怕騎兵，一觸即潰。官軍生俘唐寓之，將其斬首，平定叛亂。但檢籍運動於490年被迫停止，宣布「卻籍」無效，允許被發配戍邊的人返回，恢復原籍。

493年蕭賾去世前夕，反叛活動又一高潮。光城蠻族首領，本來擁戴蕭賾，這年卻率4,000戶投奔北魏。襄陽蠻首雷婆思率千餘戶附魏。建康僧法智等人率眾起事，攻下徐州，不久被鎮壓。

不過，總體來說，蕭賾繼承蕭道成作風，很快出現盛世景象。史書描述：

> 永明之世，十許年中，百姓無雞鳴犬吠之警，都邑之盛，士女富逸，歌聲舞節，袨服華妝，桃花綠水之間，秋月春風之下，蓋以百數。[139]

這段文字夠詩情畫意、夠誘人，但顯然過於誇張。492年，魏遣大臣宋牟訪齊。回歸後，魏帝問：「江南如何？」宋牟回答說：

> 蕭氏父子無大功於天下，既以逆取，不能順守。政令苛碎，賦役繁重；朝無股肱之臣，野有愁怨之民。其得沒身幸矣，非貽厥孫謀之道也。[140]

---

[138]　呂思勉：《中國通史》，P394。
[139]　同注131，卷53，〈良政傳〉，16冊，P621。
[140]　同注134，卷137，〈齊紀〉3，9冊，P5,724。

朝中無能臣，社會肯定多愁怨之民；社會多愁怨之民，朝中肯定無能臣。這兩者互為因果，則肯定多亂局，肯定無法傳之子孫萬代。

還必須略說外部關係。

南齊實際上只是大半個南中國，只不過南北不以長江為界，而大致以淮水為界。北部是北魏，西北部是現代西藏、青海等地。北魏經過一個世紀的發展，正處於「孝文中興」時期。南齊與北魏有如二虎，所幸基本上能共於一山。正因為能和平共處，所以兩國都步入盛世。否則，很可能兩敗俱傷。

487年初，齊平民桓天生自稱桓玄的後人，與雍、司二州蠻族聯合起事，占據南陽，然後請魏發兵支持，魏發萬餘兵。蕭賾發幾路兵共討，大破魏軍，殺獲以萬計。不久，桓天生再引魏兵攻舞陰，當地太守反擊，桓天生受傷而退。桓天生又勾結魏攻舞陰，仍敗。第二年魏襲角城，敗退。桓天生勾結魏兵攻隔城，被斬4,000餘。齊將乘勝攻魏泌陽，10餘日不下，只得退兵。至此，雙方都覺得誰也吃不了誰，只好再和解。490年初，齊釋放魏俘虜2,000名，重新開始年年互訪。

與吐谷渾關係也很好，時常互訪。當時，氐族人在今隴南、陝西南、川北之間相繼建立武都等政權，齊、魏爭相拉攏。482年，魏任命楊後起為武都王。第二年，齊封氐帥楊炅為沙州刺史、陰平王。486年楊後起死，齊、魏同時任命新氐王楊集始為武都王。楊集始對齊並不友好，492年九月，攻齊漢中，損兵折將數千，便降魏。魏封其為漢中郡侯、武興王。

491年林邑發生政變，范當根純自立為王，遣使向齊獻金簟等物，齊封其為林邑王。可是第二年，范諸農推翻范當根純，恢復原政權，齊又封范諸農為林邑王。只要肯認我為老大，誰當林邑王無所謂。

第六章　永明之治

去脈：「禪讓」而去

　　縱觀歷史，禪讓而來的政權多短命，大概得來輕易，也就珍惜不夠之故。

　　482 年蕭道成臨終之時，特別囑咐蕭賾一定要吸取晉與劉宋皇室手足相殘的教訓，愛護同室兄弟。蕭道成的遺願很美好，可惜他並沒能留下相應的好制度，以保障這個美好的遺願變成美好的現實。

　　蕭賾有 23 個兒子，長子是蕭長懋。蕭長懋很優秀，蕭道成很喜愛，很早就讓他參與軍中事務。蕭道成稱帝後，即破例封蕭長懋為南郡王，食邑 2,000 戶。當時還沒有嫡孫封王的先例，蕭賾繼位當年，立蕭長懋為太子。蕭長懋對《孝經》有深研，485 年曾在崇正殿講解，487 年又到國子學親自策試學生對《孝經》的學習情況。他還曾審理囚犯，參與尚書省一些事務。他好佛，專設六疾館收養窮苦人。但他喜歡奢侈華麗，瞞著蕭賾，驅使將吏築造宮城，富麗堂皇。他的儀仗隊也常常超規，只因沒人敢報告，蕭賾不知。有一次被蕭賾偶然發現，他才開始害怕，從此不斷受指責。493 年，他比蕭賾早三個月病逝。蕭賾很痛苦，但不久又偶然發現他的服裝、玩好也很過分，不由大怒，即令將過分的東西全毀除，並把東宮改為崇虛館。

　　其他還有哪個兒子適合接班呢？好像沒有。最不合適的是四子蕭子響，這小子更不像話！489 年，他被任命為荊州刺史後，地方官劉寅、席恭穆聯名密報他私製錦繡長袍、紅色短襖，並擬將這些東西送到當地蠻族那裡換武器。蕭賾半信半疑，要求深入調查。蕭子響聽說中央調查組要來，連忙召集劉寅等 8 人盤問，將他們全都殺了。這樣一來，蕭賾更惱怒，隨即改任第八子蕭子隆為荊州刺史，並委派淮南太守戴僧靜率兵討伐蕭子響。戴僧靜說：「皇子誤殺，並非大罪！冒然出動大軍，只會造成恐慌，激發不可預料之事端，恕不受旨。」蕭賾覺得這話有理，但出於慎重，還是派

胡諧之、尹略和茹法亮率幾百名武裝侍衛前往，捕蕭子響身邊那些小人，特別交代：「蕭子響如果放下武器，回來請罪，還可以寬恕。」中央軍抵達後，築城對壘。蕭子響派使者對胡諧之說：「天底下哪有兒子反父親？我不是想抗拒，只不過一時思慮不周。我願意回京受罰，你們何必大動干戈？」對方卻回答：「誰跟你這種逆子說話！」蕭子響聽了痛哭流淚。他殺牛、備酒犒賞中央軍，尹略卻把美味佳餚倒進江裡。蕭子響一怒，只得拚死一戰，結果尹略戰死，胡諧之等人逃走。蕭賾又派大將蕭順之討伐，蕭子響不敢戀戰，乘小船順江直赴建康。蕭長懋向來忌恨蕭子響，這時暗暗要求蕭順之別讓蕭子響活著回來。途中遇到，蕭順之將蕭子響勒死。後來，蕭賾想起蕭子響，淚流滿面，追貶蕭子響為魚復侯。這段史實，很容易讓人將齊武帝蕭賾與漢武帝劉徹混淆，千古皇宮大同小異的事太多了。

493年蕭長懋去世，立其長子蕭昭業為皇太孫。同年蕭賾病逝前夕，詔蕭昭業繼位，要求百官盡心輔佐。蕭昭業非常貪玩，出手闊綽，動輒百萬、數十萬，不到一年就將「永明之治」積蓄的數億錢財揮霍到差不多了。蕭昭業的堂叔祖、大將軍、尚書令蕭鸞一再規勸，但他不聽。他懷疑蕭鸞有篡位之心，與中書令何胤謀殺他。何胤不敢，蕭昭業又把蕭鸞打發出京。蕭鸞無奈，只得先下手將蕭昭業殺了，自己稱帝，即齊明帝。

蕭鸞年富力強，在位4年，政治、經濟與軍事方面都有所作為。然而，「武帝並沒有改變與前朝一樣重用恩幸的方針。換言之，宋代所出現的各種問題，並沒有得到根本的解決。在這種環境下即位的明帝，雖然致力於加強王朝的基礎，卻走的是恐怖政治的道路，陸續將諸王殺害，王室的團結進一步弱化」。[141]

那麼，蕭鸞治下的南齊究竟有多恐怖呢？蕭鸞信奉道教，殺人時也許內心真會有所不安。每當他晚上焚香禱告，嗚咽流涕時，侍從就知第二天

---

[141] 《中國的歷史・魏晉南北朝》，P139。

第六章　永明之治

肯定有大規模流血之事。河東王蕭鉉是蕭道成第十九子。蕭鸞政變時誅諸王，蕭鉉只因為年少而逃過一劫。498 年蕭鸞病重，對年已 19 的蕭鉉不放心，連同所剩 10 個親王一起殺了，殺完才命人起訴蕭鉉等人謀反。令人不敢相信的是，蕭鸞不僅不批准，反而大加批評，要求重在證據云云。等再次呈上起訴報告才批准，以示蕭鉉罪證確鑿，罪該萬死，而他是萬不得已。對此，柏楊精闢地評論：

這是蕭鸞的小動作之一，但此事至少可給我們一個啟示，即任何史料，都不能僅因為它來自第一手或當事人，只聽片面之詞，便認為絕對正確。如果我們根據前項批駁不准的詔書，判斷蕭鸞是一個善良的人，或判斷十親王那時候還活著，就鑄成錯誤，而這正是邪惡人物所盼望的。[142]

像蕭鸞這類帝王還很多，我們在讀「正史」之時應當特別警惕。

蕭鸞臨死之時，還囑咐他的次子蕭寶卷：「誅殺對手動作要快，不要落到人後。」弄得大臣們人人自危。[143] 蕭寶卷繼位後，比蕭鸞有過之而無不及。幸好才 4 年，他就被宦官所殺；其弟蕭寶融接手才一年，便「禪讓」蕭衍，徹底埋葬南齊那個暴政集團。如果我們如柏楊所說那樣，僅聽片面之詞，根據「禪讓」而來「禪讓」而去的字眼去想像那盛世，真會以為那是個充滿詩情畫意的美好時代。

---

[142]　《中國人史綱》中冊，P90。
[143]　同注 134，卷 142，〈齊紀〉8，P5,924，「高祖殂，以隆昌事戒帝曰：『作事不可在人後。』故帝數與近習謀誅大臣，皆發於倉猝，決意無疑。於是大臣人人莫能自保。」

第七章
天監之治

【提要】

南梁武帝蕭衍當政時期,從502年開國至549年被囚致死,鼓勵人才自薦及議政,蕭衍本人多才多藝,所創儒釋道「三教同源」說影響深遠。

帝王中缺乏「熱愛工作崗位又有敬業精神」的人太多了,蕭衍是一類典型。自毀盛世的帝王不多。劉徹、李隆基毀後還有救,蕭衍毀得沒救,毀得好徹底。

第七章　天監之治

來龍：又見「禪讓」

中國歷史每一個王朝的興盛衰亡呈週期性，幾千年中，好多次輪迴。南齊與南梁兩個週期之間，即兩個起始點，高度相似。

想當年，劉宋第七代皇帝劉昱濫殺，結果他自己被侍女楊玉夫殺了，大臣蕭道成出來收拾殘局，扶持10歲的成王劉準繼位。第二年「禪讓」蕭道成，兩年後，蕭道成廢劉宋，改為「南齊」。僅24年，南齊又出現如此局面。

南齊第六代領導者蕭寶卷是中國歷史上最昏庸荒淫的皇帝之一，人稱「惡童天子」，天怒人怨，文官告退，武將造反。500年，豫州刺史裴叔業舉壽陽降北魏，詔崔慧景為平西將軍，率水軍討伐壽陽，蕭昭業親自送行。不想，崔慧景卻召集部從說：「吾荷三帝厚恩，當顧託之重。幼主昏狂，朝廷壞亂，危而不扶，責在今日。欲與諸君共建大功，以安宗社，何如？」[144] 眾軍響應，於是反戈向建康進攻。崔慧景包圍宮城，聲稱奉宣德太后之令，廢蕭寶卷為吳王。在這千鈞一髮之時，蕭寶卷派密使詔駐防小峴（今安徽含山北）的大將蕭懿回軍援救，才轉危為安。蕭懿與皇室關係密切，他父親蕭順之是蕭道成的族弟。現在平叛立了大功，蕭寶卷提拔蕭懿為尚書令，增邑2,500戶。可是沒幾天，蕭寶卷又擔心蕭懿謀反，將他毒殺。這讓蕭懿之弟蕭衍橫生異心。

蕭衍一入官就在大將王儉手下。王儉見蕭衍很有才華，一路提攜。現在為報殺兄之仇，身為雍州刺史的蕭衍，舉兵攻建康。這時，大將王珍國等也反叛，連夜入宮殺了蕭寶卷，出迎蕭衍。蕭衍迎蕭寶卷14歲的親弟蕭寶融登帝，蕭衍自任大司馬，掌管中外軍國大事。不久，即502年，詔令蕭衍進位相國，總攝朝廷一切政務。

---

[144]《南齊書》卷51，〈崔慧景傳〉，16冊，P595。

蕭衍假裝迷戀原本宮中的兩個美女，對其他一切顯得不在乎。好友沈約、范雲知道蕭衍的心思，寫信給大將夏侯祥，要他逼蕭寶融禪讓蕭衍。同時，朝野流傳「行中水，為天子」的民謠。蕭寶融的禪讓詔書到了，蕭衍還謙讓。范雲帶領眾臣 117 人上書稱臣，同時要蕭寶融下詔，以謀反罪誅殺湘東王蕭寶晊、邵陵王蕭寶攸、晉熙王蕭寶嵩、桂陽王蕭寶貞等親王，真正「謀反」的蕭衍，這才登極稱帝，改國號為「梁」，年號「天監」。

南齊被滅了，蕭寶融被貶為巴陵王。不日，蕭衍遣親信鄭伯禽送生金子給蕭寶融。蕭寶融說：「殺我不須用金子，有酒就行。」於是讓他飲酒，趁醉殺了，然後宣布他暴病而亡，加諡齊和帝，又以皇帝的規格為他舉行隆重葬禮，「文明」得很。

最大亮點：「文物之盛，獨美於茲」

如果說蕭衍不是天才，我不信！人們常說「博學多才」，那往往是恭維，博學不難，要多方面有才、有成果，那是非常困難的。蕭衍卻實現這種神話。他出身於世家子弟，西漢相國蕭何 25 世孫，儒學是基本技術，曾撰有《周易講疏》、《春秋答問》、《孔子正言》等 200 餘卷，可惜大都沒流傳下來。他不滿《漢書》等斷代史寫法，親自主持、編撰 600 卷《通史》，並很不謙虛地宣稱：「此書若成，眾史可廢！」[145] 可惜此書到宋朝失傳。他還著有《涅萃》等數百卷佛學著作，對道教頗有研究，在此基礎上，將儒家的「禮」、道家的「無」和佛教的「因果報應」揉合在一起，創立「三教同源說」，在中國思想史上有極其重要的地位，現代常說「儒釋道」，將三者相提並論。正如林語堂所說「得意時信儒，失意時通道，絕

---

[145] 《南史》卷 42，〈列傳第三十二〉，26 冊，P714。

第七章　天監之治

望時信佛」，凡人也都是「儒釋道」相提並論。蕭衍流傳到現代的詩有 80 多首，包括言情、談禪悟道、宴遊贈答、詠物等內容。現代著名文學評論家鄭振鐸認為他的「新樂府辭最為嬌豔可愛」。他推動七言詩的發展，他素善鐘律，創製調音器，豐富傳統樂器的表現力。對圍棋特別喜愛，棋藝高超。他的書法可以在古代善書帝王中排前幾位。

在蕭衍的影響下，梁朝文化事業大繁榮，史稱：「自江左以來，年逾二百，文物之盛，獨美於茲。」[146] 著名的如——

江淹：政治家、文學家，少時孤貧好學，蕭道成聞其才召入官，歷仕宋、齊、梁 3 朝。他創造了兩個成語典故，一是「夢筆生花」，說江淹被貶浦城縣令時，有天夢見神人授他一支閃著五彩的神筆，從此文思泉湧，成為一代文章魁首。二是「江郎才盡」，說晚年夢見一人對他說道：「我有一支五色彩筆留在你這邊多年，請還給我吧！」他從懷中取出歸還，從此文章日漸失色。505 年死，蕭衍親自為之穿孝舉哀。代表作〈恨賦〉、〈別賦〉。

范縝：思想家，生性耿直，曾任南梁太守，一生坎坷。蕭衍以佛教為國教，他卻著〈神滅論〉批駁佛教人死神不滅的觀點，指出：「形者神之質，神者形之用也。神之於形，猶利之於刃，未聞刃沒而利存，豈容形亡而神在哉！」大將蕭子良曾派人去勸說：「以你的才華，當個中書郎根本不成問題，何必寫那些偏激的文章呢？」范縝笑答：「我如果想賣文取官，早已當尚書令了，何止中書郎！」[147] 〈神滅論〉被稱為中國思想發展史上具有劃時代意義的傑作。

蕭統：蕭衍長子，502 年即被立為太子，但英年早逝，諡號「昭明」，後世稱「昭明太子」，被追尊為「昭明皇帝」。趙翼評論：「創業之君兼擅才學，曹魏父子固已曠絕百代。其次則齊梁二朝，亦不可及也……至蕭梁父

---

[146]　同上，卷 7，〈梁本紀〉，25 冊，P149。
[147]　《資治通鑑》卷 136，〈齊紀〉2，P5,634，「使范縝賣論取官，已至令、僕矣，何但中書郎邪！」

子間,尤為獨擅千古。」[148] 同時,蕭統「引納才學之士,賞愛無倦」。他主持、編選最早的漢族詩文總集,選錄先秦至南朝梁代八、九百年間、100多個作者、700餘篇各種體裁的文學作品,稱《昭明文選》,在文學史上有重要價值。

此外,這時期傑出知識分子還有:文學理論家劉勰、文學家兼史學家沈約、文學批評家鍾嶸、史學家吳均、文學家劉峻、道家醫藥學家陶弘景、目錄學家阮孝緒、史學家蕭子顯、史學家蕭子雲等。從文化角度來看,蕭衍治下絕對是個盛世,而且是不可多得的。

與此同時,民生經濟也相當不錯。

502年上臺當年,即將從西晉司馬炎時期沿襲下來的戶調制廢除,改等第徵收為按丁徵收,顯然更合理些。518年,將徵兵驅奴婢的年限改為男66歲、女60歲,免為編戶。值得注意的是,「兵驅」即兵家,在詔書中公開將此與「奴婢」相提並論,顯示兵家的社會地位繼續下降。錢穆認為:

> 梁武帝廢除繁重的雜調,足見體恤民困。即使天監四年大舉北伐,王公以下均得繳納租穀,以助軍資,但並不增加平民的租調,十分難得。故梁武帝時代,較諸宋、齊兩代的賦役,已輕省多了。[149]

當時修築了不少水利工程,例如510年初在秦淮河下游修築的緣淮塘,525年在今江蘇宿遷修築的宿預堰及在濟陰修築的曹公堰,528年在今江蘇徐州修築的寒山堰……這些水利工程或有利於減水災,或有利於發展漕運,更有利於灌溉農田。如534年,夏侯夔率軍在營陵築堰,灌田千餘頃,每年收穀百餘萬石,既充軍備,又贍濟當地窮民,深受好評。農業多豐收,如505年斛米僅30錢。王夫之說:「梁氏享國五十年,天下且小

---

[148] 趙翼:《廿二史劄記》卷12。
[149] 錢穆:《中國經濟史》,P134。

第七章　天監之治

康焉。」[150] 當時經濟較繁榮，應不虛。只是由於戰爭等因素，蕭衍本人最後也被餓死。

蕭衍雖然勤政，不論冬夏，總是五更起床辦公，但錯誤也是明顯且嚴重的。《梁律》可說是很完備的刑律，但「罔恤民之不存，而憂士之不祿」，即對民眾過於嚴酷，而對官吏幾乎沒有約束。因此，511 年郊祭時，一位老人不惜擋御駕，直接向蕭衍進諫：「陛下您的法對百姓太嚴，而對權貴太鬆，這不是長治久安之道。如果能反過來，那就是天下大幸了！」[151]

正如那位老人指責，蕭衍對宗室過度寵愛。蕭衍對北魏志在必得，似乎要決一死戰，詔王公以下踴躍上國租及田穀作軍用，命臨川王蕭宏為主帥。蕭宏是蕭衍六弟，北上敵境 20 里就不敢再前進。幸好其他將軍勇敢善戰，獲得一些小勝。第二年，蕭炳攻徐州，進圍淮陽；劉思效在膠水獲勝；韋睿在小峴大敗魏軍，追殺萬餘人，占合肥。魏發 6 州 10 萬大軍反擊。這時，蕭宏不僅不敢前進，反而要退兵。徐州刺史昌義之大怒：「主張退兵的斬！豈有百萬之師出未逢敵，望風遽退？回去有何面目見聖主？」蕭宏只好繼續不動。魏軍聽聞，丟紅巾唱道：「不畏蕭娘與呂姥，但畏合肥的韋虎。」韋虎指豫州刺史韋睿；蕭娘指蕭宏，他貌美而柔懦；呂姥指呂僧珍，他曾說：「知難而退，不亦善乎？」晚上暴雨，營中發生「夜驚」，蕭宏嚇壞了，連夜逃跑。天亮，將士們發現總司令失蹤，爭相逃命，相互殘殺，死傷 5 萬餘人。次年，魏軍出動幾十萬大戰鍾離，昌義之率軍激戰，一日幾十回合。蕭衍命韋睿救援，連夜築長塹為城營，魏軍驚呼神奇。魏軍大潰，被殺 20 餘萬，被俘 5 萬餘。蕭衍沒對蕭宏予以軍法處置，蕭宏還窩藏殺人凶手，沉湎聲色，直至壽終正寢。

蕭綜的生母吳淑媛原是蕭寶卷的宮人，蕭寶卷被殺後，帶孕歸於蕭

---

[150] 王夫之：《讀通鑑論》卷 17，P460。
[151] 《隋書》卷 25，〈刑法志〉，23 冊，P475，「陛下為法，急於黎庶，緩於權貴，非長久之術。誠能反是，天下幸甚。」

衍。吳淑媛失寵後，真相才漸漸公開，兄弟們對蕭綜多少有些排擠，蕭衍卻一樣寵愛，封為豫章王。525 年，蕭衍令蕭綜到前線督軍，蕭綜卻逃北魏，改名為蕭贊。蕭衍盛怒，將吳淑媛廢為庶人，除去蕭綜宗室屬籍，改其子蕭直姓為悖，但很快又恢復蕭綜的封號，封蕭直為永新侯，恢復吳淑媛的封號，並加諡號「敬」。蕭衍聽說蕭綜有回來之意，便要人送去他小時候穿的衣服。後來北魏內部大亂，逐蕭綜為僧，病歿。梁人盜掘蕭綜的遺骨回來，蕭衍仍然視為兒子，將他附葬在自己陵墓旁邊。

去脈：自毀盛世

　　北魏分裂為東魏與西魏，南梁與東魏關係很友好。不料，547 年伊始，出現一個燙手山芋：東魏大將侯景因與同僚不和，以河南 13 州之地降西魏。東魏出兵追殺。侯景覺得西魏不可靠，派人與蕭衍聯繫，說要將這 13 州獻給南梁。蕭衍一心想統一北方，一葉障目，欣然同意，封他為河南王、大將軍，派 3 萬兵去接應。此前西魏已發兵 1 萬，東下穎川接應，又怕有詐，要求侯景交出軍權。侯景不從，立即奔梁。梁派南豫州刺史蕭淵明率軍攻東魏，沒想到失敗，蕭淵明被俘。東魏厚待蕭淵明，將他送還。第二年東魏收復失地，要求與梁恢復友好關係，蕭衍同意，即派使者北上訪問。

　　這樣一來，侯景覺得南梁也不可靠，走投無路，轉而利用蕭正德。蕭正德是蕭宏第三子，蕭衍之姪，還曾當蕭衍養子，蕭統出生後才回本宗，後封西豐縣侯。因為太子當不成，蕭正德投奔北魏，第二年才回來。蕭衍菩薩心腸，流著淚訓誡他一頓，恢復他的封爵，重用他為將軍。現在侯景挑撥，建議他自立為王。蕭正德一聽，異心又起，高興說：「今僕為其內，

第七章　天監之治

公為其外，何有不濟？」他們一拍即合，狼狽為奸，裡應外合，舉兵占壽陽，然後直圍京城。侯景不惜在水源投毒，「於是稍行腫滿之疾，城中疫死者太半」[152]。侯景在城郊奉蕭正德為帝，自任丞相，繼續與各地來援的梁軍激戰。稍後一些天，百濟使者到建康訪問，見昔日金碧輝煌的都市變得到處斷垣殘壁，民不聊生，不禁依在端門城牆上失聲痛哭。侯景覺得失面子，將其幽禁於莊嚴寺。

太子蕭綱「有詩癖」，但武不能戰，政治上沒主見，只能作〈圍城賦〉，指責「豺狼」奸臣為招禍之首。問題是詩有什麼用？貴為王儲，他怎麼無法擺平一個奸臣，也沒能挑選一些能臣？

549 年，侯景被打得焦頭爛額，又缺糧餉，派人進城向蕭衍求和。菩薩心腸的蕭衍懷疑有詐，可是蕭綱說：「如今被圍已久，援軍又相互牽制，無法出戰，姑且議和，再作後圖。」蕭衍只好同意，任命侯景為大丞相。侯景進宮，蕭衍問了一番家常話，要求說：「你要忠於朝廷，好好管束部下，不要騷擾百姓。」侯景應允，過後，對親信說：「我多年征戰疆場，從沒膽怯過。這次竟然有點害怕，莫非真是天子威嚴不容侵犯嗎？」[153]所謂做賊心虛如此。但沒多久，剛吃飽肚子，士兵休整好，他不僅沒有撤兵，反而加強攻勢。

湘東王蕭繹是蕭衍第七子，蕭綱之弟，早年因病一眼失明，自稱「韜於文士，愧於武夫」，前不久曾密詔加授蕭繹為侍中、大都督中外諸軍事等職，即有權統帥所有軍隊。他對議和不滿，撤走援軍。侯景順利攻陷臺城，囚禁蕭衍，貶蕭正德為大司馬，然後縱兵搶劫。蕭衍的菩薩心腸沒能感化亂臣賊子，這年被囚禁 130 餘天後，活活餓死，蕭綱繼位。

西江督護陳霸先等人紛紛起兵討叛軍。蕭繹首先發兵滅姪兒河東王蕭

---

[152] 同注 145，卷 80，〈侯景傳〉，26 冊，P1,336。
[153] 同上，P1,338，「吾常據鞍對敵，矢刃交下，而意了無怖。今見蕭公，使人自慚，豈非天威難犯？吾不可以再見之！」

譽與哥哥邵陵王蕭綸,再擊退襄陽都督蕭詧,再命王僧辯率軍東下戰侯景。552 年侯景死後,蕭繹即帝位於江陵。不久,其弟武陵王蕭紀也在益州稱帝,蕭繹又派兵討蕭紀,並請求西魏援助,更加混亂。直到 557 年陳霸先接受 15 歲的梁敬帝 —— 蕭繹第九子蕭方智 ——「禪讓」,改國號為「陳」,為梁畫下句點。劉仲敬深有感慨說:

> 真正奉行儒術的世界統治者總是滅亡得更快、而非更慢。從王莽、司馬氏到蕭梁,「行仁義而亡國」的現實和「行仁政者得天下」的理想,形成了尖刻的對照。[154]

504 年,蕭衍下一道驚天動地的聖旨:宣布佛教為國教,因為人間「道」有 96 種,唯有佛教才是「正道」,其餘 95 種都是「邪道」,老子、周公、孔子也不是正道,要求人們「改邪歸正」。蕭衍信佛信得非常虔誠,真到了走火入魔的地步,聲稱自己不是皇帝,而是佛徒。他根據《大般涅槃經》裡的文字,令僧人必須吃素。517 年,詔令宗廟祭品不准再用豬、牛、羊,只能用蔬菜。這讓活人、死人都不高興,他才有所讓步 —— 允許用麵粉捏豬、牛、羊的形狀祭祀。

信奉佛教的蕭衍的確為民辦了一些善事,如 521 年在京城置孤獨園,「孤幼有歸,華髮不匱。若終年命,厚加料理」。然而,身為一個帝王,過度崇信某一種宗教,很容易變得利少弊多。大臣郭祖深指出:「都下佛寺五百餘所,窮極宏麗。僧尼十餘萬,資產豐沃」,而且和尚有白徒(勤務人員),尼姑有養女,這樣算來,幾近人口半數,為此建議「罷白徒養女」,「皆使還俗附農」,以期「法興俗盛,國富人殷」。[155] 對此,蕭衍不聽,越發走火入魔,以至捨身。「捨身」即捨棄自己的凡身,自作苦行供養佛祖,不過一般可以透過布施財物代替苦行。蕭衍虔誠得很,不願代

---

[154] 劉仲敬:《經與史:華夏世界的歷史建構》,P214。
[155] 同註 145,卷 70,〈郭祖深傳〉,26 冊,P1,150。

第七章　天監之治

替,先後 4 次親自捨身,擅離職守,脫下皇袍,換上僧衣,且不願返。不是說「不可一日無君」嗎?皇帝不急,大臣們急了,苦苦央求,用鉅款贖回他,最後一次捨身長達 37 天。柏楊敘述:

> 蕭衍在政治上的成功,全靠僥倖,是一種被浪潮推湧到潮流上的人物……他極醉心「仁慈」、「寬厚」的美名,所以皇親國戚、士大夫無論有多大的罪惡,都不予追究。但對普通平民,他卻有猙獰的一面,一個人被認定犯罪時,父、母、妻、子都受到連累。一個人逃亡,全家都被逮捕下獄,無一點寬假。[156]

兩個極端集於一身,史上還是少見。「侯景之亂」之始,如果蕭衍不是醉心於捨身,而全力於朝政,是否可以避免錯誤決策?內外戰亂是否可以減少?不必要的犧牲是否可以避免?蘇軾說「晉以老莊亡,梁以佛亡」[157],不無道理。

千古帝王中缺乏「熱愛工作崗位又有敬業精神」的人太多了,蕭衍是一類典型。史上自毀盛世的帝王不多。劉徹、李隆基毀後還有救,蕭衍毀得沒救,毀得好徹底。

---

[156]　柏楊:《中國人史綱》,P112。
[157]　蘇軾:《居士集·敘》。

第八章
開皇之治

【提要】

　　隋文帝楊堅當政時期,從 581 年開國至 604 年去逝,實現全國大統一,官制、科舉方面的創新影響深遠,開世界上最早的運河,國庫充盈。

　　為什麼周公在歷史上那麼吃香,因為中國帝制時代太需要了。歐洲及日本、朝鮮等古代就不一定,因為他們的女性,甚至女婿也可以繼承皇位,需要他人代勞的可能性大為減少。

第八章　開皇之治

來龍：來之不義

說實話，我以前對隋朝抱有偏見，因為那個隋煬帝楊廣壞得出奇，掩蓋了楊堅之好。不是說「好事不出門，壞事傳千里」嗎？就是這個道理。

有人說，東魏、西魏「兩個皇帝，一對傀儡」。東魏皇帝想騎馬出去散散心，馬上有人阻止說：「天子莫走馬，大將軍怒。」天子指高歡。有一次，這皇帝與高歡兒子高澄喝酒，說話一不小心自稱「朕」，高澄當即怒罵：「朕！朕！狗腳朕！」隨手給這「狗腳朕」三拳[158]。不久，這窩囊的「狗腳朕」，把高歡另一個兒子高洋直接廢掉，改國號「齊」，即「北齊」。

557年，西魏的「狗腳朕」也把大臣宇文泰的兒子宇文覺廢掉，改國號為「周」，史稱「北周」。當時宇文覺才10歲，一切由他堂兄宇文護操縱。宇文護希望能當周公，所以取國號為「周」。宇文覺不滿宇文護專權，想殺他，反而被他先發制人，廢黜而死，改立宇文泰的庶子宇文毓為帝。宇文毓已20多歲，表面柔弱，其實聰明有主見，不肯處處聽命，而步步要權。3年後，宇文護感到威脅，又將他毒死，改立宇文泰第四子宇文邕為帝，即歷史上有名的「北周武帝」。宇文邕當時17歲，懂得韜光養晦，與宇文護「和諧」相處12年。572年，宇文邕羽毛已豐，突然殺宇文護，自己親政。

宇文邕下令毀掉關東數百年來官私所造一切佛塔，毀壞佛像，焚燒經典；寺廟盡賜王公，充為第宅；釋子滅300萬，復為軍民，還歸編戶。此為中國歷史上第二次禁佛。當時有人稱讚：「帝獨運遠略罷之（指滅佛），強國富民之上策」。[159] 宇文邕還做了一件更大的事：統一北方。北周和北齊的關係主要是戰爭，雙方互有勝負，誰也吃不了誰。北周透過滅佛等一

---

[158]　《魏書》卷12，19冊，209～210。
[159]　道宣：《廣弘明集》卷7。

系列改革，國力大增，而北齊卻依然腐敗不堪。北齊後主高緯是歷史上有名的昏君，連說話的底氣都沒有，大臣奏事，他連頭都不大敢抬，但生活卻勇敢地奢侈，百姓送他綽號「無愁天子」。他像春秋時期寵鶴的衛懿公，連他寵愛的狗、馬、鷹、雞都封官。宇文邕瞄準這時機，於575年親率6萬大軍向北齊發起進攻。第三年將北齊滅亡，統一北方。這在中國歷史上具有十分重要的意義，因為它結束了東、西魏分裂以來近半個世紀的分裂局面，為隋統一全國奠定了基礎。

宇文邕對子女要求很嚴格，但也許太嚴了。579年，平突厥定江南前夕，宇文邕突然病死，太子宇文贇繼位。宇文贇居然對著宇文邕的棺材大罵：「你死太晚了！」這不肖之子，葬禮都沒心思辦，轉身忙於召嬪妃、宮女排隊檢閱，稍漂亮些的，都納為後宮，連後母、太妃級的美女都不放過，很快把天下弄得一團糟。幸好老天有眼，宇文贇在位不到兩年就病死，由他兒子宇文闡繼位。宇文闡年僅8歲，不用說也明白又面臨什麼問題了。走筆至此，我忽然明白為什麼周公在歷史上那麼吃香了，因為中國古代太需要周公了！

宇文闡的「周公」叫楊堅，楊堅很有來頭。當時有一個集團橫空出世──關隴軍事貴族集團，創造出4個王朝，即西魏、北周、隋、唐。其發端是盛極一時的西魏「八柱國」，即宇文泰（李世民外曾祖父）、李虎（李淵祖父）、李弼（李密曾祖父）、獨孤信（楊堅岳父、李淵外祖父）等。陳寅恪說他們有兩大特徵：一是能融合漢與其他少數民族為一體，二是「入則為相，出則為將」。楊堅不是「八柱國」成員，但他父親楊忠是北周開國元勳，封「隨國公」；他本人14歲就步入仕途，襲父爵，娶獨孤信之女為妻，女兒則是宇文贇的皇后。即使如此，他離皇位仍然相當遙遠。只因為宇文贇死太快，新皇帝宇文闡又太小，急需周公。

攝政者常有，周公不常有。不到一年，即581年，宇文闡宣布「禪讓」。

第八章　開皇之治

楊堅三讓而受天命，穿一身黃袍登帝位，改國號為「大隋」。國號來源於其父「隨國公」，只因嫌「隨」字有個走字底不吉利，改為「隋」。從此，中國帝王都以「黃袍」為「皇袍」。

有人不無輕蔑地說：「古來得天下之易，未有如隋文帝者。」[160] 我想，楊堅得天下固然異常之易，但是不義。他顯然不如周公和霍光，而如王莽，差別只不過是王莽失敗，而楊堅成功——不是說篡位成功，而是說篡位之後不僅得到朝野認可，還得到我們今天歷史性的認可。

轉念又想，其實這樣說楊堅也不公。試想，歷史上有幾次改朝換代是真正「義」的？還是把注意力放在他是否華麗轉身方面吧！

最大亮點：制度改革創新

一、官制

楊堅一上任，就著手對官制進行改革。北周的官僚體制依《周禮》制定，名目多而亂。楊堅參照漢魏體制，在中央設三師、三公、五省、六部。三師是榮譽稱號，沒有實權，授給有功的文武官。三公是顧問性機構，沒有實權，不直接參與政務，也不常設。

執掌政務實權的是五省，即內侍省、祕書省、門下省、內史省和尚書省。內侍省是宮廷宦官機構，管理宮中事務；祕書省掌管書籍曆法，事務較少；門下省掌出納帝命，相禮儀；內史省掌民政；尚書省設吏部、戶部、禮部、兵部、刑部、工部等 6 部 24 司。

吏部：吏部司、主爵司、司勳司、考功司。

---

[160]　趙翼：《廿二史劄記》。

戶部：戶部司、度支司、金部司、倉部司。

禮部：禮部司、祠部司、膳部司、主客司。

兵部：兵部司、職方司、駕部司、庫部司。

刑部：刑部司、都官司、比部司、司門司。

工部：工部司、屯田司、虞部司、水部司。

　　真正具有現代政府職能的是門下省、內史省和尚書省，且互相牽制，避免丞相一人專權，而把權力歸集於皇帝。595 年還規定文武官以 4 年為一任，任滿由新官替代，這跟現代通行的官員任期一致。

　　地方行政機構，583 年罷諸郡為州，由過去的 3 級制改為州、縣 2 級制，減少一層。同時將一些郡縣合併。589 年，置鄉正里長，以 5 里為 1 鄉，100 家為 1 里。594 年，規定州縣佐吏 3 年一任，不得重任。官吏的任用權一概由吏部掌控，禁止地方官就地錄取。改變「民少官多、十羊九牧」的局面，不僅節省國家開支，還提高行政效率，有利於中央集權統治。

　　楊堅這一整套規模龐大、組織完備的官僚機構，開創中國帝制時代政治體制的新階段，一直沿襲到清朝。

二、科舉

　　最了不起、影響最大的改革，還要數楊堅開創的科舉制度，即透過考試，按成績優劣選拔、任用人才。隋朝的科舉包括秀才、明經、進士等 10 科，各科考試內容不同，選拔官吏的類型也不同。如進士科，以考詩賦為主，選出「文才秀美」的人才。魏晉南北朝時期以門第為標準選官，只有高門大族才有資格。科舉制度唯才是舉，平民也可以入仕，這種制度實行到清朝末年，無以計數的下層才子進入統治階層，影響不可估量。據統

計，南宋初登科進士中，56.3%來自前三代無人為官的家庭，不久，這個比例還升為57.9%，明清兩代整體也占47.5%。據說美、英等國非常欣賞科舉制度，並借鑑為他們政府文員的聘用方式。

然而，換個角度看，可能出乎人們所意料。科舉制有如賭博，據說一個人進士及第的機率僅為1/6,000。另據不完全統計，唐時科舉出身的官僚，僅占總數的16%，非科舉出身的占80%以上。宋時號稱「與士大夫治天下」，科舉出身僅占26.1%，「恩蔭出仕」占56.9%。元朝科舉出身的官員不超過3.88%，明朝非科舉出身的占57.6%。[161] 更不可忽略的是，正如學者指出：

科舉制變成全民性質的賭博活動。無論政權如何解放，名額如何增加，總是趕不上報考人數的增加，尤其永遠無法追上賭博羅曼史的誇張渲染。科舉神話為華夏世界留下三道永難癒合的傷口：百業的凋敝、吏治的財壞、宗教的衰頹。[162]

清朝學者甚至認為明亡於八股，八股之害甚於焚書坑儒。[163] 現代也有學者認為：「許多叛亂，甚至大的暴動，都是由不滿的下層紳士或花了多年時間在更高級別考試上的有抱負者主導發動的。」[164]

三、法制

秦朝制定那殘酷的刑律，從漢到魏晉南北朝基本上相承。581年，楊堅一上任，即命高熲等人「權衡輕重，務求平允，廢除酷刑，疏而不失」，在舊律基礎上制定新律。583年，《開皇律》頒布實施。

---

[161] 諶旭彬：《秦制兩千年：封建帝王的權力規則》，P130～131。
[162] 劉仲敬：《經與史：華夏世界的歷史建構》，P258。
[163] 轉引自陳寶良：《明代秀才的生活世界》，北京：北京師範大學出版社，2020年，P420。
[164] 《中華帝制的衰落》，P26。

《開皇律》共 12 篇 500 條，可謂「簡明寬平」，一是刪去死罪 81 條，流罪 154 條，徒、杖罪 1,000 餘條，比《北齊律》減少近一半；二是死刑種類只留斬、絞兩種，廢除車裂、梟首等；三是廢除前代酷刑，如宮刑、鞭刑等，改以笞、杖、徒、流、死五刑為基本的刑罰；四是對流刑的距離、徒刑的年限及附加刑的數額減輕。

《開皇律》設「十惡」之條。十惡即謀反、謀大逆、謀叛、惡逆、不道、大不敬、不孝、不睦、不義、內亂 10 種最嚴重的犯罪行為，危害皇權，違反禮教，因此被單列，並規定「大逆、謀反、叛者，父子兄弟皆斬，家口沒官」，不得赦免。「十惡」之條被歷代王朝承襲，直到清末《大清新刑律》才廢除，存在 1,300 餘年之久。

此後還進行一系列司法改革。592 年，楊堅認為各地執法多差錯，同樣的罪判決不同，為此要求各州對人命關天的死刑判決不可專斷，一律報呈大理寺複審。大理寺相當於現代最高法院。596 年，又強調死刑案必須經過 3 奏才能執行。

楊堅後期出現嚴刑峻法現象。595 年，規定盜邊糧 1 升以上即處斬，家產沒收。「邊糧」即邊防用糧。第二年規定：九品以上官員之妻與五品以上官員之妾，夫亡不得改嫁。597 年規定：盜 1 錢以上者處死刑，3 人共盜一瓜即死。這條法律太恐怖，以致人們外出都要早睡晚起，生怕被誤會。因為社會反應太強烈，很快停止執行。江南民間喜歡造大船，親朋好友在船上相聚，楊堅怕人們利用大船聚眾圖謀不軌，598 年底便規定凡民間有 3 丈以上大船的，一律充公。同年發表一條法律更搞笑：凡有畜養貓鬼、蠱毒、厭媚、野道的人家，一律流放邊遠。貓鬼是古代一種巫術，傳說半夜祭牠可以詛咒殺人；蠱毒即五月初五取百蟲，大者如蛇，小者如蟲，放入甕中讓牠們自相殘食，一年後開甕，有留下來的蟲，可以殺人；厭媚即「厭魅」，把一種塑像埋在附近隱蔽地方就可以殺人，這種巫術後

來傳入日本；野道即邪道，也是一種巫術。禁巫術是對的，但處以流放顯然過嚴。

四、兵制

589 年統一完南方，楊堅即罷民間兵仗，休養生息。次年全面改革府兵制，指示：「凡是軍人，可悉屬州縣，墾田籍帳，一與民同。軍府統領，宜依舊式。」[165] 府兵及其家室、土地自成系統，不入民籍，不歸州縣管理，致使軍人易於包庇本家，隱匿戶口，不納租稅。現在要軍人的戶籍與農民一樣編入州縣，其土地也編入戶籍，歸州縣管理。除府兵自身外，其餘家口仍應納稅。軍役範圍之內的職責，仍歸軍府管。這樣「兵歸於農，兵農合一」，沿用至唐朝。

說來不可思議，楊堅在制度文化、法制文化和科舉文化方面敢為人先，領潮千年，而在其他文化方面卻顯得保守。583 年，楊堅要求廣泛蒐集散落民間的書籍，每獻書 1 卷，獎賞絹 1 匹。593 年，禁止私藏緯候、圖讖，以遏止巫術氾濫，這是必要的。然而，同年詔令民間有撰集國史、臧否人物（即評論人物好壞）的一律禁絕，這就大大倒退了。孔子私著《春秋》，不正是要用自己的觀念評點歷史，「微言大義」，幻想讓此後千萬年那些亂臣賊子望而生畏，棄惡從善，改行禮樂嗎？不讓個人敘述歷史，用現代話來說，也算「文字獄」吧！

在儒家看來，「德音」才是「樂」，或者叫「雅樂」。春秋時期鄭國、衛國一帶流行的音樂叫「鄭聲」，那是俗樂。楊堅深諳這一套。所以，面對胡樂占統治地位之勢，589 年詔「制禮作樂」，重用牛弘，而排萬寶常。禮部尚書牛弘有「大雅君子」之稱，主修雅樂。萬寶常雖有「知音」之名，但身輕言微。593 年，牛弘等人請求重新使用旋宮法演奏，楊堅不同意，要

---

[165] 《隋書》卷 2，〈高祖紀〉上，23 冊，P25。

求只用黃鐘一宮。於是，牛弘等人重新上奏，附和楊堅的聖意，請求把前代的金石樂器之類全部銷毀。牛弘等人又創作武舞，用來表現隋朝的功德；規定在舉行郊祭、廟祭時，只使用黃鐘一宮。隨著老樂師死去，黃鐘律調以外都失傳。第二年雅樂修成，詔行新樂，禁行民間音樂。萬寶常在太常寺聽了新樂，黯然淚下，嘆道：「這新樂淫厲而哀，恐怕天下不久將盡啊！」後來快餓死之時，他將自己著作《樂譜》64卷全都焚毀，像林黛玉焚稿一樣，邊焚邊泣道：「留它何用！」[166]

楊堅對民間文化也不放鬆。581年，解禁民間流行的散樂，但仍禁雜戲。583年還禁止上元節燃燈遊戲，理由是那「角牴之戲」演出「人戴獸面，男為女服，倡優雜技，詭狀異形」。此「角牴之戲」就是「角牴戲」，漢代泛稱樂舞雜技為「角牴戲」，與「百戲」為相同概念。如漢武帝時曾有「作角牴戲，三百里內皆（來）觀」的盛況。[167] 想像過去「角牴之戲」肯定讓觀眾很開心，可能比現代電視過年特別節目還精彩，可是楊堅要禁。前幾年網路上票選讓人最嚮往生活的時代，我肯定不會選楊堅時代，儘管它有盛世之譽。

楊堅還有一功不可忽略，就是統一南方。

南陳是南朝最後建立的小國。陳霸先在位7年間，政治較清明，百姓富裕，國勢較強。歷史對他「篡位」與王莽評價天壤之別，王夫之認為他不僅有功，而且偉大。[168] 蕭氏小皇帝絕無左右時局的能力，陳霸先要是愚忠於蕭氏，最終逃不出與蕭梁王朝共亡的下場，而對百姓來說，將又是一場場浩劫。所以，陳霸先實際上是受命於危難之際，既是民情所需，也

---

[166] 同上，卷78，萬寶常傳〉，24冊，P1,199，「寶常飢餒，無人贍遺，竟餓而死。將死也，取其所著書而焚之，曰：『何用此為？』見者於火中探得數卷，見行於世，時論哀之。」
[167] 《漢書》卷6，〈武帝紀〉，4冊，P138。
[168] 王夫之：《讀通鑑論》卷18，P500，「陳高非忠於蕭氏，而保中國之遺民，延數十年以待隋之一統，則功亦偉矣哉！」

第八章　開皇之治

為時局所迫，所謂「成王敗寇」如此。

陳霸先的遺憾是沒能統一南方，而他子孫一代不如一代。陳氏沒做成的事業，輪到楊堅去做。581 年，楊堅正式登臺，下月便部署吳州總管鎮廣陵、廬州總管鎮廬江，對南陳虎視眈眈。不過，這時與南陳尚處「友好」階段。這年，南陳遣使訪北周。江南距西北遙遠得很，南陳使者到北周都城長安時，北周已壽終正寢，可楊堅還是讓南陳使者會見已被廢、尚未被殺的宇文闡。同樣由於路途遙遠，這使者返程也許還沒回到南陳國都，這年南陳便攻江北，隋反攻。但這只是試探，很快恢復友好，隋遣使訪陳。

第二年，陳宣帝陳頊死，又發生宮廷政變。始興王陳叔陵奪皇位，竟然趁著哭靈的機會，持刀砍殺太子陳叔寶。幸好皇子相救，陳叔寶撿回一條命，並登上皇位。然而，陳叔寶並不珍惜，利用這僥倖撿來的生命與權力享樂。想當年陳霸先生活非常簡樸，常膳不過數品，私宴用瓦器、蚌盤、餚核，後宮無金翠之飾，不設女樂，陳叔寶卻走向另一個極端。陳叔寶算是個詩人吧！他對詩的愛好勝過江山。剛巧有位叫張麗華的貴妃藝貌雙絕。據說張麗華所藏嬌的望仙三閣，每當微風吹過，香飄數十里。而張麗華於閣上梳妝，有時臨軒獨坐，有時倚欄遙望，遠望而去活如仙子臨凡，陳叔寶沉湎於其中。

也許正因為看到陳叔寶在自毀江山，楊堅等待更輕易的時機；或許，楊堅見此情形不急，先忙別的。總之，他先跟陳叔寶繼續「友好」，年年互訪，有時一年互訪兩、三次。585 年，陳攻隋和州，楊堅派兵將他們擊退，並不大舉反攻，後兩、三年照常互訪。

進入 587 年，這年楊堅一面在揚州陽瀆開山通漕為攻陳做準備，一面繼續遣使者回訪陳。滅西梁後，在永安（今四川奉節）開始造大、小船，作南征最後準備。第二年，一面繼續派使者訪陳，一面下詔書，揭露陳叔

寶 20 惡,並將此印刷 30 萬份,廣泛散發江南,為攻陳進行輿論宣傳。當年發兵多達 51.8 萬,分 8 路同時對陳發起進攻。

陳叔寶獲悉隋軍臨江,還不以為然。朝中大臣居然說:「長江天塹,古以為限,隔斷南北,隋軍難道能夠飛渡?那些邊將想立功想瘋了,故意誇大敵情!」[169] 對此,陳叔寶倒是深信不疑。於是,君臣上下繼續狎妓縱酒,賞花賦詩,隋兵渡江如入無人之境。直到兵臨城下,陳叔寶這才緊張,但他說:「鋒刃之下,不是開玩笑,朕自有妙計!」[170] 他的妙計是什麼呢?是與張麗華、孔貴妃 3 個人捆在一起,深藏井下。

隋軍將他們從井裡拉上來時,張麗華的胭脂蹭在井口,後人因此把這井叫「胭脂井」,留給人無限感慨。陳叔寶的知名度顯然比陳霸先還高,只因一首詩〈玉樹後庭花〉:

麗宇芳林對高閣,新妝豔質本傾城;

映戶凝嬌乍不進,出帷含態笑相迎。

妖姬臉似花含露,玉樹流光照後庭;

花開花落不長久,落紅滿地歸寂中。

最後一句因為《樂府詩集》等史籍沒紀錄,疑為後人臆加,但不影響人們的評價,「後庭花」成為亡國的代名詞,或者說是「亡國之音」。最著名是杜牧那句:「商女不知亡國恨,隔江猶唱〈後庭花〉。」

稍早,還有個西梁(後梁),是在西魏扶持下的小朝廷,都江陵,占據荊州一帶 300 里,先後為西魏、北周和隋的附庸。隋與西梁很友好,不時互訪。但 587 年,西梁平安王王巖等居然驅男女 10 萬餘口投奔南陳,楊堅一怒,即廢後梁。

---

[169] 《南史》卷 77,〈孔範傳〉,P1,295,「長江天塹,古來限隔,虜軍豈能飛度?邊將欲作功勞,妄言事急。」
[170] 《資治通鑑》卷 177,〈隋紀〉1,P7,334,「鋒刃之下,未可交當,整理自有計!」

第八章　開皇之治

這是一件了不起的大事！東漢滅亡以來長達3個半世紀戰亂，中國很像羅馬帝國分裂後歐洲的黑暗時代。據記載，當時塞外內附30萬人，入塞匈奴數十萬人，羯族和其他進入中原的19族有100多萬人，而漢族人口不足漢時一半。換言之，北方少數民族把中原瓜分了！中國蠻夷化，外來佛教遠遠壓過漢人的道教，異族音樂、舞蹈、雕塑、繪畫全面占領中國。隨著南方的統一，這種勢頭得到有力遏止。

此外，楊堅解除了北方威脅。北方那擾人的「蚊子」匈奴被驅走，北魏也被驅走，可又飛來一隻「突厥」。南北朝時期，突厥人由葉尼塞河南遷高昌的北山（今新疆博格達山），又遷阿爾泰山，後往中亞。5世紀中歸附柔然，徙於金山南麓（今阿爾泰山）。因金山形似戰盔「兜鍪」，所以俗稱「突厥」。其後，勢力逐漸強盛。552年，突厥大敗柔然，以漠北為中心，在鄂爾渾河流域建立政權。

突厥跟匈奴、北魏一樣，時常南侵。581年楊堅上任之初，突厥還很友好，當年訪隋。隨後突厥跟匈奴、北魏一樣發生內訌，一分為四。578年，北周滅齊，齊將高寶寧不降。高寶寧有自己的實力，能號召契丹、靺鞨和高句麗，所以還想為北周復仇，與隋對抗。這年突厥與高寶寧聯手侵擾隋。

582年，隋軍分別在雞頭山和河北山擊敗突厥。突厥聯手高寶寧發兵40萬，攻入長城。隋軍擊退入侵者。突厥分兵攻武威、延安等地，掠盡六畜回塞北。

第二年突厥又入侵。楊堅宣布大舉討伐突厥，兵分8路出塞。同時由幽州總管陰壽率步騎數萬，出盧龍塞猛攻高寶寧。高寶寧棄城而逃。陰壽留一部分將士鎮守，自己率大軍班師。沒過幾天，高寶寧招引契丹和靺鞨等反攻。高寶寧的流竄戰術讓陰壽深感頭痛，於是出一計，派人離間，四處散布官府以重金懸拿高寶寧的消息。一個月後，高寶寧被部下所殺。

突厥內訌，其中一部向隋請降。從此與隋轉和，不時派使者互訪與和親。楊堅對突厥採取和親政策，目的不是和解而是分化。599年，當另一部突厥準備進攻時，和親一部及時向隋通報。突厥內部發生武裝衝突，和親一方戰不過另外兩方，就投奔隋。隋厚待他們，並出兵援助。第二年又出擊，大敗敵軍。602年，突厥一部南侵，隋軍重拳反擊，那一部從此遠遁漠北。隨後突厥內部又大亂，10餘部降歸親隋的一部，不歸降的敗走吐谷渾。這樣，突厥基本上統一於隋。

突厥稱臣內附時，稱頌楊堅為「聖人莫緣可汗」。可汗是阿爾泰語系民族對首領的稱呼，也就是說楊堅直接兼任突厥君主，開中華天子兼異族國君的先河。

吐谷渾本為遼東鮮卑慕容部的一支，329年立國建朝。420年左右，吐谷渾兼併氐羌數千里，居澆河，可汗受劉宋封為河南王，又受魏封為西平王。581年楊堅登帝，吐谷渾就攻涼州。隋將出擊，俘斬萬計，可汗率親兵遠循，眾人受降。第二年吐谷渾入侵臨洮、廓州等地，隋軍將他們擊退。584年，隋將又大敗吐谷渾，殺男女萬餘口而還。但從此雙方關係轉為友好。591年，吐谷渾遣使入隋表示稱藩，敬獻土特產，請求賜給美女充實後宮。楊堅給他們禮遇，但美女捨不得。595年吐谷渾又入隋奉獻，第二年，楊堅終於同意和親，嫁一位公主去當皇后。

隋的外患主要是北方游牧民族。因此，加修長城是一項重要防務。長城始建於春秋戰國時代，東西綿延上萬里。581年四月，楊堅上臺沒兩個月，就徵發勞役築長城。585年規模擴大，發丁3萬，東至黃河，西至綏州，綿延700里。587年又發丁10萬。

但楊堅的統治引起不少百姓反抗。長期以來，江南士族享受特殊待遇，而南遷的北方寒門庶族則飽受冷遇。楊堅平江南後，改變「南尊北卑」態勢，要宰相蘇威撰寫《五教》，要求江南百姓不分男女老幼熟讀背

第八章　開皇之治

誦。所謂「五教」即父義、母慈、兄友、弟恭、子孝，五種儒家綱常倫理，也就是說，把南方人視為不識禮儀的野蠻人，強加常識教育。江南士民感到受侮，大規模反抗。[171]

590 年，越州高智慧、婺州汪文進、蘇州沈玄儈相繼起兵造反，自立為帝。同時，樂安的蔡道人、泉州的王國慶等人，也舉兵反隋，各自號稱大都督。這些叛軍有的多達數萬人，實力弱的也有數千。他們相互聲援，連破州縣，殺朝廷官吏。楊堅派楊素率軍鎮壓，很快將亂局縮小在泉州。王國慶認為海路艱難，官軍多為北方人，不善於駕船航海，未加防備。楊素卻出其不意直抵泉州，嚇得王國慶棄城而逃。楊素又暗中派人拉攏王國慶，說除掉高智慧可以立功贖罪。王國慶隨即出賣盟友，歷經數百戰，幾個月後被鎮壓。

番禺王仲宣起事，各州跟隨，引兵圍廣州。楊堅派冼夫人率兵鎮壓。冼夫人嫁當地太守，喜歡結交英雄豪傑，善武功，多次參與平亂，後率嶺南民眾歸隋，被封為譙國夫人。這時她年近 70，但寶刀未老，很快平息這次反叛。602 年，交州俚帥李佛子起事。李佛子原是李賁的部將，546 年，陳霸先敗李賁，李佛子率 3 萬人逃哀牢。李賁死後，李佛子追隨李天寶立國。李天寶死後，李佛子繼領部眾，建都峰州（今越南富壽越池），越南史稱「後李南帝」。602 年，李佛子據龍編（今越南河內東）。楊堅派瓜州刺史劉方統領 27 營前往征討，擊敗李佛子。李佛子率軍投降，被縛送長安，與其他將領一同斬首。李佛子起事頭尾長達 32 年，越南人為紀念李佛子，在當地建祠，追稱他為「英烈仁孝欽明聖武皇帝」。

此外，楊堅還有些值得一說。

說到大運河，「隋唐大運河」比京杭大運河更早。為統一南方，楊堅認

---

[171] 同上，P7,364，「陳之故境，大抵皆反，大者有眾數萬，小者數千，共相影響，執縣令，或抽其腸，或臠其肉食之，日：『更能使儂誦《五教》邪！』」

真備戰，從今淮安至揚州開山陽瀆，整治取直，中間不再繞道射陽湖。後來開通濟渠，從今洛陽西郊引谷、洛二水入黃河，東段自滎陽汜水鎮東北引黃河水，循汴水（原淮河支流），經商丘、宿縣、泗縣入淮通濟渠。608年又開永濟渠，引黃河支流沁水入今衛河至天津，繼溯永定河通今北京。610年開江南運河，由今鎮江引水經無錫、蘇州、嘉興至杭州通錢塘江。這樣，形成以洛陽為中心，由永濟渠、通濟渠、山陽瀆和江南運河連線而成，西接大興，南通餘杭，北通涿郡，全長 2,700 多公里。這是世界上開鑿最早、規模最大的運河，成為中國古代南北交通的大動脈，歷史上發揮過巨大作用。這項浩大工程在楊堅時期開工，延續到楊廣時期才完成。

楊堅生長於寺廟，素衣素食，登帝後保持節儉習慣。他食不重肉，不用金玉飾品，宮中的妃妾不作美飾，並要求太子和官員們節儉。統治者節儉是百姓之福。楊堅上任時，全國人口 400 萬戶，他死時增至 890 萬戶，這個數字直到唐朝李隆基時才達到。人多不是貧窮的藉口，592 年，官員報告說府藏都滿，糧食布帛沒地方堆放，楊堅下令建新庫。沒多久，官員又匯報說新庫也堆滿，楊堅便下令：「那就藏富於民，不再建國庫，免除全年租賦。」史書描述其時：

> 平徭賦，倉廩實，法令行，君子咸樂其生，小人各安其業，強無陵弱，眾不暴寡，人物殷阜，朝野歡娛。二十年間，天下無事，區宇之內晏如也。[172]

我最看中的是「朝野歡娛」這 4 個字。宮中歡娛是暴君、昏君也不會忽略的，但百姓歡娛卻少有帝王顧及。不過，看看前文關於文化方面的事，不難發現這段描寫不無誇張。

---

[172]　同注 165，P38。

第八章　開皇之治

去脈：養老鼠咬布袋

楊堅整體上是相當成功的，專家學者評價：

隋朝消滅其前人過時的和無效率的制度，創造了一個中央集權帝國的結構，在長期政治分裂的各地區，發展了共同的文化意識，這一切同樣了不起。人們在研究其後偉大的中華帝國的結構和生活的任何方面時，不能不在各個方面看到隋朝的成就，它的成就肯定是中國歷史中最引人注目的成就之一。[173]

坦白說，我並不怎麼推崇楊堅。我認為他很像秦始皇，像秦始皇一樣統一中國，像秦始皇一樣創千年制度，像秦始皇一樣暴虐，像秦始皇一樣大興土木……甚至像秦始皇一樣大起大落，像秦始皇一樣敗在兒子手上……

倒不是虎父犬子，相反，楊堅、楊廣可以說是虎父龍子。隋亡的根源恐怕得追溯到女人──獨孤皇后，不過是另類獨一無二的典型，可以說「成也蕭何，敗也蕭何」。如果沒有獨孤皇后，楊堅很可能進入不了北周的權貴階層；如果沒有獨孤皇后，楊堅很可能當不了北周皇帝的岳父；如果沒有獨孤皇后，楊堅很可能早被宇文氏殺了；如果沒有獨孤皇后，楊堅很可能攝不了北周之政；如果沒有獨孤皇后，楊堅很可能沒有那一系列政治、經濟、文化的英明決策……

有一件小事足見獨孤皇后對楊堅的影響力。楊堅命楊素監造仁壽宮，沒想到這工程「役使嚴急，丁夫多死，疲敝顛仆者，推填坑坎，覆以土石，因而築為平地。死者以萬數」。[174] 楊堅親臨仁壽宮，時值天熱，路邊堆滿役夫的屍體，楊素連忙將屍體焚了。但楊堅事先派高熲前去視察過，高熲如實匯報：「頗傷綺麗，大損人丁。」楊堅聽了很不高興。到實地

---

[173]　《劍橋中國遼西夏金元史》，P133。
[174]　同注170，卷178，〈隋紀〉2，11冊，P7,378。

一看，果然見宮殿奢華無比，大罵說：「楊素殫民力為離宮，為吾結怨天下！」楊素害怕，經人指點，求見獨孤皇后，說：「帝王自古有離宮別館。今天下太平，造此一宮，何足損費？」第二天，楊堅斥責楊素的時候，獨孤皇后當場為楊素辯護：「公知吾夫婦老，無以自娛，盛飾此宮，豈非忠孝？」[175]如此一來，楊素不但沒獲罪，反而獲賞錢100萬、錦絹3,000緞，從此更得信任。

楊堅不無自豪地聲稱他有避免太子之爭的法寶，因為他愛老婆、怕老婆，在帝王中破天荒只有一妻，所以他有資格說：「此前帝王妻妾太多，兒子們不是同母所生，所以才會有爭執。我5個兒子都是一母所生，親同手足，肯定不會發生自相殘殺的悲劇！」[176]楊堅看到人性中親情的一面，忽略權力對人性消融的一面，高興太早了！

太子本來是長子楊勇。楊勇為人寬厚，優禮士人，但是好色。這對帝王來說根本不是問題，但楊堅不可容忍。也許正因為沒有獨孤皇后，就非常可能沒有帝王楊堅，所以他身為天子，依然怕老婆，一夫一妻居然維持42年。57歲那年，楊堅終於有一次外遇，獨孤皇后大怒，一氣之下殺了那個「小三」——宮女尉遲氏。楊堅當然很生氣，離家出走。經大臣調解，獨孤皇后主動請罪，並作出實質性讓步，允許楊堅有一個固定的姬妾陳嬪。如此父母，怎能容忍兒子好色？

楊勇的太子妃為元氏，另立雲氏為昭訓（即妾）。元妃生性溫婉賢淑，端莊有禮，雲昭訓卻活潑乖巧，相貌俏麗，楚楚動人。在這兩者當中，男人十之八九會更愛後者。但在帝王看來，以「母儀天下」的標準衡量，顯然要選前者。楊勇因此失寵。600年，獨孤皇后提議，楊素聲援，楊堅同意，改立依然維持一妻的好兒子楊廣為太子。

---

[175] 同上，P7,390。
[176] 同注165，卷45，〈楊勇傳〉，P821，「前世皇王，溺於嬖幸，廢立之所由生。朕傍無姬侍，五子同母，可謂真兄弟也。豈若前代多諸內寵，孽子忿諍，為亡國之道邪！」

第八章　開皇之治

平心而論，楊廣更是優秀，他能文能武，屢立戰功。率軍滅陳朝時，對那裡的國庫分毫不取。他是個一流的詩人，很多人知道唐代張若虛寫有〈春江花月夜〉，其實楊廣早以〈春江花月夜〉為題，寫過：

暮江平不動，春花滿正開。

流波將月去，潮水帶星來。

四句兩聯，有貫珠之妙。麗而不豔，柔而不淫。此外，楊廣的〈江都宮樂歌〉形式上十分接近七律，可謂七律之祖。楊廣時代，藏書量為中國歷代最多，大興城和洛陽建有藏書殿，藏書總數達37萬卷，可惜這些圖書大都毀於戰火。然而，這麼個文質彬彬的楊廣，卻背上一個十分可惡的罪名：弒父奸母。

正史一般這麼寫：604年，楊廣與楊素謀反，楊堅知道後大怒。楊廣又調戲皇后，楊堅馬上派人召回楊勇，要復他為太子。這時，楊廣派人殺楊堅，自己登基。柏楊也認為楊廣以前表現那麼多的美好品德都是偽裝，在《中國人史綱》中把他貶得一無是處。[177]

有人質疑，主要問題是：楊廣有殺父奪位的必要嗎？楊廣已經是太子，而且楊堅重病這年臥床不起，自知不久於人世，已經主動與百官訣別，眼看就要自然過渡，用得著背那惡名嗎？再說，楊廣一向不好色，要好色也不愁沒佳麗，怎麼可能突然去調戲名義上的母親？

不管怎麼說，楊廣成為末代皇帝，且被他的寵臣宇文化及殺了，詳見《冬之卷》第六章。

我忽然想起一句俚語：「養老鼠咬布袋。」這話生動形象，通俗易懂，用不著我再解釋。宇文贇養鼠──臣下楊堅；楊堅也養鼠──兒子楊廣；楊廣仍然是養鼠之輩──臣下宇文化及，整段歷史可以概括成一部養鼠

---

[177] 柏楊：《中國人史綱》中冊，P129，「他具有絕頂聰明才能，可惜他欠缺人類所特有的高級靈魂和情操⋯⋯」。

史。這是專制的必然,其實,皇族是專制最終、最直接的受害者。宇文化及吊死了那個曾經雄心勃勃的楊廣,也就吊銷了隋朝那個難得的盛世。

　　隋朝像一顆流星,在夜空一閃而過,但是異常晶亮。

第八章　開皇之治

第九章
永徽之治

【提要】

　　繼「貞觀之治」，高宗李治當政時期（649～683年），安定四邊，在平壤設安東都護府，轄遼東半島及朝鮮半島北部、百濟舊地一帶，疆域為全唐之最。同時，官府與司法進行改革，儒道釋並舉，經濟持續發展，人口從貞觀年間的不滿300萬戶，增加到380萬戶，為「武周之治」打下了良好基礎。

　　陳碩真與武則天在京郊感業寺結為姐妹的傳說不可信，但幾十年後武則天稱帝，很難說沒受陳碩真的影響。

第九章　永徽之治

來龍：「貞觀之治」

唐太宗李世民期間，以人為本，參政議政蔚然成風，經濟繁榮，犯罪率低，文化多元，具有世界主義色彩，被譽為「貞觀之治」，詳見《春之卷》第五章。

632年，祕書少監虞世南進呈〈聖德論〉，歌頌李世民的功德，沒想到拍錯馬屁。李世民說：「〈聖德論〉把我比成上古的聖君，實在不敢當，何況你只是看到朕的開始，朕能不能明智到最後，還早呢！」[178]李世民這話夠明智，但不幸被言中，明君難終定律再次發揮作用。魏徵一死，時間稍久，李世民就變得跟楊廣差不多了。他固執地征高麗，勞民傷財，後來才後悔：「假如魏徵還在，應當不至於如此。」甚至有人說李世民「及時薨逝，使他免於重蹈上一位入侵朝鮮半島的皇帝隋煬帝的覆轍」，「他最被稱道的原因，與其說是他在位時的表現，不如說是因為唐朝之後的歷史」，[179]這話有深意。只因為樂於納諫的帝王太少了，李世民成為納諫的先進典型。

或許因為自己以太子之爭起家的緣故吧！李世民很重視太子的培養，14個兒子當中，他最喜歡長子李承乾和四子李泰。

李承乾出生在太極宮承乾殿，李世民用此殿為兒子取名，顯然寄以某種厚望。李承乾還在襁褓中，就被封為恆山王，稍懂事後，就有儒學大師陸德明為師，8歲被立為太子。12歲時，李世民要求他「聽訟」，培養執政能力。14歲開始，李世民外出時，讓他以太子身分留在京城監國，實習執政。李承乾不負厚望，深得好評。

---

[178]《資治通鑑》卷194，〈唐紀〉10，12冊，P8,060，「卿論太高。朕何敢擬上古，但比近世差勝耳。然卿適睹其始，未知其終。若朕能慎終如始，則論當可傳；如或不然，恐徒使後世笑卿也！」

[179]《哈佛中國史·唐朝》，P30、29。

然而,天妒英才。639年,李承乾腳出問題,怎麼也治不好,走起來一拐一拐,有損形象。於是他變得自卑,破罐破摔,沉湎於吃喝玩樂,甚至派人暗殺勸諫他的重臣(未遂)。即使如此,642年,李世民還命魏徵為太子太師,以示無廢立太子之意。

同時,李世民對李泰「寵冠諸王」。李泰聰敏絕倫,愛好文學和美術,曾主持編寫《括地誌》。本來他心靜如水,寄情文藝,因為李承乾破相,加之父皇寵愛,他便覺得一旦改立太子,非他莫屬。而李承乾也看出些端倪,感到岌岌可危,決定先下手為強。643年,李承乾圖謀殺李泰,結果失敗。他不是懸崖勒馬,而是變本加厲,聯手漢王李元昌、侯君集等人政變逼宮。陰謀又流產,不可再原諒。李世民一怒之下,廢李承乾為庶人,賜李元昌自盡,侯君集等人處斬。

直到這時,李世民在改立太子問題上,還在猶豫。李泰以為機會終於等到,連忙說如果立他為太子,那麼將來他死之時,會殺自己兒子,傳位給九弟李治。李世民聽信,馬上答應。諫議大夫褚遂良毫不客氣指出,李泰說將來殺子讓弟是不可信的,「陛下失言,伏願審思,無令錯誤也」,說得李世民「涕泗交下」[180],褚遂良和長孫無忌力薦李治,李世民同意。隨後,以長孫無忌為太子太師,加強對李治的培養。

645年,李世民親征高麗,太子監國。第二年,李世民還長安,以健康為由,繼續將軍國大事委以李治處理,磨練他的執政能力。648年,李世民作《帝範》12篇給李治,表達李世民對人生和世界的體悟,也是他一生經驗的總結,充滿哲理。他還在其中明確表示:「他一旦歸天,這就是遺囑。」

649年,李世民去逝,李治繼位。可以說,這又是「鷸蚌相爭,漁翁得利」。李承乾和李泰如果不爭,皇位肯定輪不到李治。

---

[180] 《舊唐書》卷80,〈褚遂良傳〉,31冊,P1,847。

第九章　永徽之治

　　與李承乾、李泰相比，李治遜色得很。說好聽些，李治低調、善良；說難聽點，是懦弱無能。但不管怎麼說，他開創了另一個盛世，這很可能是人們未曾預料的。

　　如果沒有「永徽之治」，李世民父子很可能跟楊堅父子很相似！實際上，如果把武周視為獨立的話，那李治也是個末代皇帝。

　　謀反居十惡不赦之首，罪該萬死。然而，專制是人治，也就有例外。原太子李承乾是謀反的主犯，從犯都賜死或處死了，但李世民對這個兒子實在太愛，不忍心殺，只是將他流放黔州。李承乾沒再反抗，也許自責得很，第二年在流放地鬱鬱而死。李世民提筆寫一首〈秋日即目〉：

爽氣浮丹闕，秋光澹紫宮。

衣碎荷疏影，花明菊點叢。

袍輕低草露，蓋側舞松風。

散岫飄雲葉，迷路飛煙鴻……

　　這位創造了輝煌盛世的帝王，白髮送黑髮之時，滿懷秋菊點綴的寂寞冷清，再就是別鶴、離猿所象徵的哀愁。他為之廢朝，以國公之禮葬之，徹底了結李治一大後顧之憂。

　　至於李泰，李世民也十分疼愛。貶他為順陽王後，不到 4 年，將他進封為濮王。李世民拿著李泰的上表，像一般家長拿著子女從學校帶回的獎狀，對大臣說：「你們看，我兒子文章這麼漂亮，豈非才子？」[181] 從李泰方面說，他遠離政治，有文學、藝術堪以寄情。他收藏的書幾乎跟皇室一樣多，還有一手好書法，被列為古代書畫鑑賞家之一。這樣，李治又了卻一大心病。即位後，他對這位哥哥在生活方面優待甚厚。沒幾年，李泰去逝。

---

[181]　同上，卷 76，〈李泰傳〉，30 冊，P1,795，「泰文辭美麗，豈非才士？」

大大出乎人們意料，暗算李治的，一下冒出來兩個女人，或許是武則天時代即將到來的預兆。其一是高陽公主，李世民第 17 女，下嫁李世民左膀右臂房玄齡次子房遺愛。高陽公主才識、膽略絲毫不遜於她的兄弟們，深得李世民器重，房遺愛的待遇比其他駙馬也更優厚，但這位公主很新潮，與高僧辯機有「婚外情」，李世民震怒之時，不僅賜死辯機，還殺奴婢 10 餘人。653 年，李元景謀反，高陽公主夫婦、巴陵公主夫婦（李世民第 7 女）也捲入。結果，他們都被賜死，房玄齡家族幾乎被清洗殆盡。

對這次皇室謀反有不同的說法，有人認為是宗室勢力與長孫無忌元老勢力的較量，也有人認為是宗室勢力想推舉新人取代李治等等。長孫無忌是李治的舅舅兼太師，也是李世民遺詔輔佐李治的兩位大臣之一，理當是「周公」。沒想到，659 年，禮部尚書許敬宗在處理一個朋黨案時，奏長孫無忌與他們伺機謀反。李治不信，要求許敬宗再認真查一下。不久，許敬宗上呈犯人與長孫無忌謀反的供詞。李治情面上過不去，流著淚說：「我家不幸，親戚中頗有惡事……使我慚見萬姓」，「我絕不忍處分與罪，後代良史道我不能和其親戚」，但他又「竟不親問無忌謀反所由，唯聽敬宗誣構之說」，[182] 下詔除去他的官職和封邑，流徙黔州；他兒子及宗族全被株連，或流放，或被殺。3 個月後，李治要求覆核此案，許敬宗派人逼長孫無忌自殺。有人認為，許敬宗受武則天指使。

內部再沒人跟李治搶皇位了（武則天暫按不表），外部挑戰者不時冒出來。令人瞠目結舌的是：一個女人！這女人名叫陳碩真（有的作「陳碩貞」），家在睦州雉山梓桐源田莊裡（今浙江淳安梓桐），早年喪夫，在官人家幫工。653 年發生洪災，可是當地官衙不但不開倉賑糧，還照樣徵收各種賦稅，民不聊生，賣兒鬻女，流離失所，餓殍載道。陳碩真看不過去，偷偷開啟東家的糧倉救濟災民，被發現而被打得遍體鱗傷。當夜，鄉

---

[182]　同上，卷 65，〈長孫無忌傳〉，P1,656 ～ 1,657。

第九章　永徽之治

親們將她救出，藏到三縣交界處的覆船山。這裡四周鐵壁環繞，也稱鐵圍山，素有「石門九不關，只出仙人不出官」之說。陳碩真在這裡當道姑，一邊療傷，一邊宣揚說她在這深山遇到太上老君。過一段時間，又說得到太上老君的神諭，馬上就要羽化登仙，收了很多弟子。這時，有人告密，官府將陳碩真抓了，以妖言惑眾、圖謀不軌的罪名上報。信徒們籌措資金，打通關節，讓陳碩真無罪釋放。這樣一來，她進而宣揚剛從天上返回，現在法力無邊，讓更多人頂禮膜拜。

陳碩真仿照唐官制建立政權，自稱「文佳皇帝」。當地民眾紛紛響應，幾千人兵分兩路，一路攻桐廬，一路占睦州治所。民軍很快發展到數萬，乘勝進攻歙州。由於駐軍防守嚴密，抵抗頑強，而民軍大多是沒受過訓練的普通百姓，又沒有攻城器械，歙州久攻不下，不得已轉攻婺州。官兵雖然強大，但是怕民軍有神靈護衛，兩軍僵持。有天晚上，一顆隕星不偏不倚墜落到陳碩真營中，而婺州刺史崔義玄是個身經百戰的老將，頗有智謀，馬上抓住這意外小事大做文章，順水推舟說陳碩真是天仙，但是隕落了，馬上就會死。官兵軍心大振，民軍士氣則變低落。崔義玄身先士卒，士兵用大盾為他避箭，他卻撤去盾牌，奮不顧身。結果民軍大敗，除 1 萬多被俘外，大部分戰死，陳碩真本人也被俘，不久被殺。

陳碩真僅 1 個多月就失敗，但留下不可磨滅的影響。當地傳說，就在官兵一擁而上的時刻，天邊飄來一朵彩雲，一隻巨大的鳳凰降落，嚇退官兵，載著陳碩真騰空而去。還傳說此後有一天，京城一班紈褲子弟到城郊感業寺踏青，見寺中一位漂亮小尼，垂涎三尺，上前調戲。慧覺老尼發覺，棍隨聲出，打得那幫小子落荒而逃。這老尼是陳碩真，小尼便是後來的武則天。她們結為姐妹，但人各有志，武則天返塵，陳碩真繼續在那裡孤燈青影。這些傳說顯然不可信，然而幾十年後武則天稱帝，很難說沒受陳碩真的影響。有人認為陳碩真實屬中國歷史上第一位女皇帝。

最大亮點：疆域創全唐之最

一、高麗

李治和他的大臣牢記李世民遺囑，但沒有「祖宗之法不可改」的教條。649 年李世民逝世，屍骨未寒，李治繼位第一件事就是高麗之戰。高麗打得太慘，李世民自己也有悔意，只是不肯服輸，硬撐著，這可苦了將士和百姓。李治和他的大臣知道形勢嚴重性，所以迫不及待停止這場戰爭。平靜兩年，高麗入唐朝貢。

好景不常，655 年，高麗與百濟、靺鞨聯手侵新羅，新羅向唐求救，李治只好發兵擊高麗，新仇舊恨一起算帳。658 年，薛仁貴率軍進擊高麗獲大勝，隨後又一次次加大打擊力度。668 年圍平壤月餘，終於破城，高麗王與百濟王均被生擒，高麗國宣告滅亡，朝鮮半島的三國時代結束。從此，中國與朝鮮之間再沒有戰爭。

唐在平壤設安東都護府，轄遼東半島、朝鮮半島北部、吉林西北地區和朝鮮半島西南的百濟舊地，包括今烏蘇里江以東和黑龍江下游西岸及庫頁島至大海。

二、突厥

李世民後期，隨著突厥內部分裂勢力大衰，雙方關係很融洽，互訪、和親、入貢。649 年，唐在突厥設 11 州，分別隸屬雲中、定襄都護府。

651 年，關係開始惡化，西突厥擾延州，殺數千民，唐軍 3 萬及回紇 5 萬騎兵聯手反擊。西突厥的處月部殺唐使者。第二年唐與回紇聯軍大破西突厥，生擒處月部首領，斬首 9,000 級。655 年再擊西突厥，遣使冊封西突厥一部可汗，但被另一部可汗所阻。此後兩年，又兩次擊西突厥。

第九章　永徽之治

662 年，西突厥依附吐蕃，其中一部擾庭州，當地刺史戰死。

671 年，關係有所好轉，委任其一部為都督，安定那裡的民眾。679 年，又發生激烈衝突，西突厥勾結吐蕃侵安西。朝議出兵反擊，有「儒將之雄」之譽的禮部尚書兼大將軍裴行儉表示異議，因為波斯王去逝，要派裴行儉送波斯王兒子回去繼位，路經西突厥，可以見機行事。裴行儉路經西州，召集當地酋長及弟子近萬，說是打獵，暗中西進，趁其不備，襲西突厥，生擒其頭目。然後讓波斯新王自行回國，留官員駐安西，築碎葉城（今吉爾吉斯國托克馬克，李白出生地），鞏固勢力。

同年，突厥二部叛唐，擁立新可汗，24 州響應。唐遣將鎮壓失敗，被殺不可計數。他們接著擾定州，當地官員只好用「空城計」。他們還勾結奚、契丹擾營州，被當地官兵擊退。裴行儉率 30 多萬軍反擊，第二年在黑山（今內蒙古巴林右旗小罕山）大破突厥，可汗被他們自己部下所殺，殘餘逃往保狼山，裴行儉引兵歸。其後，突厥餘眾仍多次擾雲州、定州和嵐州等地。

三、吐蕃

與吐蕃是友好的，不然不會有著名的文成公主。李治繼位不久，封吐蕃王為附馬都衛、西海郡王。第二年，吐蕃王死，改立其孫。658 年，吐蕃新王又來請婚。然而，和親換來的和平無法持久。660 年，吐蕃嫉妒吐谷渾附唐，出兵擊吐谷渾，這不是打大唐的面子嗎？不僅如此，662 年，大唐擊西突厥，吐蕃卻接受西突厥依附。第二年，吐蕃又大舉進攻吐谷渾，吐谷渾人紛紛逃涼州避難，請求遷居內地。在這種情況下，李治只好出兵，一方面防吐蕃入侵，一方面援助吐谷渾。665 年，吐蕃遣使來，請求與吐谷渾和親，並請求吐谷渾劃給一塊土地，李治予以拒絕。

670 年，吐蕃瘋狂攻占唐 18 州，又與于闐聯手襲龜茲，李治命薛仁貴、

郭待封率軍反擊。薛仁貴將輜重留在大非嶺（青海湖之南），率輕銳日夜兼程，攻敵不備，進屯烏海。郭待封不採納薛仁貴策略，仍然負重而行，結果遇吐蕃20萬大軍，大敗。等薛仁貴退回大非川，吐蕃聚集40萬大軍猛攻，薛仁貴也大敗，只得議和。672年，遣使與吐蕃互訪。

675年，吐蕃遣使者請和，並請求與吐谷渾修好，李治拒絕。同年吐蕃擾鄯州，次年多次擾鄯、廓等州，隨後又擾扶州等地。678年，李治命18萬大軍與吐蕃在青海大戰，可是唐軍一部深入被圍，主將被俘，另一部竟然不救，敗歸。李治召眾臣議對策，有的主張和親，有的主張嚴守，有的主張增兵出擊，議而不決。

679年，吐蕃王去逝，文成公主遣使來告喪，並為新王請婚。李治派人去弔唁，不想吐蕃新王更瘋狂，次年大舉擾河源。唐將黑齒常之率部將吐蕃擊退，並針對該地偏遠、運輸不暢的薄弱環節，置烽燧70餘所，開屯田5,000餘頃，每年收糧500餘萬石。這樣，河源防線牢不可破。吐蕃將侵擾方向改為西域。西域因為安西都護強力護衛，吐蕃無計可施，又改向劍南，在當地羌協助下，攻占安戎（今屬甘肅）。吐蕃至此占據諸羌之地萬餘平方公里，為吐蕃最盛時期。於是，吐蕃再次把兵力轉河源，率3萬兵屯田於良非川，與黑齒常之對抗。681年，李治命黑齒常之率精騎萬餘，乘夜突襲吐蕃兵營，斬首2,000級，繳獲羊、馬數萬，吐蕃糧倉等盡數燒毀。次年吐蕃還想攻河源，唐將婁師德出擊，八戰八捷。

一般說這時期的大唐版圖，東起朝鮮半島，西臨鹹海，北至貝加爾湖……為唐代之最，其外交和軍事超越「貞觀之治」。不過，歷史、地理學專家葛劍雄認為，這類說法「沒有注意到，或根本不願意注意時間上的矛盾……這種情況在其他朝代也都存在」，「拼湊出一個從未存在的極盛疆域來滿足『愛國主義』的需求，使人們對早已喪失的領土產生不切實際的幻想」。

此外，李治時期還有一些可圈可點的事。

第九章　永徽之治

　　674 年，將皇帝的職稱改為「天皇」，皇后為「天后」。這一改，在中國沒沿襲下來，倒被日本學去用到現在。

　　李治命長孫無忌及刑部尚書等人修訂《唐律》，651 年完成，分 12 篇、502 條。隨後創造性在律條後面加注疏，並稱《永徽律疏》，又稱《唐律疏義》。這部法律，在此後唐代無更改，並對宋、明、清產生深遠影響，還影響東亞及東南亞多國。專家認為《永徽律疏》實現了禮與法的完美結合，使漢代開始的「春秋決獄」正式廢止，是中國法制史上的典範，被譽為中華法系的代表。

　　李治封禪泰山後，興猶未盡，還想遍封五嶽。682 年，詔令在嵩山南新建奉天宮。監察御史李善感看不過意，毫不客氣批評：「陛下廣造宮室，勞役不休，天下莫不失望啊！」大臣們聽了目瞪口呆。近 20 年來，朝野沒什麼人直言進諫。李善感這番話，大家覺得是個好兆頭，稱之為「鳳鳴朝陽」[183]。這事還編進《幼學瓊林》，視為文官先進典型，推薦給小朋友們。

　　征高麗的時候，別將郭待封有軍情急報大將軍李勣，而郭待封的部從元萬頃「恐為諜所得」，便將絕密情報寫成「離合詩」。李勣一見大怒：「軍機切遽，何用詩為？」說要斬郭待封，元萬頃連忙解釋，李勣才消怒。借用一句現代話來說：往唐朝長安大街隨便扔塊石頭，都可以砸到詩人，只不過詩人有大有小、有男有女而已。唐朝不看詩，白看了！何況李治本身也算個詩人，現存詩 8 首。歷經千年時光滌蕩，能留存一首也夠了！但他更重要的身分是帝王，因此我更注重他對詩的影響。

　　唐朝以詩賦取士，此是公論，但具體什麼時候開始在科舉中將詩賦列入考試內容，尚存諸多爭論。有的認為始自李隆基時代，有的認為始於武則天時代，也有認為始於更早的隋朝。學術之爭我就不捲入了，只看李治

---

[183]　《新唐書》卷 105，〈韓瑗傳〉，36 冊，P3,224，「自瑗與遂良相繼死，內外以言為韓將二十年。帝造奉天宮，御史李善感始上疏極言，時人喜之，謂為『鳳鳴朝陽』。」

時代的史實。

　　大名鼎鼎的王勃,現代老少至少記得他〈送杜少府之任蜀州〉中的一句「海內存知己,天涯若比鄰」,為「初唐四傑」之首。665 年,王勃參加科考,寫的是〈寒梧棲鳳賦〉,這是一篇典型的限韻之作,以「孤清夜月」為韻。現代學者認為這是中國最早的限韻之作,也有人認為他不是在考場寫的。但還有佐證:王勃在〈上吏部裴侍郎啟〉一文中寫道:「伏見銓擢之次,每以詩賦為先。」這樣看來,王勃時代以詩賦取士應該是無可爭辯的。

　　且說王勃這次考試一舉成功,被授「朝散郎」之官。當時他才 14 歲,轟動一時。沛王李賢愛才,將王勃調來當修撰。然而,人生禍福難料。諸王閒時愛鬥雞玩,旁人愛看熱鬧。我們小時候不也常參與這類圍觀嗎?一邊看,一邊充當拉拉隊。站在左邊吶喊左邊贏,站在右邊吶喊右邊贏,並非堅定地聲援某個人,而只是隨興站在哪一邊。王勃在沛王府供職,自然希望沛王的雞鬥贏,問題在於他是個年少的大詩人,正愁才氣沒地方發揮,那天看著沛王與周王鬥雞,一不小心就寫出一篇新賦《檄英王雞》,幫沛王的雞聲討周王的雞,希望周王的雞鬥敗。問題在於這檄文寫得太好了,被李治聽到、看到。李治讀完,心情很不平靜,直嘆:「歪才,歪才!二王鬥雞,王勃身為博士,不行諫諍,反作檄文,有意虛構,誇大事態,會導致二王真的勾心鬥角啊!」[184] 於是,李治轉而生怒,立即下詔廢除王勃的官職,當天逐出沛王府。

　　為這麼點小事丟官,在千年之後,我們今天看來,也不免感到惋惜,轉而抱怨李治小肚雞腸!當時也有人認為李治是出於嫉妒王勃才高。其實,前文有敘,唐初三代都被皇室紛爭弄得焦頭爛額,李治神經敏感些,也就不奇怪。我們不可奢望帝王把一個詩人抬舉到皇室利益之上。喜出望外的是,10 年後重陽節,落魄的王勃在洪州寫下不朽名篇〈滕王閣序〉。

---

[184]　同上,〈王勃傳〉,P4,396,「勃戲為文檄英王雞,高宗怒曰:『是且交構。』斥出府」。

第九章　永徽之治

當然，這多少與李治有關，但絕不是他的功勞。

這個時期的天災類型較多，如地震、水災、風災、饑饉、牛疫等，不詳述。僅說 682 年的天災，史料有細節描述：一是皇帝的隨從也餓死[185]，二是百姓人人相食。然而，在這種大災難衝擊下，人口從貞觀年間的不滿 300 萬戶，增加到 380 萬戶，李治不僅維持社會穩定，還被譽為「盛世」，這不能不讓我平添一分敬意。

不少人認為李治仁懦畏縮，陰盛陽衰，被武則天利用；也有不同看法，如：

> 明明李治用了那麼多手腕，明明坑殺了舅舅、按住了關隴，卻不沾一點血腥的名聲，好像壞事都是他老婆做的。李治＋武則天這對完美搭檔，表現得著實不錯。武則天當然在歷史上大出風頭，但結果看來，幕後的大贏家，還是李治啊！[186]

這看法很有趣。

去脈：「武周之治」

武周皇帝時期（西元 683～705 年），冊立突厥默啜為立功報國可汗，轉戰為和，與吐蕃時戰時和。西北其他地區及西南地區較平靜。對內設「登聞鼓」與「肺石」，鼓勵百姓控訴不良官吏。政局穩定後懲治臭名昭彰的酷吏，組織對大案調查複審，恐怖的氣氛開始放鬆。在洛陽殿上親自策試，開「殿試」之先河，首創「武舉」，重視各種人才。經濟仍然繁榮，工商業發達。這時期被譽為「武周之治」，詳見下章。

---

[185]　同注 178，卷 230，〈唐紀〉19，12 冊，P8,444，「時出幸倉猝，扈從之士有餓死於中道者。」
[186]　張佳瑋：《歷史與傳奇》，廣州：花城出版社，2019 年，P42。

第十章
武周之治

【提要】

武則天690年稱帝至705年被迫退位,亂上而不亂下,重用人才,無外患之憂,經濟、文化持續發展。

從駱賓王和陳子昂等人際遇看,武則天這人對知識分子還是很有肚量。

第十章　武周之治

來龍：「永徽之治」

「永徽之治」詳見前章。

683年李治逝世，遺詔太子李顯即位，但軍國大事取決於武后。僅3個月便被廢，改立李旦。李旦則被軟禁，仍由武則天實際掌政。

「三級跳」是體育田徑項目之一，指三級跳遠的順序：一次單足跳、一次跨步跳和一次跳躍，被列為奧運比賽項目。在此之前，自然必不可少有個助跑階段，助跑跑道長度至少應為40公尺，條件許可時，至少應45公尺。我想借此喻武則天登帝之路。

要做任何一件破天荒的事是異常艱難的，更何況是女皇帝，且武則天的起點那麼低。李治的國舅代表聲望顯赫的關隴集團，王皇后及寵愛的蕭淑妃等也都有貴族血統，武則天則是并州（今山西太原）一個木材商的女兒。唐王朝的嬪妃分19級，武則天「才人」是倒數第4級，而同級別共有9人，能夠從這裡勝出，就已經不容易了。李世民死時她被迫削髮為尼，且已26歲，99%的人都會絕望。但她不絕望，此後四、五年，已31歲，還攀上「小鮮肉」李治。又奮鬥了35年，雖然爬到皇后的頂峰，李治死時她已經59歲，卻還幻想飛躍入雲當天子。此前那些令人瞠目結舌的事，在她眼裡不過是助跑。

單足跳：柏楊說武則天「後來對李治厭惡入骨，但她能控制自己，沒有謀殺他，這是她絕頂聰明的地方」。[187] 李治死了，她仍然能控制自己，仍然聰明，而不至於發洩自己的壓抑，小不忍、亂大謀。684年，李顯將美豔的太子妃韋氏立為皇后，並將國丈韋玄貞從一名蜀地小吏一躍為豫州刺史。李顯要將韋玄貞提拔為侍中。侍中本來只是少府屬下宮官群中直接

---

[187]　柏楊：《中國人史綱》中冊，P159。

供皇帝指派的散職，地位漸高，魏晉以後往往成為事實上的宰相。顧命大臣裴炎擔心韋氏勢力坐大，當即表示反對。李顯生氣了，斥責道：「朕就是把天下讓給韋玄貞也沒什麼不可，何況一個區區侍中！」[188] 裴炎只好告到武則天那裡。武則天大怒，立即命裴炎帶兵入宮，廢李顯為廬陵王，韋玄貞流放到欽州。這時，距李顯登基僅3個月。

跨步跳： 廢李顯的同時，改立四子李旦為帝，但將他軟禁，不得參與朝政，一切仍由武則天作主。她一方面繼續削弱李族勢力，另一方面繼續壯大武族勢力。派員到巴州禁所，令前幾年已被以謀逆罪廢為庶人的二子李賢自盡。將宗親武承嗣提拔為禮部尚書，參與國政。推出一系列改革，易旗幟為金色，八品以下服色由青改碧，改東都為神都，以及一堆官名，並立武氏7廟，封其5代祖為王，立5代祠堂於文水（今屬山西，武則天老家）。

這些變化引起朝野關注，李氏人人自危。徐敬業（即李敬業）等人以挽救李顯為名，在揚州起兵，10來天發展到10萬之眾。詩人駱賓王毅然參加，被任命為藝文令，擬〈代李敬業傳檄天下文〉。這篇檄文的前半部分列數武則天「殺姐屠兄，弒君鴆母」等罪行，後半部分號召大家響應起義。檄文是釋出天下的，武則天當然會看到。當讀到「請觀今日之域中，竟是誰家之天下」等語時，她連忙問：「這文章是誰寫的？」當她得知這篇文章出自駱賓王之手時，十分惋惜地說：「宰相怎麼沒能把這樣的人才招到朝廷來？」[189] 武則天如此重視人才，連政敵都讚賞。武則天問裴炎該怎麼平息這場叛亂。裴炎居然說：「如果太后還政於皇帝，徐敬業不討自平。」武則天聽了很不高興，翻臉不認人。武承嗣指使人告裴炎通徐敬業，立即下獄，連同為他申辯的人，也被問斬。武則天派李孝逸等率30

---

[188]　《舊唐書》卷87，〈裴炎傳〉，31冊，P1,925，「我讓國與玄貞豈不得，何為惜侍中耶？」
[189]　《新唐書》卷201，〈駱賓王傳〉，37冊，P4,398，「後讀，但嘻笑……矍然曰：『誰為之？』或以賓王對，後曰：『宰相安得失此人！』」

第十章　武周之治

萬兵去討伐，斬首 7,000 級，徐敬業本人也被其部下所殺。

686 年初，政局基本上掌控住，武則天下詔歸政於李旦。李旦不是傻瓜，連忙竭力推辭，武則天便重新心安理得地代行皇帝職權。武承嗣指使在一塊白石上鑿文：「聖母臨人，方昌帝業」，說是從洛河中得來，獻上。武則天大喜，命其石為「寶圖」，為自己加號「聖母神皇」。六月作神皇 3 璽，又改「寶圖」為「天授聖圖」，洛水為「永昌洛水」，祭祀規格高於江、淮、河、濟四瀆，並改嵩山為神嶽。但這時，更多親王開始抵抗。琅邪王李沖、越王李貞先後在博州、豫州起兵，但李沖 7 日敗死，李貞也兵敗自殺。隨後，迫使多位王公與公主自殺，親黨皆誅。然後，武則天追尊其父為周忠孝太皇，母親為周忠孝太后。

著名詩人陳子昂生性耿直，曾因其文「歷抵群公」被排擠，但不改其志。李治死時議遷梓宮歸葬乾陵，陳子昂諫阻。武則天看了，嘆其有才，授「麟臺正字」之職。麟臺即原本的祕書省，武則天改名。正字與校書郎同掌讎校典籍，訂正訛誤。總之，只不過區區文職人員而已，談不上什麼官。689 年，武則天問當今為政之要，陳子昂即上書，辭婉意切地建議：「宜緩刑崇德，息兵革，省賦役，撫慰宗室，各使自安。」顯然太書生氣，武則天置之不理。殺汝南王李煒等宗室 12 人，不久又除唐親屬籍。中書侍郎宗秦客製作 12 個新字，包括「照」、「天」、「地」、「日」、「月」、「星」、「君」、「臣」、「載」、「初」、「年」、「正」，即所謂「則天文字」。其中女神名字「曌」，既表示「日月當空，普照天下」，又表示空大於日月，同時討好女神和武則天。武則天採納。本來，她乳名「武二囡」，李世民賜名「武媚」，民間稱「武媚娘」，在感業寺的法名叫「明空」，現在她自稱「武曌」，宮中僕人稱她「武曌姨」。

跳躍：又歷經 7 年精心謀劃，天時地利人和一樣不缺了。690 年九月初三，關中耆老 900 餘人自發趕到洛陽叩拜宮門，說是「請革命，改帝氏

為武」[190]。值班官員傅遊藝連忙上表。武則天深知「禪讓」規矩，三勸才行，所以不允，但是將傅遊藝從七品御史擢升為正五品給事中。初八，又有耆老、四方蠻夷、道士、和尚 1,200 餘人詣闕，請神皇登正位，武則天仍未許。初九，遠近百姓、四夷酋長、沙門道士、文武百官、李唐宗室 5 萬餘人「守闕固請」。這時李旦也上表自請賜武姓，武則天這才登宮城正南的則天門，宣布「建大周之統歷，革舊唐之遺號。在宥天下，咸與唯新」[191]，為前無古人、後無來者的驚天之舉，畫上一個圓圓滿滿的句號。

最大亮點：四邊有驚無險

　　唐於 630 年與 657 年兩次大敗突厥，但 682 年西突厥又叛。次年春開始，先後擾定州等地。唐軍及時反擊，但不一定都有勝算，684 年一次失利，死 5,000 餘人。687 年擾昌平，唐著名大將黑齒常之率軍擊退。同年又擾朔州，黑齒常之追擊 40 餘里，突厥逃漠北。同年中郎將爨寶璧妒黑齒常之的戰功，請求窮追突厥。武則天命爨寶璧與黑齒常之協同作戰，爨寶璧卻想獨占軍功，擅自率精兵 1.3 萬先出塞 2,000 餘里，全軍覆沒。武則天怒殺爨寶璧。693 年，突厥可汗病卒，其弟默啜篡位。默啜為鞏固汗位，改而討好中原。695 年，默啜遣使請降，武則天授其大將軍、歸國公。第二年契丹叛唐，突厥幫助擊潰契丹，武則天冊立默啜為立功報國可汗。697 年，默啜請求 6 州的突厥降戶以及單于都護府之地，並求穀種、繒帛、農器、鐵等物，武則天基本上同意，隨後突厥國力大大增強。

　　698 年，武則天命內姪武延秀前往迎娶默啜汗之女為妃，大臣張柬之

---

[190] 同上，卷 76，〈武則天傳〉，35 冊，P2,852。
[191] 《全唐文·大周受命頌》。

第十章　武周之治

反對，說：「自古未有中國親王娶夷狄女者。」武則天聽了不高興，將張柬之貶出，堅持熱熱鬧鬧去沙漠迎親。沒想到，默啜卻變卦，說：「我欲以女嫁李氏，安用武氏兒邪！此豈天子之子乎？我突厥世受李氏恩，聞李氏盡滅，唯兩兒在，我今將兵輔立之。」[192] 他將武延秀拘留，誓言幫李氏復唐，發兵襲擊河北道等地。武則天調兵遣將反擊，不太順利。默啜回到漠北，擁兵40萬，占地萬里，攏絡西北諸民族，重新與中原對立。直到703年，默啜遣使入唐，表示願和親，獻馬千匹及方物。武則天盛情款待來使，賜予重賞。第二年，默啜放回武延秀。

與吐蕃仍處於時戰時和狀態，與突厥有些相似，不過吐蕃的國勢正處於上升時期。韋待價累立邊功，在李治死後升任吏部尚書，營建乾陵。乾陵修完，又加官進爵。689年，武則天命他統領討吐蕃，不想大敗，唐軍死傷慘重。武則天大怒，不得不將他除名，流放繡州。692年二月，吐蕃、党項部落萬餘人內附，分置於10州。695年，吐蕃擾臨洮，唐軍反擊又失敗。但吐蕃想和，第二年遣使入唐，請求和親，請撤4鎮兵，並求分享一些地方，武則天表示可以考慮。699年，吐蕃發生內亂，大將率所部千餘人來降。第二年，吐蕃又擾涼州，6戰皆敗。702年遣使請和，但又擾茂州。703年，遣使獻馬千匹、金2,000兩求婚，不久又內亂，直到幾年後才遣使入貢。

契丹在大唐的庇護下，近百年休養生息，長足發展。為了鼓勵他們永遠效忠，大唐為契丹王賜名「李盡忠」。沒想到，696年契丹發生饑荒，營州都督趙文翽不但不予賑給，反而多次侵侮契丹部屬，李盡忠趁機組織反唐，陷營州，斬趙文翽。武則天大怒，將李盡忠改名「李盡滅」，叛將孫萬榮改名「孫萬斬」，並親命姪子武三思帥師討伐，卻3戰3敗。李盡忠病亡才鎮壓下去，但從此東北各蠻族對中原王朝長達200多年戰亂。

---

[192]　《資治通鑑》卷206，〈唐紀〉22，P8,590。

西北其他地區較平靜。692 年初，于闐王去逝，唐立其子為新王。這年大敗吐蕃，收復被占的龜茲、于闐、疏勒、碎葉 4 鎮，並在龜茲設安西都護府。702 年，在庭州（今新疆吉木薩爾）設北庭都護府。685 年，鐵勒部族起事，很快敗散。694 年，永昌蠻 20 多萬戶內附。

　　東北部地區較平靜。693 年，新羅王卒，武則天遣使立其子理洪為王。703 年，理洪又死，武則天遣使立其弟為王，沒發生意外。694 年，室韋族反叛，但很快平息。

　　西南地區有些反叛。685 年廣州僚人起事，687 年嶺南俚戶起事殺交趾都護，694 年嶺南僚人起事，703 年始安僚人起事，都很快平息。697 年昆明（古民族，非今昆明）來降，唐設竇州安置。

　　此外，還得一說當時的詩人。

　　唐朝詩人群星璀璨，天河裡隨便一撈，都可以撈到一顆亮晶晶的星星。這次撈到的是陳子昂。陳子昂讓我佩服到五體投地的是他那首〈登幽州臺歌〉，將人生之孤獨寫到極致。不過，他在歷史上產生實際作用的不是詩，而是諫文。

　　吐蕃跟中原漢族政權的關係時好時壞。武則天徵發梁州等地的百姓，從雅州開出一條大路，準備出擊西羌，討伐吐蕃。

　　陳子昂生性耿直，聞訊這道戰爭令之後，馬上進諫說：國家「務在養人，不在廣地」，「無罪戮之，其怨必甚」，「自古國亡家敗，未嘗不由黷兵」。[193] 這些直言不諱的話，讓武則天感到振聾發聵。是啊！比《孫子兵法》更久遠的《司馬法》指出：「國雖大，好戰必亡。天下雖安，忘戰必危。」武則天不得不中止這場戰爭。她沒有為難陳子昂，隨後還提拔為右

---

[193]　《全唐文‧諫雅州討生羌書》：「雅州邊羌，自國初以來未嘗為盜。今一旦無罪戮之，其怨必甚；且懼誅滅，必蜂起相為盜……蓋以陛下務在養人，不在廣地也。今山東飢，關、隴弊，而徇貪夫之議，謀動甲兵，興大役。自古國亡家敗，未嘗不由黷兵。願陛下熟計之。」

第十章 武周之治

拾遺。這是一種議政官員，意思是撿起皇帝的遺漏（政策失誤），相當於現代的監察官，正八品官職。後來他被奸人陷害冤死獄中，另當別論。

然而，武則天貪戰功之心並未就此泯滅。第二年，她又令大將韋待價率兵討伐吐蕃，結果大敗，狼狽退回。武則天大怒，將韋待價流放繡州，並斬了他的副職。由此可見陳子昂先見之明。

關於武則天的更多政績與總體評價，詳見《春之卷》第五章。

去脈：「開元盛世」

唐玄宗李隆基在位期間（西元 712～755 年），突厥接連發生嚴重內亂，徹底衰落，北邊稍安。與吐蕃、奚、契丹重陷年復一年戰爭，但總體上不影響時局穩定。改變「重京官，輕外官」的積習，政簡刑輕。李隆基詔命僧尼還俗，不得新建佛寺，禁鑄造佛像，禁傳抄佛經，對官員和僧尼的交往也加以禁止。對道教則推崇有加，在元元皇帝廟設「崇玄學」，詔令學《道德經》等。追諡孔子為「文宣王」，追贈其弟子為公、侯、伯。各地辦學成為一種制度。李白進京，入職翰林。總之，歷史登上一個巔峰時代，稱之「盛唐氣象」，譽之「開元盛世」，詳見下章。

第十一章
開元盛世

【提要】

唐玄宗李隆基712年政變上臺至755年「安史之亂」,文化多元,湧現李白、杜甫等大文豪,「海內富安,行者雖萬里不持寸兵」,人口創大唐之最。

該發生的沒發生,不該發生的全發生,就是大壞事;該發生的都發生,不該發生的都沒發生,就是大好事。

第十一章　開元盛世

來龍：三讓天下

李隆基繼位，距武則天退位並去逝僅 7 年，距「永徽之治」結束不到 30 年，何況武則天時期也有盛世之譽，想像過去其間太平無事，波浪不驚。其實不然，有太平之世，無太平宮廷。

想當年落難之時，李顯先後被軟禁於均州、房州，只有妃子韋氏陪伴，度日如年。每當聽說武則天派使臣來，李顯就嚇得想自殺。韋氏總是安慰他：「不一定賜死啊！何必如此驚恐！」在韋氏勸慰下，李顯堅持活下來。現在重新登帝，立韋氏為后，並重用她的父親等人。沒想到，韋后和安樂公主卻弄權，並背著李顯淫亂。

710 年，韋后和安樂公主乾脆將李顯毒殺，韋后沒有親生兒子，改立雖是李顯幼子，但生母不詳的李重茂。李重茂時年 16 歲，沒當過太子，只好由韋后臨朝稱制。韋后母女只高興 19 天，武則天的女兒太平公主和李旦第三子李隆基又發動政變，率兵入宮，殺韋后、安樂公主及眾多韋氏黨人，重新立李旦為帝，李隆基為皇太子。

李旦這個人很有意思！與那些不擇手段搶當皇帝的人相反，他一再推讓，一讓母親武則天，二讓皇兄李顯，連二連三，還要讓兒子李隆基。太平公主發動宮廷政變，實指望當第二個武則天，也有一批人支持。現在皇位讓李旦坐，太子讓李隆基當，她什麼也沒得到，心理很不平衡。李旦看似木訥，其實不傻，看出他們兩個在暗暗較勁，於是不偏不倚。每逢宰相奏事，他總會先問：「你與太平公主商量過嗎？」再問：「你與太子商量過嗎？」得知公主和太子的意見後，他才決定。有趣的是，他用的年號叫「太極」，在實際執政當中，也是打太極拳。接著一個年號叫「延和」，是不是希望他們兩個和睦能延續永遠？

712年，天象出現異常。當時人們認為：彗星出現預示除舊布新。帝座及前星有災，李旦卻認為這是個好時機，藉口「傳德避災」，把皇位讓給李隆基。因為太突然，太平公主等人表示反對，李隆基急忙入宮覲見謝辭。李旦堅定地說：「你誅凶定亂，能安我宗廟社稷。現在天從人願，不必謙讓！」

太平公主不甘善罷，請李旦傳位後繼續「自總大政」，想讓李隆基成傀儡。李旦拒絕她的建議，表示只過問軍國大政，尤其是三品以上高官的任命和重大刑獄。同年初，舉行正式傳位大典，李旦被尊為太上皇，李隆基即位，即唐玄宗。李旦每5天一次，在太極殿接受群臣朝賀，李隆基則每天在武德殿上朝。

李旦由於「寬厚恭謹，安恬好讓」，所以在接二連三的宮廷之變中安然無恙。[194]然而，一遇權力和金錢之爭，親情就變得微不足道，甚至常常變成置之死地而後快、不共戴天之仇敵。在前面幾章中，還見得少嗎？李旦早看透這一點，所以視權力像定時炸彈一樣，被人塞到手心裡，也一再撇之。讓出權力之後，他再不用擔驚受怕，靜心練他喜愛的草書、隸書。

換個角度，在我等馬後炮看來，李旦讓給李隆基也十分英明！

太平公主是武則天和李治之女，李旦的妹妹，李隆基的姑姑，身分特殊。李隆基雖然占有皇位，可是7個丞相中，有5個是太平公主的門生，文武大臣大半附她，包括左、右羽林將軍，在外幾乎只聞有公主，不聞太子。所以，太平公主和她的支持者一直在暗暗謀求廢帝，準備以羽林兵從北面、南衙兵從南面起兵，並爭取李旦派李隆基戍邊，幾乎是「玄武門事變」的重演。

李隆基覺得戍邊是廢帝的前兆。一旦被廢，只有死路一條。於是，第

---

[194] 《資治通鑑》卷280，〈唐紀〉24，13冊，P8,710，「相王寬厚恭謹，安恬好讓，故經武、韋之世，竟免於難。」

第十一章　開元盛世

二年預定出發戍邊前一個月,李隆基突然先發制人:與高力士等人設計誘殺左、右羽林將軍和宰相等。太平公主聞訊,逃入南山佛寺,躲了3天才返回。李旦出面替太平公主說情,李隆基不肯寬恕,太平公主只得自縊,她3個兒子都被處死,其夫的墳墓則被剷平。李旦被軟禁,3年後病死。

太平公主死後,宮中似乎真的太平了!與前幾章相比,難得如此平靜。

後來,宮中反叛之事只發生一件:武惠妃之女的駙馬楊洄舉報:太子瑛、鄂王瑤、光王琚3人想謀害壽王瑁及惠妃。李隆基震怒,想廢太子。中書令張九齡以獨孤皇后等人廢太子失誤的歷史教訓勸諫,李隆基忍了。737年,武惠妃派人召三王入宮,說宮中有賊,請他們幫忙,同時告訴李隆基:「太子要謀反了,穿鐵甲進宮來!」李隆基派人檢視,果然如此,於是下決心廢三王為庶人,不久又都賜死。人們說這是武惠妃為爭寵製造的冤案,惋惜不已,後來平反。

再後來,李隆基還是栽在內部反叛上,此是後話。

最大亮點:孔子升官「文宣王」

李隆基不僅算是個知識分子,還堪稱藝術家。李隆基認為雅俗之樂混在一起不好,便置左右教坊,選樂工數百,由李隆基親自在梨園(禁苑)中教法曲,稱「皇帝梨園弟子」。梨園弟子指李隆基培訓的歌伶舞伎,後來泛指戲劇演員,現代還常用。所謂法曲,指歌舞大曲中的一部分,是隋唐宮宴樂的重要形式。它的曲調和所用樂器,接近漢族的清樂系統,很優雅。此外選女伎置「宜春院」,相當於現代歌舞團。李隆基下班後,經常教太常樂工子弟演奏絲竹,如果其中一個人彈錯,他馬上就能聽出並糾正,不亞於現代交響樂團的指揮。他制定有〈色俱騰〉等92首羯鼓曲。

著名的〈霓裳羽衣舞〉，有人說是李隆基根據印度〈婆羅門曲〉改編，也有人說是他根據月宮神仙託夢創作。他自己能演奏多種樂器，琵琶、二胡、笛子、羯鼓無一不通。李隆基還擅長書法，特別是「八分」和「章草」，秀美多姿，在唐代書法史上有一定地位。他傳世書跡很多，最著名是〈鶺鴒頌〉等。〈鶺鴒頌〉起筆與收筆少藏鋒，挺拔別緻，具有唐代典型風格，現在收藏在臺北故宮博物院。

在那個滿街詩人的時代，李隆基也是個詩人。《全唐詩》共收錄他64首，其中〈經鄒魯祭孔子而嘆之〉入選《唐詩三百首》，全詩如下：

夫子何為者，棲棲一代中。

地猶鄒氏邑，宅即魯王宮。

嘆鳳嗟身否，傷麟怨道窮。

今看兩楹奠，當與夢時同。

這是725年李隆基封禪泰山後到曲阜祭孔時所作，感嘆孔子生前際遇，難怪他要讓孔子當王。這詩用了不少典故，現代人不太好懂，大意是：孔夫子一生奔波，究竟何所求？這宅曾想毀掉，如今擴建為宮。孔子曾嘆鳳凰不至，見麒麟傷心絕望。我今瞻仰兩楹並祭奠，與在夢中所見一樣。清時大才子紀曉嵐評價這詩：「只以唱嘆，取神最妙。」

更重要的是李隆基對當時文化的影響。他也尊孔崇儒，但與眾不同。739年追諡孔子為「文宣王」。原先祭祀先聖先師，周公南向，孔子東向。從此，孔子南向，披王者之服，並追贈其弟子為公、侯、伯，如顏淵為兗公、仲弓為薛侯等。從此之後，宋、元、明、清無不奉孔子為「文宣王」。孔子在天之靈有知，我想肯定會生氣，他一生追求君君臣臣之類的禮制，最憤怒的是亂臣賊子犯上，他怎麼願讓一個虛職毀了一生清白？

唐詩三位重量級人物：詩仙李白、詩聖杜甫和詩王白居易，前兩個都

第十一章　開元盛世

生活在李隆基時代，李白只比李隆基小 16 歲。李白喜歡詩，喜歡酒，喜歡遊山玩水，但他跟常人一樣，最喜歡的是當官。他千里迢迢進京，實指望能當上皇帝的左膀右臂。他太有才華了，也是有幸的，42 歲那年，一到京城，就得到有「詩狂」之稱的太常博士賀知章賞識，並推薦給李隆基。李隆基對李白讚賞不已，很快在金鑾殿召見。當李白步上臺階時，李隆基屈尊走上前迎接。談得很投機，又親手調一碗羹給他吃，馬上任命為翰林。翰林分兩種，一種可以成為翰林學士，為皇帝起草詔書；另一種專門為皇帝、貴妃寫詩。李白的角色顯然是後一種，這與他的性格及期盼相差太大，才一年多時間便離開。關於他離京的原因，有諸多猜測，我想是雙方期望值差異太大的問題。但更重要的問題是：幸好歷史上少一個「李宰相」，而留給我們一個「詩仙」。雖然這很可能不是李隆基的本意，也很可能不是李白的理想。

杜甫比李隆基小 27 歲。李隆基當皇帝那年，杜甫才剛出生。「開元盛世」結束時，杜甫也只有 29 歲。杜甫沒能讓李隆基知遇，但他親歷了李隆基治下的輝煌與動盪。他曾寫一首題為〈憶昔〉的長詩，追述「開元盛世」長安城裡熱鬧非凡的景象，至今常被人們當史實誦讀，尤其是以下幾行：

憶昔開元全盛日，小邑猶藏萬家室。

稻米流脂粟米白，公私倉廩俱豐實。

九州道路無豺虎，遠行不勞吉日出。

齊紈魯縞車班班，男耕女桑不相失。

宮中聖人奏雲門，天下朋友皆膠漆。

但杜甫寫更多的是憂國憂民，「三吏」和「三別」更為人所知，這同樣是李隆基的「政績」。當然，這也不是他們所期望的。

這時期的大詩人還有孟浩然、王維等。令人感慨的是：孟浩然跟李

白一樣懷才不遇，李隆基也愛讀孟浩然的詩，但讀到其中一句「不才明主棄」時，李隆基感到很委屈，怨道：「卿不求仕，而朕未嘗棄卿，奈何誣我？」[195]於是沒用孟浩然，讓他隱居鹿門山，成為著名山水田園詩人。王維進士出身，在李隆基手上屢屢升遷，是他自己辭職歸隱，成為「詩佛」。那時候的詩人像楊柳枝，隨遇而安，隨處成蔭。

白居易在李隆基死後10年才出生，本來沒什麼瓜葛。可是有一天，白居易與友人王質夫等到馬嵬驛附近的仙遊寺遊覽，談及李隆基與楊貴妃，王質夫鼓動說：「樂天深於詩，多於情者也，試為歌之，何如？」白居易才寫那篇「命題作文」——長詩〈長恨歌〉：

在天願作比翼鳥，在地願為連理枝。

天長地久有時盡，此恨綿綿無絕期。

讀此詩，總有一種餘音繞梁的感覺，心潮久不能靜。有人不無嫉妒地說：「自古以來的詩人，成名沒有如此之速且廣的，白居易只要寫〈長恨歌〉，就足夠不朽了，不能說沒沾李隆基的光。」[196]

此外，還有些「小事」值得一提。

李隆基治下可謂政簡刑輕。730年，全國判死罪僅24人，比整整100年前李世民那年全國死囚29人還少。737年，全國死刑犯多一些，也只有58人。為此，大理少卿徐嶠上表：「大理獄院向來殺氣太盛，鳥雀不棲，如今有喜鵲到樹上築巢了！」於是，百官以「幾致刑錯」歡呼。「幾致刑錯」是漢文帝劉恆時期說的，意思是刑具幾乎擱置不用。這話顯然誇張，但即使刪除虛假或無用的部分，那社會治安仍然讓人羨慕。

---

[195] 《新唐書》卷230，〈孟浩然傳〉，P4,422。

[196] 趙翼：《甌北詩話》卷4，「古來詩人，及身得名，未有如是之速且廣者。蓋其得名，在〈長恨歌〉一篇。其事本易傳，以易傳之事，為絕妙之詞，有聲有情，可歌可泣，文人學士既嘆為不可及，婦人女子亦喜聞而樂誦之。是以不脛而走，傳遍天下。又有〈琵琶行〉一首助之。此即全無集，而二詩已自不朽，況又有三千八百四十首之工且多哉！」

第十一章　開元盛世

我困惑,究竟是好的政治促進好的社會治安,還是好的社會治安促進好的政治?有點像雞跟雞蛋的關係,難理因果。李隆基在司法方面也「無為」,有新律也在此之後。737 年,李隆基才命李林甫等人刪輯歷來舊格式律令及敕,總共 7,026 條,全刪 1,324 條,修改 2,180 條,保留 3,594 條。又撰《格式律令事類》40 卷,以類相從,便於閱覽。僅從法律條文上看,也少很多。

李隆基也愛面子,不喜歡在京城看到乞丐,影響盛世形象。但他不是一趕了之,而是妥善安置。731 年,開始陸續在京城設悲田坊、養病坊,以恤貧養老,並安排官員專職負責。有人認為「悲田養病」是佛教的事,不應該由官府管,李隆基拒絕。734 年,京城開始禁丐,乞丐均令養病坊收管,但養病坊仍分攤諸寺,「悲田」款則由官方以本錢收息方式供給。

帝王的御苑,除亭臺樓閣,花草樹木,鳥獸寵物,還會有一、兩塊「試驗田」。李隆基在苑中種麥,帶著太子親自下田收割,藉以教導:「這是要祭祀宗廟的麥子,不敢不親種親收。透過親種親收,可以略知稼穡之艱辛。」李隆基將麥子分賜群臣,說:「派人下去視察農田情況,可往往還不明實情。現在親自種了,才體會到。」[197]

733 年,關中久雨,穀價飛漲,李隆基召首都市長裴耀卿來問計。裴耀卿如實匯報:「關中事關帝業所興,但地狹穀少,不得不往外取糧。以前所需祿米不多,每年運一、二十萬石就夠。現在祿米需求多了,增運數倍仍不能供給。如果將所徵之糧集中到東都,由東都轉運關中。只要關中經常保持數年儲蓄,就不怕水災、旱災。但南方人不習慣黃河漕運,糧食運到河邊久停不再進。為此,建議在汴河入黃河處置一大倉,讓南方船到那裡卸糧,然後由官方僱船載入河、洛。河、洛到關中,難點在三

---

[197] 《舊唐書》卷 8,〈玄宗紀〉,P134,「此將薦宗廟,是以躬親,亦欲令汝等知稼穡之難也……比歲令人巡檢苗稼,所對多不實,故自種植以觀其成;且《春秋》書麥禾,豈非古人所重也?」

門（即今三門峽）。建議在三門東、西各置一倉作為中轉，水險則止，水通則行。如果想迅速些，還可以另闢山路。糧食到河、渭之濱，那有漢、隋時代的舊倉可以修復利用，再向前就方便了。」李隆基覺得有道理，改任裴耀卿掌江淮、河南漕運。短短3年時間，運米700萬斛，節省陸運車資30萬緡。有人建議將節餘出來的錢上繳朝廷，裴耀卿說：「這是河漕轉運的贏餘，怎能作個人邀寵之用！」[198]於是，他建議將此錢留作「糴米基金」。當時西北數十州多駐重兵，當地營田、地租不能足供，便由官府議價購買民糧，即「和糴」，保障軍需。737年糧食豐收，李隆基又擔心穀賤傷農，便要求按市價加十之二三，和糴東西粟各數百萬斛，都是用「糴米基金」。從此，李隆基再不用擔心糧食多少和穀價高低問題，農民安心享受豐收成果。

對於天災，李隆基注重事先從制度上準備預案。741年改「賑饑法」，以前諸州遇有饑饉，要先奏報朝廷，然後開倉賑給。因道路遙遠，難以及時救助。現在事先授權給州縣官與採訪使，遇有饑饉可先開倉賑濟，然後奏聞。採訪使是唐初於各道設按察使，掌管檢查刑獄和監察州縣官吏，全稱「採訪處置使」。

723年，李隆基親自編纂《廣濟方》，頒示天下，令諸州各置醫學博士2人。746年，又發補充通知說：「我所撰的《廣濟方》，應當要求各郡縣選擇其中最常用、最重要的，寫在大木板上，樹立在村坊要道邊，讓大家看。同時，要求各採訪使經常加以檢查，不要讓字跡脫落，造成差錯，誤人性命。」[199]看來，李隆基心地很細，這也許算中國最早的「科普」宣傳吧？不由對李隆基增添一份敬意。

宰相楊國忠多次匯報，說全國各州縣殷富，倉庫積粟帛動輒萬計，帑

---

[198] 同上，卷98，〈裴耀卿傳〉，「此蓋公卿盈縮之利耳，不可作以之求寵也。」
[199] 《唐大詔令集》卷114，「《廣濟方》中逐要者，於大板上件錄，當村坊要路榜示。仍委採訪使勾當，無令脫錯。」

第十一章　開元盛世

藏充裕，古今罕見。李隆基聽了樂滋滋，749 年帶群臣參觀國庫，分享成就感，並賜獎金。754 年，計郡 321 個，縣 1,538 個，鄉 1.6829 萬個，民 906.9154 萬戶，5,288.488 萬口，為唐代之最，有學者猜想，占當時世界總人口的 1/3。

李隆基迎來了大唐全盛時節，不論政治、經濟、軍事，還是文化、藝術、宗教等方面，都登上一個巔峰時代，人們稱之「盛唐氣象」。

與周邊雖無大戰，小戰難斷。730 年，吐蕃遣使求和。李隆基與大臣商議說：「這十幾年，吐蕃請和每次都用敵國禮，根本沒有誠意。你們看這次如何？」大臣說：「以前是因為他們可汗幼稚，才 15 歲，不知道什麼禮！那些邊將作怪，想以此激怒陛下。打仗只有軍人和奸臣有利，不是國家之福。兵備不解，日費千金，邊關受累太久了！陛下如果派使者去吐蕃探視公主，與他們訂約，讓他們稱臣，永息邊患，豈非禦敵之長策？」[200] 李隆基採納這建議。從此，吐蕃重新稱臣納貢，以外甥禮舅。金城公主派使者入唐求《詩經》、《春秋》和《禮記》，與唐貿易，並在赤嶺（今青海湟源日月山）立界碑。

當時河西節度使崔希逸向吐蕃邊將建議：「我們兩國通好，如今一家，何必還設那麼多防，妨礙百姓耕牧，撤了吧？」對方同意，於是殺一條白狗盟誓，撤去雙方守備。後來，吐蕃在西邊攻勃律（喀什米爾東部拉達克地區印度河流域上游地區的古國），勃律求助於唐，李隆基要求吐蕃罷兵。吐蕃不聽，攻破勃律，李隆基很生氣。這時，崔希逸部下進京奏事，想立戰功，便建議現在吐蕃東邊無備，是出擊最佳時機。李隆基聽了，有些動心，便命一員大將隨往，要求見機行事。可那大將一到，就說是詔令

---

[200] 同注 194，卷 213，〈唐紀〉29，13 冊，P8,958，「贊普當開元初，年尚幼稚，安能為此書？殆邊將詐為之，欲以激怒陛下耳。夫邊境有事，則將吏得以因緣盜匿官物，妄述功狀以取勳爵，此皆奸人之利，非國家之福也。兵連不解，日費千金，河西、隴右由茲困弊。陛下誠命一使往視公主，因與贊普面相約結，使之稽顙稱臣，永息邊患，豈非禦夷狄之長策乎？」

出擊。崔希逸不得已出征，深入 2,000 多里，斬敵 2,000 餘級，果然大勝。於是，吐蕃說大唐無信，重陷年復一年戰爭。

去脈：「安史之亂」

754 年，大唐在經濟、疆域、人丁及社會治安等方面都達到極致，755 年四月，還詔免本年租庸，李隆基很可能處於一種睥睨千古的高傲狀態。哪料，這年十一月便爆發「安史之亂」，大唐國勢急轉直下。

聽過上司及上上司們「訓話」無數，鮮有幾句入耳、入腦。但有位上司的話，讓我咀嚼了無數遍。他大意是說：「偶然在必然當中，諸因素好比幾個盤子排列著，各自旋轉。盤子上分別有些漏洞，由於漏洞和速度都不同，光能通過一個，但一般通過不了第二個、第三個，越多越難。可一旦幾個漏洞偶然恰巧成線的話，光線就能通過那一排盤子，案件就這樣發生！」我想，要成就一件好事，何嘗不是如此？該發生的沒發生，不該發生的全發生，就是大壞事；該發生的都發生，不該發生的都沒發生，就是大好事。因此我覺得，這是一條放之四海皆準的公理。可我上網查了老半天，查不到相關理論，姑且命其名曰「旋光原理」。

現在，讓我借用這理論，剖析「安史之亂」那一線寒光，如何穿透那一系列旋轉著的盤子。簡單設 3 個轉盤吧！

▶ **轉盤之一：怎麼讓安祿山擠入官場？**

李隆基很重視官員隊伍的建設。716 年，有人密報本年選的縣令太濫，很多不符條件。新授縣令入朝謝恩時，李隆基突然要求當面複試，出一道〈安民策〉作文題，結果真的很糟，便將成績最好的，由小縣令提拔為大縣令，其餘 200 人還復舊官，45 人被勒令回家繼續學習，負責這次銓選的

第十一章　開元盛世

吏部官員，則降級外調。後來，李隆基還將員官 3 銓改為 10 銓。銓意為衡量輕重，古代秤量才授官，選拔官吏。

李隆基用人也有原則。來俊臣是武則天時期酷吏的總頭目，臭名昭彰。對於類似這樣的 23 人，李隆基詔令將活著的流放嶺南，死了的子孫永不錄用。

可是，李隆基卻偏偏重用安祿山。

安祿山母親是突厥巫婆，父親早死，一直隨母在突厥地區做生意。30 歲時步入軍旅，敢衝敢殺，平步青雲。736 年，安祿山在討伐契丹戰中慘遭失敗，有御史建議問斬。宰相張九齡還說：「祿山失律喪師，於法不可不誅。且臣觀其貌有反相，不殺必為後患。」李隆基卻批評：「卿勿以王夷甫識石勒，枉害忠良。」[201] 這有個典故：石勒 14 歲時，在洛陽當小販，「倚嘯上東門」，一副英雄氣概。太尉王夷甫看了，覺得他將來很可能會為患天下，便派人去抓，他聞風而逃。他後來果然造反，自稱趙王，建立後趙政權，算 16 國中最強。所以，人們以此比喻能預識心懷異志的人。現在李隆基借用，只可惜他自己沒有王夷甫之術，也不信別人有王夷甫之術。如果聽信張九齡的話，安祿山早就是鹹魚翻不了身，李隆基個人，以致整個唐朝的歷史，非常可能得改寫。當然，也可能是這話激了李隆基，他偏不信，偏不殺——試試看誰有眼光！

安祿山非常肥胖，腹垂過膝，自稱腹重 300 斤，走路都不方便，跳起胡旋舞卻「其疾如風」；看起來呆頭呆腦，其實狡點異常。直到 741 年，安祿山還只是平盧兵馬使，即節度使府的武職小官，但他善於賄賂到他地盤檢查工作的欽差大臣，一個個為他說好話，引起李隆基的重視，提拔為營州都督。第二年又飆升為節度使。

從此，安祿山在拚政績的同時，十分注重與李隆基的關係。743 年，

---

[201]　同註 194，〈唐紀〉30，P8,989。

安祿山進京匯報工作，說：「去年營州蝗災，臣焚香祝天，即有群鳥從北來，食蟲立盡。」阿諛奉承之功力非常人可及。李隆基聽了很高興，命人記入史冊。

▶ **轉盤之二：怎麼讓安祿山擁有軍政大權？**

李隆基也很重視軍隊建設。當時實行「府兵制」，與均田制相適應，在各地設若干軍府，府兵從所在州縣的農民中挑選，20 歲入役，60 歲免役，平時在家生產，農閒時訓練。軍府只是管理府兵的戶籍和訓練，統領權在上一級的衛將軍手中，戰時指揮權在皇帝選派的元帥手中。這樣，軍府、地方州縣官、16 個衛和行軍大元帥互相制約，沒有人能夠單獨控制軍隊。李隆基不時進行一些改革，713 年，詔令關中 12 衛的士兵改為 25 歲入役，50 歲退役。720 年重申這個改革。自李治以來，沿邊戍兵 60 餘萬。722 年，認為四邊沒什麼強敵了，減 20 餘萬還農。同時將府兵改為募兵，即職業兵，史稱「兵農之分」，是歷史性的改革。以前兵沒有還期，人情難堪。728 年，改為 5 年輪休一次，每年有一批回家。李隆基的這個改革，減輕了百姓負擔。

「節度」意為節制排程。737 年開始 20 來年，是唐朝最難堪的時期，四面作戰：北有突騎施和阿布思，東北有契丹、奚，西有吐蕃，南有南詔，逼得李隆基在四邊集結大量兵力，增加鉅額軍費，並增大軍隊許可權。北方逐漸形成平盧、范陽、河東、朔方、隴右、河西、安西、北庭伊西 8 個節度使區，加上劍南、嶺南共 10 鎮，成為固定軍區。節度使常 1 人兼統 2～3 鎮，多者 4 鎮，威權極重。所統州縣官吏雖由中央任命，而實際聽命於節鎮。

733 年，又設 15 道「採訪使」，要求採訪使「准刺史例入奏」。開元末年，採訪使的許可權擴大為「許其專停刺史務，廢置由己」，隨後採訪使與節度使逐漸歸一，即政權與軍權合而為一，形成尾大不掉的局面。

第十一章　開元盛世

　　安祿山是平盧節度使兼范陽節度使，權力已經夠大。平盧節度使駐營州（今遼西一帶），處於東北前線。范陽節度使駐范陽（今北京），為 10 鎮節度使中兵力最大。然而不夠！750 年，李隆基賜安祿山東平郡王爵，開唐將封王之先河。又讓他兼任河北道採訪處置使。河北道轄黃河之北，東並海，南臨河，西距太行、常山，北通渝關（今山海關）、薊門（今居庸關），統轄 24 州和安東督護府，為今河南黃河以北及山東、河北之地，包括今河北大部、河南、山西、北京、天津一部分。742 年，安祿山控制的 3 鎮兵力總約 19 萬，占當時邊兵的 40%，占全國兵力的 1/3，隨後又增加到 20 多萬。稍後的宰相杜佑評論：「祿山稱兵內侮，未必素蓄凶謀，是故地逼則勢凝，力侔則亂起，事理不得不然也。」[202] 換句話說，擁有如此巨大的實力，如果不謀反，那是安祿山太傻了！

▸ 轉盤之三：怎麼讓安祿山有反叛的藉口？

　　我曾經很想寫個楊貴妃的小說，原因可能是剛讀白居易的〈長恨歌〉，傳說楊貴妃沒被縊死、流落日本，而當時日本有個自稱楊貴妃後裔的電影明星山口百惠，特別美麗、清純可人，我想她就是楊貴妃重返人間吧！

　　其實，李隆基曾經是個「色戒哥」。714 年，按慣例為皇帝選婚，派官員到民間搜尋美女。民間自然會有議論，有些是怨言。李隆基聽了，立即將後宮減編，除夫人外，原來 9 嬪改為 6 儀，27 世婦中僅保留美人 4 個、才人 7 個，撤銷婕妤一職及 81 御女中采女等內官。遣返的妃嬪宮女用牛車載送回籍，讓她們與父母團聚。這顯示他本質上是江山重於美人的。他寵愛過趙麗妃、武惠妃。武惠妃死後，有一段時間「上悼念不已，後宮數千，無當意者」[203]。這說明他對她有真情。就是在這種心靈空虛之時，

---

[202]　《通典‧兵典》。
[203]　同注 194，〈唐紀〉31，P9,036。

楊玉環，即後來的楊貴妃出現。

中國古代四大美女之一楊玉環，本來是李隆基的兒媳婦，這時已經結婚5年。此前他們沒見過？不可能。我想可能的原因是：他們那樣的家庭，不可能見面很多次，而女人不是時時刻刻都異常美麗誘人，李隆基這時候開始將心思從武惠妃那裡轉移出來，楊玉環的舞又特別好，偶然一見翩翩起舞的她，閃出火花，立即像油田失火一樣，千輛萬輛消防車也沒用。問題是，她是兒媳婦啊！老天就這麼愛跟他過意不去！然而，大火燒起來，還能顧及什麼該燒，什麼不該燒嗎？李隆基無法撲滅他心田之火，只好大膽去愛！先讓她出家，然後從道觀將她迎入後宮，娶的就不是媳婦，而是女道士了，跟現代「洗錢」是同個道理。從道德角度來看，這是可恥的「扒灰」（公公與兒媳婦私通）。從愛情角度看，該算是真情。從某種意義上來說，真正感人的愛情，都是愛了在俗人眼中不該愛的人。愛在俗人眼中該愛的，所謂「門當戶對」，那是婚姻，不是愛情。宋及其之前，在兩性方面其實很開放。李隆基的爺爺李世民不就娶了他名義上的母親嗎？有幾個人指責過？問題是李世民政績好，道德問題沒人苛求。李隆基後期政績很糟，道德問題就不可原諒了。

745年，楊玉環被冊封為貴妃，開始登上歷史舞臺。安祿山不失時機，千方百計高攀。747年，安祿山兼御史大夫，更多進京上朝的機會。李隆基開玩笑問他的肚子這麼大，都裝些什麼？他回答：「別無它物，只有赤心！」馬屁功夫令人望塵莫及。楊貴妃比安祿山小18歲，他卻拜她為乾娘。李隆基與楊貴妃坐一起，安祿山先拜楊貴妃，後拜李隆基，說：「胡人先母後父。」就這樣，安祿山也獲楊貴妃寵愛。第二年，還獲賜實封及鐵券。唐朝封戶有虛實之別，封國無疆土，一般只有虛名，加實封才可以得那裡的租稅。鐵券也叫「免死券」。751年，安祿山生日，李隆基召他入禁中，楊貴妃用錦繡大襁褓包裹他，說是「三日洗兒」，寵得無以復加。

第十一章　開元盛世

從此,安祿山可以自由出入內宮。

在安祿山發跡問題上,楊貴妃顯然是有責任的。與歷史上蘇妲己等「禍水」不同,楊貴妃沒有干政,但她的哥哥楊國忠飛揚跋扈。其實,這不是主要原因。李林甫也不是好宰相,安祿山沒說要討伐他。根本的原因在於:楊國忠跟張九齡一樣,早看出安祿山要謀反。754年春,楊國忠說:「安祿山必反!不信,陛下試召之,他肯定不敢來!」安祿山詭計多端,偏偏進京,對李隆基撒嬌大哭:「臣本胡人,陛下寵擢至此,為國忠所嫉,臣死無日矣!」李隆基對安祿山反而多一分信任,賞賜鉅萬以示安慰。這時,連太子李亨也忍不住說安祿山必反,李隆基同樣不信。安祿山建議以32名蕃將取代漢將,宰相韋見素連忙說安祿山已有謀反跡象,不可准允,李隆基還是批准。楊國忠和韋見素只好建議讓安祿山進京當宰相,另外派3將去分領范陽、平盧、河東3個節度使,讓安祿山遠離兵權。對此,李隆基倒是不同意。就這樣,「自是有言祿山反者,上皆縛送。由是人皆知其將反,無敢言者」。755年春,李隆基還安慰楊國忠等人說:「祿山,朕推心待之,必無異志。東北二虜,籍其鎮遏。朕自保之,卿等勿憂也!」[204]直到這年夏,楊國忠只好直接派人到安祿山府上搜查,使李隆基終於有點相信,可惜遲了。至此,這一組轉盤,最後一個漏洞,也被那一線寒光穿透!

最後準備就緒,安祿山召集部將,出示假詔說:「有密旨,令祿山將兵入朝討楊國忠!」連夜出發,勢如破竹。本來潼關發揮了作用,讓安祿山數月不能進。可這時李隆基和楊國忠偏偏犯一個致命錯誤,命官軍出關討戰卻大敗,首都大門反倒開啟。李隆基只好連夜帶一些親信往四川方向逃亡。

逃亡之路是難堪的。第二天跑出100多里,到馬嵬坡(今陝西興平境

---

[204]　同上,卷217,〈唐紀〉33,P9,110～9,118。

內）時，護衛的禁軍譁變。他們覺得這一切都如安祿山所說，是楊國忠造成的，便將楊國忠殺了，可他妹妹楊貴妃還在，如果她要李隆基報復怎麼辦？於是，他們出個千古難題給李隆基——請將楊貴妃殺了！面對這種形勢，李隆基江山重於美人的本性又露出來，忍痛割愛。不久，太子李亨稱帝，組織力量反擊叛軍獲勝，將李隆基從成都迎回長安當太上皇，但「開元盛世」及楊貴妃「上窮碧落下黃泉，兩處茫茫皆不見」了，唯有綿綿無絕期之恨，以致我們今天還惋惜不已。

　　756年，安祿山在洛陽稱帝，次年即被他兒子安慶緒所殺。759年，安祿山的副將史思明將安慶緒殺了，自己稱帝，761年史思明的兒子史朝義又將他殺了，自己稱帝。763年，史朝義被唐軍重重圍困，只好上吊自殺，歷時9年的「安史之亂」落幕，依舊是大唐江山。然而，大唐風光不再。

　　「安史之亂」後，藩鎮的軍權和行政督察權逐步合而為一，藩鎮割據的局面形成，一個個藩鎮，很像春秋戰國時期的諸侯國，而大唐皇帝像東周天子，一天天大權旁落，大唐國勢也就一天不如一天，儘管3個中興相繼，還是「奔流到海不復還」。

第十一章　開元盛世

第十二章
長興之治

【提要】

　　後唐明宗李嗣源當政時期,從926年繼位至933年去逝,不忘百姓疾苦,慎用刑罰,對官員要求極嚴,農業豐收。

　　如果沒有那麼多「英雄」,大唐不會那麼亂;而大唐不那麼亂,則不可能出那麼多「英雄」,也有點先有雞還是先有蛋一樣的說不清、道不明。

第十二章　長興之治

來龍：亂世英雄

　　有道是亂世出英雄，唐末那個時代就湧現許多「英雄」。如果沒有那麼多「英雄」，輝煌的大唐不會那麼亂；而大唐如果不那麼亂，則不可能出那麼多「英雄」，也有點先有雞還是先有蛋一樣的說不清、道不明。

　　亂世群英當中，有位叫李克用，沙陀人，因一目失明，綽號「獨眼龍」，又因早年隨父衝鋒陷陣，軍中稱「飛虎子」。有次比武，韃靼（泛稱蒙古人）指著空中兩隻鵰說：「你能一箭射下雙鵰嗎？」李克用隨手彎弓發射，一箭連中雙鵰，令人嘆為觀止。他先後參與鎮壓黃巢等民軍，功勳顯著，被封為晉王，長期割據河東，與最具實力的軍閥朱全忠對峙。李克用有次路過汴州，朱全忠盛情款待。李克用喝醉睡著，朱全忠卻放火燒房，幸好僕人用水潑醒，又幸好天降大雨，把火滅了，他藉著閃電，用繩索墜城逃回自己部隊。李克用上告唐僖宗李儇，請求討伐朱全忠。李儇調解紛爭，加封李克用為隴西王。

　　李克用與朱全忠長期對峙，將主要精力轉向內部。他向幕僚諮詢：「不貯軍米，何以聚眾？不置兵甲，何以克敵？不修城池，何以捍禦？」大臣回答說：「國家富裕不在於倉庫滿不滿，軍隊強大不在於人數多少，強國之內無貧民，強將手下無弱兵。希望大王您崇尚德政，輕徭薄賦，鞏固邊防，鼓勵桑耕，公正用人，賞罰分明。如果能這樣，國家不求富裕而自然富裕，不求安定而自然安定。」[205] 李克用贊同，付諸實行。

　　李克用病逝，其子李存勗繼位，稱帝滅後梁，國號仍為唐，史稱「後唐」。李克用曾收一個養子李嗣源，也是沙陀人，也以驍勇知名，常常身

---

[205]《資治通鑑》卷263，〈唐紀〉79，16冊，P11,234，「國富不在倉儲，兵強不由眾寡，人歸有德，神固害盈……霸國不貧主，強將無弱兵。伏願大王崇德愛人，去奢省役，設險固境，訓兵務農……則不求富而國富，不求安而自安。」

先士卒，甚至摘掉頭盔衝鋒陷陣，像刺蝟一樣載著敵人的箭凱旋，外號「李橫衝」。他屢立戰功，升至成德節度使、蕃漢內外馬步軍總管，兼中書令。他與李存勖算是兄弟，李存勖像所有帝王一樣對兄弟（何況不是同胞）不放心，暗中派朱守殷監視他。朱守殷卻私下提醒李嗣源：「德業振主者身危，功蓋天下者不賞。」李嗣源倒是耿直，不為所動。

926年，魏博軍閥譁變，攻占鄴都。李存勖命大將元行欽去征討，連連失利，再命李嗣源率親軍北上。不想這親軍又叛亂，與鄴都的叛軍合謀，劫持李嗣源入城，要擁立他為帝。李嗣源逃出，派人跟元行欽聯繫。元行欽懷疑李嗣源有詐，反而退兵，然後上奏李嗣源與叛軍同流合汙。李嗣源一次次上書，向李存勖表忠，都被元行欽扣下。李存勖委派李嗣源的長子李從璟前來招撫李嗣源，也被元行欽扣留。在這種情況下，李嗣源只好起兵，李存勖也親自率軍平叛。

想當年，中原連年大旱，將士的家人多餓死。大臣建議借用宮中的金銀綢緞幫將士們養家，等國庫豐盈後如數奉還。皇后聽了大發雷霆，派人送上2個銀盆子與3位皇子，負氣說：「宮中只剩這些了，你們賣掉作軍餉吧！」現在，李存勖一路下馬跟將士們握手慰問，許諾勝利後獎賞。將士們再也不相信了，直接駁斥：「家裡人都餓死了，獎有什麼用？」隨即發生兵變，李存勖逃都來不及，被流箭射死，隨後全族被屠。

李嗣源率軍入洛陽，以太子監國的名義，接受百官朝拜。然後命各地訪尋諸王，李嗣源的親信安重誨卻暗中派人將李存勖兄弟、皇子等人全殺了。同年，李嗣源在李存勖靈柩前稱帝，身穿孝衣，以示合法繼承，而非篡奪。大臣們認為唐朝氣數已盡，建議更改國號。李嗣源說：「吾年十三事獻祖，獻祖以吾宗屬，視吾猶子。又事武皇垂三十年，先帝垂二十年，經綸攻戰，未嘗不預。武皇之基業則吾之基業也，先帝之天下則吾之天下

也,安有同家而異國乎?」[206] 獻祖指李克用的生父,武皇指李克用,先帝指李存勖。就這樣,仍然稱「後唐」。

最大亮點:「粗為小康」

926年,李嗣源在太子監國的短時間裡,就迫不及待推出一系列改革:一是將年輕貌美宮女放出,只留老宮女100人、宦官30人、鷹坊20人、御廚50人、教坊100人,其餘嬪妃、伶人、宦官全部裁撤;二是罷租庸使孔謙所立苛斂之法,數其罪而斬之;三是除夏秋稅省耗;四是罷諸道監軍使,並盡殺之。租庸使這個職務,類似現代國家財政部長兼稅務局長,職掌國家經濟命脈。孔謙為了「重斂急徵以充帝欲」,即使詔令赦免的,也仍然要,被賜予「豐財贍國功臣」的光榮稱號,但「自是每有詔令,人皆不信,百姓愁怨」。所以,李嗣源迫不及待將孔謙以「奸佞侵刻窮困熾民之罪而斬之」,[207] 並廢除他制定的一系列苛斂之法,並將租庸使之職一同廢除,以平民憤。古代稅收是實物,從地方運送京城的途中,難免有損耗。為了保障朝廷一頭足額,就必須在納稅人這一頭加收。後來,明清時代的「耗銀」同此理。「省耗」特指五代時田賦附加稅,夏秋二稅每斗加收1升,即10%。現在,李嗣源一筆勾銷。前幾年朝政混亂,諸道州府欠租稅200多萬貫,927年,將諸道州府所欠租稅及部分夏稅全部放免。李嗣源關心民生,朝廷減省,他自己私生活也盡量簡樸。

李嗣源的運氣很好,連年風調雨順,五穀豐登。927年,一些地方斗粟不過10錢。這時,李嗣源像很多功成名就的帝王一樣有所鬆懈。馮道

---

[206] 同上,卷275,〈後唐紀〉4,P11,736。
[207] 同上,卷273,〈後唐紀〉2,17冊,P11,656、11,642、11,734。

不失時機進言:「臣以前在太原,奉命前往中山,路過險要的井陘關,擔心馬匹失足,自然而然會謹慎地抓緊韁繩。可是一到平坦大路就放鬆,不再注意,一不小心就跌倒在地。陛下不要因為豐收便放縱享樂,仍應該小心謹慎啊!」[208]李嗣源聽取。他雖然不知書,但很喜歡聽儒臣講解經義。有一次,李嗣源問:「如今天下豐收,百姓是否富足?」馮道說:「穀貴餓農,穀賤傷農,這是常理。」接著,馮道誦起聶夷中〈傷田家詩〉:

二月賣新絲,五月糶秋穀。

醫得眼下瘡,剜卻心頭肉。

我願君王心,化作光明燭。

不照綺羅筵,遍照逃亡屋。

馮道強調:「這詩語言雖然有些粗俗,但是農民生活的真實寫照。農民是士、農、工、商四者當中最辛苦,陛下不可不領會啊!」[209]李嗣源立即命侍臣將此詩錄下,經常誦讀,希望自己的君王心能化作光明燭,遍照天下百姓屋。

酒麴、鐵器歷朝多禁民間私造,而由官府壟斷專營。928年,李嗣源准許民間造釀酒,在秋稅時納麴錢,每畝減為5錢。931年,將此稅取消,城中官造麴半價,鄉村分文不取。又命諸道均民田稅,讓民自鑄農器及雜鐵器,夏秋徵農具稅3錢。李嗣源還規定,債主得到的利息,如果達到本錢的數額,就不得再收利息,只准收回本錢;如果利息累計本錢的兩倍,則本利都不准收,限制高利貸盤剝。他命各州將帳簿送到中書省,由中央統一徵收賦稅,不許地方官員插手。地方官不得科斂百姓,不得阻撓商旅。

---

[208] 《舊五代史》卷126,〈馮道傳〉,39冊,P1,155,「臣每記在先皇霸府日,曾奉使中山,徑井陘之險,憂馬有蹶失,不敢怠於銜轡,及至平地,則無復持控,果為馬所顛仆,幾至於損。臣所陳雖小,可以喻大。陛下勿以清晏豐熟,便縱逸樂,兢兢業業,臣之望也。」

[209] 同注206,卷276,〈後唐紀〉5,P11,796,「語雖鄙俚,曲盡田家之情狀。農於四人之中最為勤苦,人主不可不知也。」

第十二章 長興之治

　　党項等外族的馬原本以朝貢的方式送到京城，估其價值，加上他們的差旅費，每年花費50多萬緡，是一筆沉重的負擔。929年，令沿邊開設市場，專門交易党項馬，而不再進京，省下大筆資金。933年，鑑於西北諸胡賣馬往來的商人非常多，用絹交易，耗全國絹十之七，便改用錢幣交易。

　　馮道在燕王時期初仕，歷後唐、後晉、後漢、後周4朝，先後任後唐莊宗、後唐明宗、後唐閔帝、後唐末帝、後晉高祖、後晉出帝、後漢高祖、後漢隱帝、後周太祖、後周世宗10位皇帝的高官，期間還曾向遼太宗稱臣。為此，後世儒學史家對馮道非常不滿，歐陽修罵他「不知廉恥」，司馬光罵他「奸臣之尤」。其實，用現代話來說，馮道情商非常高，人氣非常旺，在事親濟民、提攜賢良等方面做得出色，當時朝野不論賢愚，都尊他為元老，喜歡稱頌他。[210] 難道說那個時代的朝野都「不知廉恥」而喜歡「奸臣之尤」？前文所述，馮道的諫言，對李嗣源這樣一個道地的武夫（不通漢文），君心化作光明燭，顯然發揮了作用。

　　司馬光惡評馮道，卻不能不讚李嗣源：「帝性不猜忌，與物無競……在位年穀屢豐，兵革罕用，校於五代，粗為小康。」[211] 很不謙虛的乾隆也忍不住讚道：「明宗本無欲立之心，資性寬厚，無苛猛之政。然目不識丁，而輔佐之臣不過馮道諸人，欲期致治之盛，亦已難矣。」[212] 在這裡，乾隆也肯定了馮道。

此外，還值得一說這時期的若干改革。

　　李嗣源監國時迅速推出的一系列新政當中，有一項是罷諸道監軍使，並盡殺之。「監軍」是代表朝廷協理軍務的官員，負責督察將帥。這種人

---

[210] 《新五代史》卷54，〈馮道傳〉，40冊，P403，「道少能矯行以取稱於世，及為大臣，尤務持重以鎮物，事四姓十君，益以舊德自處。然當世之士無賢愚皆仰道為元老，而喜為之稱譽。」
[211] 同注205，卷278，〈後唐紀〉7，17冊，P11,874。
[212] 《御製樂善堂全集定本》卷6。

事制度可以追溯到春秋時期，劉徹開始委派「監軍御史」，直至清朝，幾乎歷代都有。那麼，李嗣源為什麼對此恨之入骨，一上臺就要將其斬盡殺絕呢？

監督者與被監督者，不說貓與老鼠，也是貓與狗，難免「多管閒事」之怨。何況監軍使者往往受朝中某些惡勢力的指使，陷害正直的將領。唐朝初年派遣文臣監軍還稍好，後來派宦官，爭端就多了。李純曾經取消宦官監軍，將陷於強藩多年的河南、山東、河北等地拉回中央管轄。可惜好景不常，很快死灰復燃，大唐王朝最終死於宦官與藩鎮狼狽為奸。李嗣源本身也是藩鎮割據的產物，深知其害，因此迫不及待拿宦官開刀。宮中僅留30人，幾百名逃竄山林，不少被處死。

緊接著，李嗣源整治軍閥。第二年命魏州軍校趙在禮率3,500人戍盧臺軍，以備契丹，趙在禮拒絕。趙在禮不是沒道理，因為「這種職務上的調動，在當時往往是一種屠殺陷阱，被調動的將領一旦離開據點，失去自衛力量，在中途可能會受到處決」。[213] 所以，這時期常見拒絕調令。趙在禮不僅拒絕，而且率軍譁變。很快平息後，李嗣源毫不客氣將這3,500人及其所留家屬共萬餘人全部處斬，以致永濟渠水變赤。同年，宣武節度使朱守殷在汴州反，也迅速鎮壓。第三年，義武節度使王都陰謀聯合河北諸鎮，像唐末那樣割據世襲，不輸貢賦，不受徵發，李嗣源果斷命大將王晏球征討。王都引奚、契丹兵來援，王晏球將他們擊敗。契丹再發7,000騎援救，王晏球又將他們慘敗，俘其酋長等650人，死傷無數，逃脫僅幾十人。從此，契丹不敢進犯，改而遣使入貢。929年，王都再被王晏球大敗，舉族自焚。這樣，自唐以來長期桀驁不馴的魏博驕兵，終於被基本剷除。930年，規定諸道防禦使、團練使、刺史、行軍司馬、節度副使等職務，皆由朝廷授命，不允許自行奏薦，開始從制度上解決藩鎮問題。

---

[213] 柏楊：《中國人史綱》中冊，P223。

第十二章　長興之治

　　但此制度執行並不嚴。933年，夏州党項族定難軍節度使李仁福死，其子李彝超自為留後。「留後」是唐代節度使、觀察使缺位時設定的代理職稱。李彝超投奔契丹，李嗣源也被迫認了，只是將他改任延州刺史、彰武軍節度使，調原彰武軍節度使安從進為夏州定難軍留後，從而撤銷定難軍世襲割據，並遣5萬兵送安從進到夏州上任。對此，李彝超公然拒絕，緊閉城門。唐軍發起進攻，多日不克，只得退兵。李彝超上表謝罪，李嗣源有了些面子，就正式任命他為定難軍節度使，留下後患。

　　925年閩王王審知死，其子王延翰自稱威武留後。次年王延翰自稱大閩國王，立宮殿置百官，禮儀文物都仿照皇帝的規格。王審知的養子王延稟發動政變殺王延翰，推其弟王延鈞為威武留後。第二年，李嗣源正式任命王延鈞為威武節度使、琅邪王。933年，王延鈞稱帝，國號大閩，脫離後唐。從此，他們總認為國小地僻，小心翼翼處理四鄰關係，倒是勉強獲得安寧。[214]

　　南平王高季興經常截留各國貢品，同時又向諸國稱臣討賞賜，反覆無常，被稱為「高賴子」。他請求將夔州、峽州劃為他的屬地，李嗣源同意，只要求委派刺史。高季興只要地不要刺史，李嗣源大怒，除他的官爵。927年，李嗣源派大軍討高季興，收復夔州。第二年，高季興病死，其子高從誨繼位，吳國即命高從誨為荊南節度使。但高從誨認為：「唐近而吳遠，捨近臣遠非計也。」於是，上表向唐請罪，被李嗣源任命為荊南節度使，罷攻荊南的兵。但南平王這種臣屬只是表面，不接受對其內政的干預。

　　鹽有海鹽、池鹽、岩鹽、井鹽之分。四川產井鹽，但分布不可能均衡，自貢所產為上品，這樣會造成矛盾。唐時，劍南西川領鹽井13口，東川則領460口。928年，東川節度使董璋誘商人販他們的鹽到西川賣，

---

[214]　同注205，卷278，〈後唐紀〉7，P11,858，「閩主自以國小地僻，常謹事四鄰，由是境內差安」。

西川節度孟知祥感到被侵犯，便在兩地交界處設關徵稅，一年獲利達 7 萬緡。鹽商無厚利可圖，便不販東川的鹽了。這樣，兩地結怨。朝廷聞知，準備整治兩川。政策還沒發表，地方官聞風生畏，急尋對策。930 年初，董璋委派親信到成都求婚，請孟知祥之女嫁給董璋之子。孟知祥高興應允，即派使者回訪董璋的治所梓州，不僅聯姻，還決定齊心合力對抗朝廷的壓力。同年，李嗣源先後削董璋、孟知祥的官爵，並派天雄節度使石敬瑭率兵伐蜀。石敬瑭征蜀無功，又派樞密使安重誨前往督戰。這時，石敬瑭一次次上表明說蜀不可伐，李嗣源無奈。第二年，石敬瑭退兵北歸，孟知祥則趁機派兵掠地，連陷忠、萬、夔等州。李嗣源做出讓步，殺了安重誨，派人入蜀慰問兩川。但兩個親家與冤家的事還沒完，932 年，董璋反攻西川大敗，死者數千，降者萬人，僅董璋本人帶著數騎逃回梓州，又被他部下所殺。孟知祥趁勝，將兩川合併。第二年，李嗣源姑息遷就，命孟知祥為東西川節度使，封蜀王。934 年，孟知祥稱帝，為後蜀高祖。

當時稱帝如同現代時裝風尚，很流行，變化快。「五代十國」的說法是漢族中心觀念的一種表現，只是宋人按他們自己當時勢力範圍計算。[215] 其實，後蜀、南唐、後漢等許多王朝的君主都不是王，而自稱皇帝，只是沒有獨立的年號。按現在行政區看，契丹、南詔、于闐等也當計算在「十國」之內，那就不止十國了。

去脈：親子、養子與女婿

燭的光明是有限的，照不了多遠，也照不亮自己身邊 —— 所謂「燈下黑」。李嗣源的光明燭也如此。不能說李嗣源命薄，因為他死時 67 歲，在

---

[215]　《中國的歷史・宋朝》，P31、32。

第十二章　長興之治

那個時代，已經算高壽了。只能說他出道太遲，在位僅短短 7 年時間。他一死，蠟炬成灰，整個屋子又黑。

　　李嗣源還沒斷氣，他的兒女們就等得不耐煩。他親生兒女眾多，還有養子李從珂，也送養子給別人。平民百姓多子多福，帝王多子就多難了。早在李嗣源即位時，長子李從璟已被殺，這就帶給次子李從榮希望，可是盼了一年又一年，還沒落實。933 年，連一些大臣都等到不耐煩，紛紛上書請立李從榮為太子。李嗣源發牢騷：「天天吵著立太子，看來我該去養老了！」結果還只是任命他為天下兵馬大元帥，而不是太子。李從榮有個胞弟李從厚，相貌酷似李嗣源，從小深受父母寵愛，在朝野頗有人望，這讓李從榮極為不安。人在不安的狀態下很容易激動，做出傻事。李嗣源病情加重，李從榮再也坐不住了，突然率牙兵列陣於天津橋，準備入宮奪位。朱弘昭、馮贇等大臣連忙入宮稟報李嗣源，奉旨指揮禁軍平亂，李從榮兵敗被殺。這樣，李嗣源病情加劇，才決定由李從厚繼位，立即將他從魏州召回。沒幾天李嗣源就死了，21 歲的李從厚登基。

　　李從厚入主中興殿，學習《貞觀政要》和《太宗實錄》，勵精圖治。然而，執政能力不可能一步登天大提升。朱弘昭、馮贇等人自恃有擁立之功，很快專擅朝政，並掌控禁軍兵權。李嗣源的養子李從珂、女婿石敬瑭，都是戰功卓著的大將，也受排擠。

　　第二月，李從珂起兵，集聚鳳翔，準備進京「清君側」。李從厚慌忙徵調六鎮節度使討鳳翔，大舉攻城，死傷嚴重。李從珂絕望之時，突然脫去上衣，露出一個個傷疤，站到城牆上哭訴：「我自小跟隨先帝出生入死，身經百戰，才有今天的江山。現在，朝廷寵信佞臣，骨肉相殘，你們為什麼要捲入！」諸軍感動，紛紛倒戈。李從珂轉敗為勝，乘勢攻入西都長安。李從厚聞訊，驚慌失措，在朝堂上大斥朱弘昭、馮贇等人：「朕本來無意奪位，都是你們所擁。朕幼年，將朝政委託於你們，不想如此。

如今，你們還有什麼辦法？如果沒有，朕去迎潞王（李從珂），以帝位相讓，縱然死也心甘。」[216] 其實李從厚並沒有死心，轉身就遣使宣召石敬瑭入朝，命他率軍抵禦李從珂東進。李從珂則傳書慰撫京中百官，稱入京只誅朱弘昭、馮贇兩族。這樣，百官爭相依附，並有人趁機殺了朱弘昭、馮贇，將他們的首級送往李從珂軍中。李從厚變孤家寡人，只好逃奔魏州，途中遇到石敬瑭，不禁大喜。孰料，石敬瑭將李從厚安置在驛館，殺了他的侍衛，繼續趕赴洛陽投奔李從珂。李從珂進京後，以曹太后的名義，將李從厚廢為鄂王，兩日後，在李嗣源柩前即位。然後，命大臣鴆殺李從厚。李從厚不肯喝鴆酒，被繩子勒死。

李從珂上臺沒幾天，與石敬瑭的矛盾日益尖銳，忙遣武寧節度使張敬達駐代州，牽制並監視石敬瑭。936年，李從珂調石敬瑭為天平節度使，企圖削石敬瑭的兵權。石敬瑭覺得事態嚴重，拒絕調令，並上表指責李從珂養子繼位非法，應讓給李嗣源親生的第四子李益。李從珂看了這疏的心情可想而知，立即命張敬達率兵數萬，與各鎮聯合討伐。石敬瑭的遭遇令人同情，然而他在這種情況下，做了一個遺臭萬年的決策：向契丹求援，許諾打敗李從珂後，以父禮相事，並割讓燕雲十六州。

遼帝耶律德光喜出望外，親率大軍擊潰李從珂，讓石敬瑭接任。耶律德光比石敬瑭小10歲，卻在冊立詔書中寫道：「朕視你為兒子，你待朕像父親……朕與你永遠為父子，同保江山永固！」[217]

石敬瑭改國號為晉，史稱後晉，每年向遼進貢30萬金帛，並真割讓燕雲十六州。這樣，長城對中原沒了意義，遼距開封1,000來里地一馬平川，沒有任何要塞可擋，敵騎很容易直抵城下。所以，大臣劉知遠慌忙進

---

[216] 同注205，〈後唐紀〉8，P11,892，「先帝棄萬國，朕外守藩方。當是之時，為嗣者在諸公所取耳，朕實無心與人爭國……今事至於此，何方可以轉禍？朕欲自迎潞王，以大位讓之。若不免於罪，亦所甘心。」

[217] 同注208，卷75，〈晉高祖紀〉1，39冊，P687，「余視爾若子，爾待予猶父也……朕永與為父子之邦，保山河之誓。」

第十二章　長興之治

諫:「稱臣納幣都可以,稱父就過分了,割地則將來可能成為中原的大患啊!」[218] 劉知遠說的是實情。想當年「安史之亂」,李氏皇帝不是兩度從回紇借兵,許以洗劫京城的條件嗎?可這回以父相稱太過,以地相讓則後患無窮。為此,柏楊憤怒地寫道:

> 任何國家都免不了有賣國賊,但主動找到外國主子,把國土獻到門口,又恬不知恥地稱父稱兒的行徑,卻很少見。石敬瑭在歷史上留下使中國最難堪的一頁。但差可告慰的,他是沙陀人,不是漢人。[219]

李從珂見大勢已去,帶著傳國玉璽與曹太后、劉皇后以及兒子等人登上玄武樓,自焚而死,後唐遂亡。此距李嗣源死,僅僅3年。

---

[218] 同注205,卷280,〈後晉紀〉1,18冊,P11,944,「稱臣可矣,以父事之太過。厚以金帛賂之,自足致其兵,不必許以土田,恐異日大為中國之患,悔之無及。」

[219] 同注213,P226。

第十三章
咸平之治

【提要】

宋真宗趙恆當政時期（997～1022年），與遼和平，大力發展民生與平民文化，工業化、商業化、貨幣化和城市化遠超世界其他地方，盛況遠邁「貞觀之治」、「開元盛世」。

宋時沒什麼王族爭位，也沒什麼大臣叛亂，似乎大家都埋頭享樂去了，對皇位再沒人興趣。看來，人欲橫流要比官欲橫流好。

第十三章　咸平之治

來龍：「燭影斧聲」

976 年趙匡胤突然死了，人們懷疑是趙光義的陰謀，史稱「燭影斧聲」，詳見《春之卷》第七章。儘管被「燭影斧聲」的陰影籠罩，趙光義還是很想有一番作為。先後平泉漳二州、吳越與北漢，結束自唐末以來近 90 年藩鎮割據的局面。趙光義還不滿足，不顧眾臣反對及將士疲憊，直接從太原出發征遼國。

遼與宋是一對歡喜冤家，生來為敵，雖然結盟百年，最後還是魚死網破。前一段時間，遼在忙鎮壓原渤海國的叛亂活動，宋則忙於對付西夏的侵擾。這時期，遼宋相對平靜。曾有 100 多名契丹人入宋境搶劫，耶律隆緒詔令誅殺那些劫匪，並將他們所搶財物送還宋國。這顯示，耶律隆緒不想惹事生非。

不過這是一種假象，真相是雙方都在醞釀決一死戰。宋的北伐開始還算順利，一度收復易州和涿州。但在圍攻燕京時，趙光義中箭，只得乘驢車倉皇撤離。隨後，不時有些小規模戰爭。趙光義想大舉進攻幽州，被勸阻。養精蓄銳後，986 年初，趙光義遣 5 位大將，分東中西 3 路大舉北伐，想收復燕雲十六州，又失敗。第二年想大舉復仇，宰相李昉等大臣連忙勸阻，趙光義不得不再忍了。

趙光義召大將潘美、田重進及崔翰等入朝，親授〈御製平戎萬全陣圖〉。冷兵器時代十分重視軍隊布陣，趙光義親自研究陣法。這份〈御製平戎萬全陣圖〉撰寫得很具體，相關專家認為「平戎萬全陣」明顯是以步兵為主的陣法，展現以步制騎的戰術。從該陣法布局上看，步、騎、車排列整齊有序，氣勢不可謂不壯觀，但從實戰角度而言，卻不能不說存在重大缺陷。[220] 據記載，〈御製平戎萬全陣圖〉總共才出現兩次，一是 979 年

---

[220] 陳峰：〈「平戎萬全陣」與宋太宗〉，《歷史研究》，2006 年第 6 期。

第一次北伐時，再來就是這次。北伐失敗後，趙光義一方面調整策略，暫時採取守勢，另一方面，吸取部分將領試圖擁戴宋太祖之子的教訓，透過御賜陣法、陣圖之舉，約束統軍將帥。事實上，「平戎萬全陣」損害了軍隊的戰鬥力，造成軍事將領唯命是從，無所作為。後來，王安石曾勸諫「誠願不以陣圖賜諸將，使得應變出奇，自立異效」，晏殊也請求「不以陣圖授諸將，使得應敵為攻守」。不過，這圖不完美，那是另外的話題，重要的是，由此可見趙光義北伐的野心被遏制，只能「望圖止渴」。

趙光義把精力轉向國內，進一步加強中央集權，更換一大批幕府成員，徹底改變武人當政的局面，鞏固文官政治。設考課院，擴大科舉取士人數，第一次科舉就比趙匡胤最多時增加兩倍之多。他本人有才，喜好詩賦與書法，善長草、隸、行、篆、八分、飛白6種字型，尤其善書飛白體，「淳化元寶」是他親自題寫的。他組織編纂大型類書《太平御覽》、《太平廣記》，在五臺山、峨嵋山、天臺山等地建造不少大寺院。

趙光義的長子趙元佐自幼聰明，父子最像，又有武藝與實戰經驗，本來是最合適的接班人。不想趙元佐發瘋，到火燒宮院的地步，被廢為庶人。次子陳王元佑也不錯，有些疏論還被採納，但暴死。只剩三子趙恆，趙光義變得小心翼翼，生怕又出什麼意外。997年趙光義崩，趙恆登基，為宋真宗。

趙恆是幸運的，但也不是風平浪靜。太監王繼恩和李皇后謀劃宮廷政變，被宰相呂端很快挫敗，有驚無險。此後倒是沒什麼王族爭位，也沒什麼大臣叛亂，似乎大家都埋頭享樂去了，對皇位再沒人有興趣。這種安寧是難得的。

第十三章 咸平之治

最大亮點：和平與發展

早在 1001 年，趙恆便對近臣表示：「經國之道，必以養民務穡為先。朕常冀邊鄙稍寧，兵革粗足，則可以力行其事，使吾民富庶也。」[221] 趙恆的和平思想是由衷的。1004 年，大宋終於與遼國簽訂「澶淵之盟」（詳見《春之卷》第九章），長期和睦相處。雙方相稱，有時去其國號，只稱南朝、北朝，真像兄弟一般。這樣，大宋的主要精力轉移到經濟、文化建設方面。

一、文化建設

1014 年，趙恆要求新印《孟子》，與後來的朱元璋正好相反。孟子晚孔子 100 年左右，繼承發展孔子的「仁政」思想，與孔子並稱「孔孟」。但他們的思想實際上有很大的不同，孔子仁政的出發點是君王，強調「君君臣臣」；孟子仁政的著眼點是民，強調「民貴君輕」。可以說，他們兩人有的觀點相反，幾乎矛盾。因此，孟子常受統治者冷落。趙恆將孟子抬出來，大概因為他們的民本思想相通吧！儒家先哲各有所長，也即各有所短。

古代很多人寫過〈勸學詩〉，激勵青少年努力讀書，影響最大莫過於趙恆這首：

> 富家不用買良田，書中自有千鍾粟。
> 安居不用架高堂，書中自有黃金屋。
> 娶妻莫愁無良媒，書中自有顏如玉。
> 出門莫愁無人隨，書中車馬多如簇。
> 男兒欲遂平生志，五更勤向窗前讀。

---

[221]　《續資治通鑑》卷 22，〈宋紀〉22，2 冊，P517。

特別是「書中自有黃金屋」、「書中自有顏如玉」兩句，現代人還經常掛在嘴上。從此，無數男人以讀書為職業。據統計，一般24歲通過鄉試，平均31歲成為舉人，36歲成為進士，總共得花在考場的時間為160多天。

為適應這種新形勢，首先大力發展教育。1001年，趙恆要求各路、州、縣都必須有學校，並賜《九經》。《九經》是五代馮道刻印的經典，圖書從此開始由手寫轉為印刷。「九經」包括《周易》、《詩經》、《尚書》、《周禮》、《禮記》、《儀禮》等。

唐代科舉的推薦色彩還很濃厚，所以舉子在考前就要想方設法求見主考官，交上自己的作品，叫「行卷」或「溫卷」。流傳給我們的唐詩，很多就是這樣的「卷子」。宋朝不一樣了，趙匡胤和他的子孫有諸多改革，推薦色彩迅速黯淡，而越來越嚴於現場考試。因為有人投訴評卷不公，992年改用「糊名法」，即將試卷的姓名糊去，只按卷面優劣評判。糊名後，考官雖然無法看出舉子的姓名，但還可能認出舉子的字跡或暗記。所以，1005年趙恆親自主考時，進而實行「謄錄法」，即考完後不僅糊去姓名，還將卷子另外請人統一抄一份，提供給閱卷官。不久專設謄錄院，納卷後密封卷頭，編寫字號，發送謄錄院，在宦官監督下，由謄錄官指揮數百名書手抄錄成副本，然後才送考官。各級貢院也設謄錄院，這是中國科舉史上一大創舉，比現代考試還嚴。這樣，窮人的孩子與官宦子弟站在同一條起跑線上，所錄取之人才更有保障。

隋唐至宋初開科的時間沒有明確，由皇帝臨時定。978年冬，各州舉人已匯集京城，因趙光義要親征北漢，臨時罷停。又因為錄取率大為提高，而官位有限，也得等一、兩年消化之後再進行。993年至997年，則因為趙光義身體欠佳，連續5年沒開考。998年，趙恆上任第二年恢復科考，當年取進士50人、諸科150人，從此開考較頻繁。

第十三章　咸平之治

科考最後一關「殿試」，皇帝親自出題考試，武則天首創，入宋後成為標準。這一關，一是要敲定誰進士誰落第；二是在進士中區分三等，第一甲為「進士及第」，第二甲為「進士出身」，第三甲為「同進士出身」，三甲三等作為授予不同等級官職的依據。第一甲中前 3 名，第一名相當於現代冠軍 1 人，稱「狀元」；第二名相當於「亞軍」1 人，稱「榜眼」；第三名相當於季軍 1 人，稱「探花」。狀元的意義，即使千百年後的今天，想必不用解釋。我想說的是在這一關當中，仍然存在的兩個問題。

一是殿試黜落，即最後一關以莫名其妙的理由將進士資格刷掉。當時社會流行俗語說世上最倒楣的 4 樁事：一是十年久旱逢甘雨，雨中冰雹敗稼；二是萬里他鄉遇故知，故知是討債人；三是和尚洞房花燭夜，娶得石女；四是金榜題名時，複試被除名。最後說的就是殿試被黜落，簡直是煮熟的鴨子飛了！殿試淘汰的比例沒有固定，或 1/3，或 1/2，或 2/3，有些倒楣鬼會一連被黜落幾次，你想那心情如何？柳永就是其一，他落第之際悲憤不已，揮筆寫下新詞〈鶴沖天〉，自稱是開明時代的「遺賢」，才子沒當官也是「白衣卿相」，沒什麼好沮喪。何況煙花妓館還有美人可親可愛，這才是人生最暢快的事。算了吧！不妨將那虛名換杯美酒！[222] 這當然是柳永的氣話，可是皇上讀到這首〈鶴沖天〉也很生氣。柳永第 N 次參加科考殿試的時候，好不容易衝到金榜題名時。宋仁宗趙禎看到柳永的名字，不由生氣，怨道：「你不是沉湎聲色嗎？求什麼功名，繼續填詞去吧！」[223] 趙禎大筆一揮，柳永的題名在放榜之時又飛了。更有甚者氣不過，公然跑敵國去，為他們攻宋出謀劃策，這樣輪到官方悲憤，但只能拿叛逃者的家屬出氣。這樣的事一多，大家反思，認為將人才逼到敵人那邊

---

[222] 柳永：〈鶴沖天〉，「黃金榜上，偶失龍頭望。明代暫遺賢，如何向？未遂風雲便，爭不恣狂蕩。何須論得喪？才子詞人，自是白衣卿相。煙花巷陌，依約丹青屏障。幸有意中人，堪尋訪。且恁偎紅翠，風流事、平生暢。青春都一餉，忍把浮名，換了淺斟低唱！」

[223] 吳曾：《能改齋詞話》，「且去淺斟低唱，何要浮名。」

去,太不值得,這才改為保留殿試形式,而不再黜落。

二是誰當狀元往往決於一些偶然因素。南方開發很遲,宋以前很少看到福建人的身影。在《宋人軼事匯編》中,福建人就多了,可是形象欠佳,有的嫌「福建子難容,終會作文字」;有的嫌福建人說話難懂;有的嫌福建人好酒。寇準不論在官方還是民間,都是英雄般的人物,趙恆時期兩度入相,但他非常歧視南方人,認為「南方下國人,不宜冠多士」。無獨有偶,司馬光則認為「閩人狡險,楚人輕易」,也排擠南方人。1005年,江西晏殊與河北人爭狀元時,寇準硬要排擠晏殊,最後是趙恆主持公道,才取晏殊。1015年,江西蕭貫與山東蔡齊最優,寇準又說:「南方人不宜做狀元。」最後取了蔡齊,他還向同事們炫耀:「我又為中原奪得一狀元!」所以我想說:進士與非進士一般有些差距,而狀元與榜眼難有學問上的差別。事實上,歷代狀元(包括當今所謂「狀元」)最終能有建樹的少得可憐,這是教育的悲哀。

狀元與進士們及第後那榮耀是非凡的。趙恆許諾的是:千鍾粟,黃金屋,顏如玉,車如簇,以及男兒平生所志的一切。

至此,「唐宋變革」脫穎而出。有一個角度可以將中國數千年歷史一分為二,這就是:宋之前可謂貴族——半貴族社會;宋開始迄今可謂平民社會。

二、經濟建設

趙恆務實,不受阿諛奉承所矇蔽。有次地震,相關官員說是「熒惑犯鬼」之類,另有大臣隨即拍馬屁說:「陛下克己愛民,河防溢而不決,歲復大稔,此聖德格天怵。」趙恆生氣說:「天不欲困生靈耳,豈朕德能感之!自此益須防戒。」[224] 實實在在做好防災、減災工作,大力發展社會經濟。

[224]　同注221,P516。

第十三章　咸平之治

農業：1004年簽訂「澶淵之盟」實現和平，第二個月，趙恆便減河北各州士兵1/2，減邊境士兵1/3，戍邊的丁壯全都遣返回籍務農，由官府提供耕牛，並推廣淮、楚一帶的踏犁，使北方沿邊地區的農業生產得以恢復和發展，百姓生活逐漸安定。

將農業法規匯編成《農田敕》，還有《四時纂要》、《齊民要術》等，多次印刷，分發地方官，用以指導農村工作。《農田敕》共5卷，丁謂編纂，實用性強。《四時纂要》是唐韓鄂撰，月令體，既是唐五代農業科技的真實紀錄，也是當時農村社會生活的真實紀錄，農家的實用全書。《齊民要術》更著名，是北魏賈思勰所著的綜合性農書，也是世界農學史上最早的專著之一。

趙恆要求各級地方長官兼職勸農，負責指導「三農」（農村、農業、農民）工作。一般說來，路轉運、提刑的正副使、知州以上為「勸農使」，通判為「勸農事」，縣令為「勸農公事」。其職責為稽核民籍，勸恤農民耕墾，招集流散民眾，檢括賦稅，統領農村相關各類事。

「占城稻」是占城水稻良種，一是抗旱力強，二是適應性強，三是生長期短（僅50餘日），北宋初年傳入中國，在福建一帶試種，效果很好。1012年，趙恆命人到福建取占城稻種3萬斛，分發江、淮、兩浙3路推廣。

稅賦：宋初沿襲舊制，由三司統管鹽鐵、度支、戶部。這裡「鹽」指食鹽生產及專賣，「鐵」泛指礦冶（包括銀、銅、鐵、錫等）徵稅，鹽鐵一般合併。度支掌管全國財賦統計與支調。這些機構幾次調整，1003年罷三部使，併鹽鐵、度支、戶部為一使，總領國家財政。在唐「市舶使」基礎上，趙恆在杭州、明州設「市舶司」，專門管理外貿，更接近現代海關了。

早在宋元之際就有人指出：「古人之立法，惡商賈之趨末而欲抑之。後人之立法，妒商賈之獲利而欲分之。」[225] 此言甚是。宋自立國之初，

---

[225]　《文獻通考》。

便採取一系列惠商、恤商之策，國家財政從中獲利巨大。同時鼓勵官民享樂，拉動內需，城市經濟十分活躍。實行了 1,000 多年的城市「坊牆」被徹底打破，城市的商業日益活躍。京城大相國寺中庭、兩廡可容萬人，「每一交易，動計千萬」；馬行街「夜市直至三更盡，才五更又復開張」；許多場所通宵營業，「大抵諸酒肆瓦市，不以風雨寒暑，白晝通夜」。[226] 京城人口增至 100 多萬，其中妓女 1 萬，充斥酒樓、茶坊。酒類消費大增，1/3 的田種酒糧還不夠。歷代最主要的農業稅退居次要，而以前不太顯眼的商稅、專賣稅、礦產稅上升為主要稅。北宋時商稅占財政總收入的 10% 左右。稍後還有數據顯示，80% 的商稅來自鄉鎮小市場，由此可見當時商品經濟發展不僅只是若干大城市。

趙恆強調酒茶稅官用，但要求不得加賦斂，而應節約，減輕百姓負擔。鑑於浮梁、婺源、祁門溪灘路險，轉運困難，便在饒州設茶倉，方便茶農就地繳納。1002 年，派員到陝西各州收酒類專營業稅，當年本項收入達 25 萬。酒稅本來由各地轉運使徵收，中央又派檢查組下去督收，兩路人馬拚政績，可苦了百姓。於是，趙恆要求取一年中的平均數為定額，不得加收。湖南一帶，五代時橫徵暴斂，每年交納絹稱「地稅」。宋初那裡徵稅，規定每間房屋折交絹 3 尺，稱「屋稅」；耕牛每年需折交米 4 斛，牛死後照常交納，稱「枯骨稅」；交納茶葉以 9 斤為 1 大斤，後來增加到 35 斤為 1 大斤。潭州知州上書，請求免除湖南地、屋稅和枯骨稅，稅茶定 13.5 斤為 1 大斤，得到批准。地方官請免河北農器稅，趙恆卻說：「務穡勸耕，古之道也，豈獨河北哉！」一舉將各地的農器稅全免了。

青黃不接之時，百姓一般較困難，常常要向富豪借錢才能納稅。又因為要償還拖欠，織布的利潤更薄。為此，999 年改為預買絹，即官府預付帛錢，以便百姓及時交納布帛，既讓百姓獲利，又保障官府足用。河北轉

---

[226]　孟元老：《東京夢華錄》。

運使建議在河北試行，隨後全面推廣。1016 年，國庫受災，官府以 2,000 萬緡預購京東綢絹。當時青州、齊州一帶絹，市價每匹 800 貫，綢每匹 600 貫，官價則絹每匹 1,000 貫、綢每匹 800 貫，極為利民。隨後，預買絹也遍行諸道。

交通運輸：四川一帶統一後，每年供絹綢以萬匹計，由鄉里役民輸運。然而，從嘉陵江到荊江險灘太多，往往有近半貨船遭沉覆，經常有役民為賠償損失而破產。益州知節選拔官吏 20 名，專門負責舟運之事，12 船編為一綱，每綱由 2 名官吏主事，每 3 年一輪換，從此船運暢通無損。南方各路漕運進京的物資，從真州、揚州發運，進入淮河、汴河，歷經 5 堰，糧漕一次次搬運，船夫一次次牽挽，船很容易毀壞。於是開掘揚州古河，河渠繞城與運河相通，撤去龍舟、新興、茱萸 3 堰，1019 年竣工，使漕道暢通，每年節省官錢 10 萬。

工業：999 年，河東轉運使上書說採出的鐵礦很多，足夠各州軍需幾十年，請求暫停採礦，讓礦工休息，趙恆同意。

林業：1016 年官員上書，說多路百姓缺乏做棺材的木料，建議在官道旁植榆柳，或在其他閒地種雜木，六、七年即可成材。除做棺木外，夏季還可以讓行人避暑。趙恆覺得有理，當即批覆同意。

市政建設：1002 年，趙恆派員擴寬京城街巷路面。因為涉及一些顯貴權要邸舍的拆遷，反對意見很多，被迫停止。負責官員面陳後，趙恆同意繼續實施。於是，首先強拆權貴人物的房屋，又條擬開封城路巷寬度及早晚鼓禁的規定，公之於眾，使工程順利進行。

1003 年，全國人口從 997 年的 400 萬戶增加到 686 萬戶，短短幾年成長 46%。唐代墾田數最多 5 億畝，趙恆時期增加到 5.2 億多畝。畝產量從唐代的 2 石，提高到 3 石（南宋達五、六石）。農業豐收，農村發展，農民也就幸福。991 年酒類稅 121 萬貫，1019 年暴漲至 901 萬貫，增加 6 倍多。

國家財政收入增加,而皇室不奢侈,用於社會各項福利事業隨之大增。

趙恆也是一名詩人,除了那首「書中自有顏如玉」,還有《御製集》300卷,今僅存〈玉京集〉6卷,《全宋詩》錄其詩22首。他在〈觀龍歌〉中抒寫他身為帝王的心跡:

我睹真龍幸不驚,至誠祝龍龍好聽。

但祈風雨年年順,庶使倉箱處處盈。

趙恆真摯地希望普天下家家戶戶的糧倉都豐盈。那麼,天下究竟有多少財富?趙恆要求三司史陳恕作個專題匯報,陳恕卻遲遲沒呈報。趙恆生氣了,令宰相去追。陳恕只好說出原委:「天子還年輕,如果讓他知道國庫富有,我怕他會生奢侈之心。」[227]

既然陳恕不肯說,我們還是看看現代專家怎麼說吧!《世界經濟千年史》一書有大量圖表,其中一張圖很能說明本書所關注的問題:西元400年,即北魏東晉時,人均GDP與西歐似乎一樣,此後西歐下滑,北魏東晉保持發展。至1000年左右,即「咸平之治」時期,忽然開始上升。(詳見《春之卷》第十三章)

開封成為當時世界最繁華、最著名的國際大都會。當時京城常住人口達150萬,比現在開封市區人口多一倍,比唐時長安更繁華,來華的外國人無論國別還是數量,都超過唐朝。外來新移民有來自西域、阿拉伯和朝鮮、日本及今非洲、歐洲等地,有駐華使臣、武士、僧侶、教徒、商賈、獵手、藝人、奴婢和留學生等。特別是穆斯林,他們在開封一住就幾年、幾十年,甚至在此傳宗接代,參加科考,並為官,有規模不小的穆斯林公共墓地。開封到19世紀後期還保留猶太教堂。大宋的船隻航行到印度洋各地,甚至到非洲的索馬利亞。

---

[227] 《宋史》卷267,〈陳恕傳〉,48冊,P7,553,「陛下富於春秋,若知府庫充實,恐生侈心,臣是以不敢進。」

第十三章　咸平之治

史家普遍認為：北宋是中國政治、經濟、文化高度發展的巔峰時期，在工業化、商業化、貨幣化和城市化方面，遠遠超過世界其他地方。有人說：「西元960年宋代興起，中國好像進入了現代，一種物質文化由此展開……大城市裡的生活程度，可以與世界上任何其他城市比較，而無遜色。」[228] 還有人描述：

> 隨著貴族日益沒落，難以插手地方政務，縣官的權威日益增加，成為皇家權威在基層社會的唯一代表。但每個縣下轄很多村莊，縣官無暇管理所有村莊的內部事務。只要保證稅收及時繳納、社會秩序井然，村莊的行政事務就交由本村的菁英自行處理。因此，宋代的農民不僅更自由、更富裕，也享有高度的自治。[229]

或許可以說，宋朝是個皆大歡喜的時代。「咸平之治」也有人稱「真宗之治」。

去脈：「仁宗之治」

1022年趙恆去逝，太子趙禎繼位。這時趙禎才13歲，按以往，又會有麻煩，又該周公或太后出場。趙禎由劉太后攝政，沒出現麻煩。不過說起來也不太清靜，民間婦孺皆知的「狸貓換太子」就發生在此時，趙禎就是那位太子。清代著名小說《三俠五義》寫此事，隨後諸多戲劇，大意說劉妃與太監郭槐合謀，以剝皮狸貓調換李妃所生嬰兒，李妃還被打入冷宮。趙禎即位後，包拯偶然聽聞，公正處理此冤案，迎李妃還朝。

事實也大致如此。李妃本是劉后當妃子時的侍女，後來被趙恆看中。

---

[228] 黃仁宇：《中國大歷史》，P140。
[229] 《哈佛極簡中國史》，P125。

趙恆曾經生過 5 個男孩，先後夭折。李妃產下一個男嬰，趙恆喜出望外，非常疼愛。但在趙恆的默許下，被未生育的劉氏據為己子，而李妃懾於劉后權勢，不敢反抗，別人也不敢洩密。直到 1032 年李妃去逝，第二年劉太后病逝，趙禎親政，這個祕密才逐漸公開。趙禎知道真相後非常悲憤，一邊派兵包圍劉后的宅院，一邊親自趕赴安放李妃靈柩的洪福院。趙禎懷疑自己的親生母親死於非命，一定要開棺驗真相。當棺木開啟，只見以水銀浸泡的李妃容貌如生，神情安詳，服飾華麗。趙禎嘆道：「看來，人言不能盡信啊！」[230] 他隨即下令撤退包圍劉宅的兵士，厚待劉氏家人，不再追究此事，集中精力當好皇帝。

　　有驚無險，趙禎也是個難得的好皇帝！

---

[230]　同注 227，卷 242，〈李宸妃傳〉，P7,155，「仁宗嘆曰：『人言其可信哉！』遇劉氏加厚。」

第十三章　咸平之治

第十四章
仁宗之治

【提要】

宋仁宗趙禎當政時期（1022～1063年），「慶曆新政」推行政治、經濟方面改革，人口與稅收大幅成長，湧現指南車、活字印刷等先進科技。

范仲淹的改革失敗了，不久王安石也失敗，「三冗」等弊政像癌細胞一樣，很快發展到晚期。

第十四章　仁宗之治

來龍：「咸平之治」

宋真宗趙恆當政時期（997～1022年），與遼和平，大力發展民生與平民文化，工業化、商業化、貨幣化和城市化遠超世界其他地方，盛況遠邁「貞觀之治」、「開元盛世」，被譽為「咸平之治」。詳見前章。

最大亮點：改革與創新

中國歷史上很少有朝代像宋朝那樣，願意去重塑和改革整個社會。有些歷史學家甚至把宋代稱作開啟現代性曙光的中國「文藝復興」時代。「改革」是理解11世紀宋代政治的關鍵詞。[231] 具體來說，改革重點始於趙禎時期，史稱「慶曆新政」。

宋朝開國至此一路盛世，甚至有人稱仁宗趙禎「聖治」，殊不知隱患也日漸顯露。趙禎上臺的時候，史稱：

承平既久，戶口歲增，兵籍益廣，吏員亦眾，佛、老、塞外，耗蠹中國，縣官之費，數倍昔日，百姓亦稍縱侈，而上下始困於財矣。[232]

為此，大臣李諮就呼籲：「陛下宜與公卿大臣朝夕圖議而救正之。」於是，君臣開始探討怎麼裁減冗費等改革問題。

宋代主要問題是「三冗」，即冗官、冗兵與冗費，前二者是其三的主因。冗官問題肇始於北宋初年，形成於真宗末年，嚴重於仁宗、英宗之際，惡化於北宋末年，而極濫於南宋。冗兵現象則漸顯於太祖末年，蔓延

---

[231]　《哈佛中國史·宋的轉型》，P2、47。
[232]　《續資治通鑑》卷36，〈宋紀〉36，2冊，P810。

於太宗朝，緩和於真宗朝，惡化於仁宗、英宗二朝。二者均在趙禎時步入高峰。與西夏戰事興起之後，財政問題更趨嚴重。幸好不乏有識之士，「常患法之不變」[233]。

然而，另一種社會思潮也差不多發展到了高潮，這就是「祖宗家法」。學者認為，祖宗之法的培養形成及其良性執行，大體上是在這個時期。這時期的大臣們陶醉得很，有的往前吹幾千年：「我宋立國大體，兵力雖不及於漢唐，而家法實無愧於三代」；有的往後吹數萬年：「漢唐之亂，或以母后專制，或以權臣擅命，或以諸侯強大，藩鎮跋扈，本朝皆無此等，可以見祖宗家法，足以維持萬世」，不許別人非議，殊不知「三冗」像三隻水鬼一樣正在將大宋往深淵裡拖。學者指出：「趙宋的『祖宗家法』，自其不容輕議之日起，即無可挽回地走向了它的反面。」[234]

趙禎上臺不久，組織清理法規，擬對不大適合現實的條規進行修改，卻遭反對。趙禎發牢騷：「有人說先朝的詔令不可輕改，有道理嗎？」大臣王曾說：「此憸人惑上之言也。咸平中，刪太宗朝詔令，十存一二。蓋去其繁密之文以便於民，何為不可！今有司但詳其本末，又須臣等審究利害，一一奏稟，然後施行。」[235] 在王曾這樣大臣的支持下，趙禎恢復了改革的信念。

◎前期

從改革角度來說，范仲淹沒王安石名氣大，但是先有范仲淹，後有王安石。范仲淹1015年由「寒儒」進士及第，在基層工作多年，頗有政聲。1027年為母守喪，居應天府，晏殊邀請他到府學任職。但范仲淹更關心的是朝政，有非常清醒的認知。他說：「歷代之政，久皆有弊，弊而不救，

---

[233] 《龍川先生文集‧銓選資格》：「方慶曆、嘉祐，世之名士常患法之不變也。」
[234] 鄧小南：《祖宗之法：北宋前期政治述略》，P294、487。
[235] 同注232，卷37，〈宋紀〉37，2冊，P839。

第十四章　仁宗之治

禍亂必生」，而「中國家革五代之亂，富有四海，垂八十年，綱紀制度，日侵月削」，現在「不可不更張以救之」。[236] 第二年末，他上萬言書，奏請改革吏治、裁汰冗員、安撫將帥等一系列。

在宰相王曾與晏殊力薦下，趙禎召范仲淹入京，任祕閣校理，負責宮中圖書典籍校勘和整理。但范仲淹的心，不願束縛在圖書館。1029 年冬至，趙禎準備率百官為太后祝壽。范仲淹認為此舉混淆家禮與國禮，便諫言勸阻。趙禎未答覆，范仲淹又上書太后，請求還政，石沉大海。晏殊大驚失色，批評他過於輕率，不僅有礙自己的仕途，還會連累舉薦之人，即晏殊。為此，范仲淹回一封長信〈上資政晏侍郎書〉，申明自己的政治立場，表示：「侍奉皇上當危言危行，絕不遜言遜行、阿諛奉承，有益於朝廷社稷之事，必定秉公直言，雖有殺身之禍也在所不惜。」他請求離京，任河中府（今山西永濟）通判，次年調陳州（今河南周口）通判。

雖遭挫折，范仲淹仍多次上疏議政，如反對朝中大興土木，勞民傷財；主張削減郡縣，精簡官吏；建議不可罷免職田等等。范仲淹的建言雖未被採納，但這時期朝政有所改革，如御史中丞，本來只是「掌糾察官邪，肅正綱紀。大事則廷辦，小事則奏彈」。1029 年，進一步完善監察制度，置理檢使，由御史中丞兼任，「其冤濫枉屈而檢院、鼓院不為進者，並許詣理檢使審問以聞」。以前有諫官，沒有專門機構。1032 年創設諫院，職掌規諫朝政缺失。宋初創置提點刑獄公事，簡稱「提刑官」，相當於現代的法官兼檢察官，掌管刑獄之事，並總管所轄州、府、軍的刑獄公事、核准死刑等。993 年罷，將其事歸於轉運司。趙禎親政後，認為「轉運司不能一一躬往讞問，恐浸致冤濫」[237]，於 1033 年復置。

趙禎親政後即罷一批老官，提一批新官，范仲淹也回京任右司諫，掌諷諭規諫，展現新政氣象。范仲淹說江、淮、京東災情嚴重，建議派員下

---

[236]　〈答手詔條陳十事〉。
[237]　《皇宋通鑑長編紀事本末》卷 30。

去視察,沒動靜。他上書質問:「宮中半日不食,當如何?今數路艱食,安可不恤?」於是,委派他下去慰問,開倉賑災。回京,他進而上疏:「天之生物有時,而國家用之無度,天下安得不困?」「今宜銷冗兵,削冗吏,禁遊惰,減工作,既省京師用度……」[238] 趙禎又予採納,當年詔三司,納物以類併合,悉除諸名品,併為一物,夏秋歲入,僅分粗細二色,百姓覺得方便。1039 年,詔乘輿服御等宮中所需宜從簡約。

1033 年的一天,郭皇后生氣舉掌打一名妃子,趙禎護妃子,那一掌不意落到趙禎的脖頸上。宰相呂夷簡本來就與郭皇后有嫌隙,趁機力主廢后,趙禎態度則曖昧。范仲淹病中進言:「昨天聽說後宮發生的事,外面議論紛紛。我認為非大過不可廢后,人可以暫居其他宮中。」[239] 隨後,范仲淹又率 10 餘人跪伏垂拱殿外,請求召見。趙禎很生氣,皇后有過,這是後宮人盡皆知的,但朕還是予以包容,並沒有廢后,只是要她換個地方小住,一切待遇不變。而你范仲淹如此率眾滋事,是「濫用諫官之權」、「蔑視皇宮之制」、「啟諫奏之劣跡」。這 3 頂帽子還是很重的,不過只是貶范仲淹為睦州知州。

說實話,我覺得范仲淹此舉迂腐,一點也不值得讚賞。然而,我整體上還是非常喜歡這個人物。他是個非常豁達之人,他戲稱第一次遭貶為「極光」,第二次「愈光」,第三次「尤光」。就是在睦州,他與柳永短暫同事,我小說《京城之戀》花了不少篇幅,越寫越覺得他這個人物之可愛。一般人記得他,是因為那句「先天下之憂而憂,後天下之樂而樂」。其實,他自己根本不是「後天下之樂而樂」,同時代的章得象曾說他「素有虛名」。他是個道地的性情中人!我小說戲稱他「范三淚」,因為他寫過「酒入愁腸,化作相思淚」,「酒未到,先成淚」,你看這感情多豐富,多率性!

---

[238] 同注 232,卷 39,〈宋紀〉39,P896 ~ 897。
[239] 范仲淹:〈睦州謝上表〉,「昨聞中宮搖動,外議喧騰,以禁庭德化之尊,非小故可廢以宗廟祭祀之主,非大過不移……臣慮及幾微詞,乃切直乞存皇后位號,安於別宮暫絕朝。」

第十四章　仁宗之治

范仲淹不久調蘇州，又因治水有功回京判國子監，很快升為吏部員外郎、權知開封府。1036年，范仲淹進獻〈百官圖〉，對呂夷簡尖銳批評，建議皇帝親自掌升遷之事。呂夷簡反擊范仲淹「越職言事、勾結朋黨、離間君臣」。范仲淹連上4章，言辭激烈，又被貶知饒州。由於氛圍詭異，僅一人出郊餞行。

大臣紛紛替范仲淹辯護，但也有人堅持反對，互相辯駁，朋黨爭論四起。鑑於歷史教訓，宋朝皇帝最忌兩條：武將領兵、文官結黨。范仲淹被指責結朋黨，趙禎嚇一跳，馬上詔曰：「今中外臣僚屢有稱范仲淹者，事涉朋黨，宜戒諭之。」為此，梅堯臣撰〈靈烏賦〉，勸范仲淹少說話、多逍遙。范仲淹則回一篇〈靈烏賦〉，強調「寧鳴而死，不默而生」，為民請命，凜然大節。

幸好那個時代有「不殺文人」的好傳統，貶官雖不一定「極光」、「愈光」、「尤光」，但絕不是可恥、可憐、可畏之事，不像後來一旦被罷，往往「永世不得翻身」。范仲淹死時還獲諡號「文正」褒獎，這是為人臣的最高榮譽。從此，歷代高官追求死後獲個「文正」榮譽稱號。「曾剃頭」曾國藩是最後一個「文正」。

那個時代不光「不殺文人」，其他人也不濫殺。當時淮南人王倫起事，郡縣的不少官員棄城而逃。秋後算帳，負責處理此事的富弼主張將他們全處以死刑，卻遭范仲淹與趙禎否決。事後，富弼怒責范仲淹「欲作佛事耶」，范仲淹悄然回答說：「主上富於春秋，吾輩輔導當以德。若使人主輕於殺人，則吾輩亦將不容矣！」[240] 帝王濫殺，大臣也是有責的。有些大臣結局悲慘，多少也有些自己的責任。對比一下「曾剃頭」，兩個「文正」何如雲泥之別！

---

[240]　王得臣《麈史‧忠諫》。

◎中期

弊政如果能隨著改革者下臺而自癒，那當然好，受些委屈，對政治家來說是家常便飯。問題是弊政有如癌細胞，沒有治癒，它會自行擴散，最終不可救藥。這道理是諸多大臣與明君都明瞭的。因詞作中有「紅杏枝頭春意鬧」之句，而被稱為「紅杏尚書」的宋祁，1039年上書，直陳時弊「三冗三費」，三費是道場齋醮、多建寺觀、靡費公用，呼籲精兵簡政，節約財政。趙禎雖「寬仁少斷」，畢竟算是明君，想有作為。1043年，宋夏轉而議和，邊事稍寧，便提拔范仲淹、韓琦、富弼、歐陽修等人，說現在要轉而處理內部當務之急。蘇軾曾讚道：「韓、范、富、歐陽，此四人者，人傑也。」四大人傑，還怕大事不成？

在西北前線時，范仲淹與韓琦同心協力。邊塞歌謠：「軍中有一韓，西夏聞之心骨寒。軍中有一范，西夏聞之驚破膽。」現在，范仲淹、韓琦同任樞密副使，又同為改革。韓琦上〈論備禦七事奏〉，認為當務之急：「一曰清政本，二曰念邊計，三曰擢材賢，四曰備河北，五曰固河東，六曰收民心，七曰營雒邑」，緊接陳述救弊八事，即「選將帥，明按察，豐財利，遏僥倖，進能吏，退不才，謹入官，去冗食」。范仲淹不失理智，認為「久安之弊，非朝夕可革」，所以「始未奉詔，每辭以事大不可忽致」。[241]

趙禎一再派人催促，朝野輿論壓力增大，拖到九月，范仲淹才上新政綱領〈答手詔條陳十事〉，系統性提出10項改革方案：一是明黜陟，即嚴明官吏升降；二是抑僥倖，即限制官僚濫進；三是精貢舉，即嚴密科舉取士；四是擇官長，即慎選地方長官；五是均公田，即重新規定官員按等級給以一定數量的職田；六是厚農桑，即重視農業生產；七是修武備，即整治軍備；八是推恩信，即落實朝廷的惠政和信義；九是重命令，即嚴肅對待和慎重釋出朝廷號令；十是減徭役，即均賦稅寬徭役。歐陽修等人也紛

---

[241] 〈答手詔條陳十事〉。

第十四章　仁宗之治

紛上疏言事。除了恢復府兵制這項，趙禎「悉採用之」，迫不及待轉發下去實施，迅速掀起一場聲勢浩大的改革運動，史稱「慶曆新政」。

中國歷史上的改革，多是經濟方面的改革。經濟改革，無非是開源與節流兩途。《荀子》指出：「故明主必謹養其和，節其流，開其源，而時斟酌焉，潢然使天下必有餘，而上不憂不足。」「慶曆新政」主要是節流，而不是開源。加強官員選任、考核等等，實際上是控制冗官。這樣的改革，觸動的主要是官員的既得之利。范仲淹派員下去考察地方官員，發現不稱職的一筆勾去。富弼憂心忡忡：「你這一筆勾下去，會有一家人痛哭啊！」范仲淹則說：「一家哭總比一個地區的百姓哭好吧？」[242] 問題是，多家人哭後，會有影響，毀謗新政的言論逐漸增多，指責范仲淹等「朋黨」的議論再度興起。為此，歐陽修寫了那篇著名的〈朋黨論〉呈趙禎，旗幟鮮明地提出「小人無朋，唯君子則有之」，顯示革新者的凜然正氣和過人膽識。趙禎很可能被歐陽修的文章說服，繼續支持「慶曆新政」，還批准范仲淹、韓琦關於擴大相權的請示，由輔臣兼管軍事、官吏升遷等事宜，改革廣度和深度進一步增加。

然而，以文學起家的時任宰相夏竦政治上卻十分保守，誣富弼欲「行伊霍之事」，私撰廢立詔草案。這罪名比「朋黨」嚇人多了！「伊霍」指商朝的伊尹和西漢的霍光，他們輔政攝政，雖然沒篡位，但霍光廢立過皇帝。雖然趙禎再三口諭「朕不相信」，但范仲淹等人終於感到可怖：萬一哪天皇上突然相信了，豈止自己身首異處，還要株連九族，那可是成千上萬條人命啊！

退一步海闊天空。剛好遼與夏要啟戰，范仲淹和富弼便請求重返前線。趙禎順水推舟，委任他為陝西、河東宣撫使，保留參知政事的頭銜，

---

[242]　朱熹：《五朝名臣言行錄·參政范文正公》，「富弼曰：『十二丈則是一筆，焉知一家哭耶！』仲淹曰：『一家哭，何如一路哭耶！』」

並賜黃金百兩（范仲淹則分發將士們）。隨之，富弼也離京改任河北宣撫使。第二年，范仲淹被罷參知政事，富弼同時被罷去樞密副使改知鄆州。罷兩項新法，罷韓琦樞密副使改知揚州，並廢除科舉新法，恢復舊制。歐陽修改知滁州。至此，「慶曆新政」告終。

◎後期

「慶曆新政」失敗，1052年范仲淹也死，但只要弊政延續，改革的呼聲就不會停止。1046年，大臣張方平力揭冗官之弊：他任翰林當學士時，見兩制兩省官不及30員，今已50員；京朝官不及2,000員，今2,700餘員；使臣不及4,000員，今6,000員。數年間，官濫不勝其弊。同年，大臣王拱辰指責：太祖時兵12萬，太宗時18萬，真宗時40萬，如今倍增，必須盡快裁減！這些呼聲雖然未有立竿見影的效果，但如「蝴蝶效應」般，逐漸發生作用。

這時，另一位偉大的改革家王安石開始登上歷史舞臺。1042年，王安石進士及第，歷任揚州簽判、鄞縣知縣、舒州通判等職。

王安石的父親與范仲淹是同年進士，王安石小時候曾隨父親拜訪過范仲淹，並受到讚賞。王安石對范仲淹非常敬重，出仕後也曾拜訪，並有書信往來。1052年范仲淹去逝，王安石時為舒州（今安徽安慶）通判，沒能前往弔唁，但懷著無比悲痛的心情，寫下〈祭范穎州文〉，稱頌范仲淹是勇於革新的政治家，「扶賢贊傑，亂冗除荒」，雖功敗垂成，萬代崇敬，認為「賢人今亡，邦國之憂」，表示繼承他的未境事業。

1058年，王安石調為三司度支判官，相當於現代財政部兼稅務局官員，上朝述職，作長達萬言的〈上仁宗皇帝言事書〉，「慨然有矯世變俗之志」。[243] 他認為「財力日以困窮」、「風俗日以衰壞」都只是表象，根源在

---

[243] 《宋史》卷327，〈王安石傳〉，49冊，P8,461。

第十四章　仁宗之治

於制度出了問題，要從制度上加以改革。對於先王之政「法其意」即可，不必拘泥於形式。王安石不僅談他的本職工作——財政，還涉及政治、軍事、文化等方面。在史家雷海宗看來，春秋以前貴族以戰為榮，有兵可用；戰國之後，「好漢不當兵」，無兵可用。在這份萬言書中，王安石建議改變「天下學士以執兵為恥」的現象，而讓良民當兵。雷海宗說：「光就這一點來看，王安石已是兩千年間特出的奇才。可惜王安石這類積極人才，在傳統中國絕無成功的機會。」[244]

王安石的萬言書有些適得其反，兩位宰相「讀之不樂，知其得志必生事」，[245] 在他被提拔、開始推改革的時候，都遭到強烈的反對。

請注意一種歷史現象：保守勢力總是在發展高潮之時或稍後開始囂張，瀕亡之時無以復加。唐朝最強調祖宗的是「安史之亂」後，新皇帝即位冊文中最常見的一句結束語是「無忝我祖宗之休烈」、「丕續休命」之類。代宗之後的遺詔，也是言必稱祖宗，而不是強調改革，與時俱進，尋求新形勢下的新對策。北宋的保守勢力在「仁宗之治」時期開始強盛，一路發展，與此同時，則是國運一衰到底。1125 年，金軍大兵壓境，趙佶無計可施，只能下〈罪己詔〉，表示痛改前非，「盡復祖宗之故」。然後禪位。欽宗登極後，也一再表示「盡遵復祖宗法」。

這時期的體制改革可以說是失敗了，但這種改革精神孕育了諸多創新。

■ 一、金融創新

金融是現代經濟的核心，在歷史上也是經濟發展至關重要的因素。秦始皇就重視金融。當然，古今金融不可同日而語，古代金融一般只是鑄

---

[244]　雷海宗：《中國文化與中國的兵》，P54。
[245]　洪邁：《容齋四筆》。

錢。宋代有兩大創新：

一是相當於現代銀行貸款的「青苗錢」。「青苗錢」在唐中葉只是田賦的附加之一。1053年，李參任淮南京西陝西轉運使時，為解決兵士缺糧問題，先貸錢給百姓，等收穫後，以糧償貸，史稱「青苗錢」。幾年後，兵食常有餘。後來王安石變法，其中「青苗法」即源於此。

二是近似於現代紙幣的「交子」。歷史上常有官府與民間鑄錢之爭，這種矛盾在趙禎時仍然頻繁，不贅述。且說四川益州的商人，覺得鐵錢重、不方便，16人聯合起來，約定以券代替，稱「交子」。但有的商人虧損，無法兌現，產生糾紛，鬧到官府，被叫停。薛田守蜀時，趙禎特地要求他與轉運使張若谷調查交子詳情。薛田與張若谷建議：「廢交子不復用，則貿易非便，但請官為置務，禁民私造。」[246]1023年，趙禎批准置益州交子務，限125.63萬錢為額。1047年，針對蜀秦兩地商業往來多，而秦缺乏軍儲，趙禎詔取益州交子30萬給秦州，專項用於糧粟。於是，交子開始逐步向全國推廣。世界公認最早使用的紙幣，是這年發行的交子，比美國、法國等西方國家要早六、七百年。

二、減災機制

天災難以避免，但是可以減輕危害，關鍵是災後能否及時賑濟。通常救濟開倉放糧、減免租賦之類就不說了，只說些特色性做法。如1032年淮南大饑，招飢民入隸軍；1048年河北水災時，也令州縣募飢民為軍。究竟是為解決災民的吃飯問題，還是國防的戰鬥力問題，或是兩全齊美？值得一思。1049年，詔諸州每年都要市藥以療民疾，用現代話來說，就是「免費醫療」。更值得一說的是「三倉」，即指常平倉、義倉和廣惠倉。

常平倉：戰國時李悝在魏實行「平糴」，即官府在豐年購進糧食儲存，

---

[246] 同注232，卷36，2冊，P819。

以免穀賤傷農，歉年賣出所儲糧食，穩定糧價。劉徹時，桑弘羊對此加以完善，創立「平準法」，大同小異。劉詢時期連年豐收，穀價有時賤到1石5錢，農民利益受損。前54年，實行糧食收貯，在一些地區設立糧倉，收購價格過低的糧食。鑑於每年從關東向京師漕穀費用過大，大臣建議從近處的三輔（今陝西中部地區）等地糴穀以供京師，可省漕卒過半。收到成效後，在邊郡普遍設糧倉，穀賤時增其賈而糴，穀貴時減賈而糶，名曰「常平倉」。從此，「常平」視為一項正式制度而全面推行。但不久，有人藉口關東連年災荒，說常平倉與民爭利，結果與鹽鐵官等一同廢罷。後來，隋、宋、明、清也設「常平倉」。錢穆說：「據說美國羅斯福執政時，國內發生經濟恐慌，聞知中國歷史上此套調節物價的方法，有人介紹此說，卻說是王荊公（即王安石）的新法。其實在中國本是一項傳統性的法制。」[247]外國學者也認為這比埃及類似的做法更為先進。[248]

義倉：又名「義廩」、「社倉」，是由官方組織的民間儲備，即「官督民辦」。義倉一般在縣治，社倉一般在村鎮。隋朝始創，趙匡胤詔復，歲收二稅，每石另收一斗，這就屬於強行徵收了。

廣惠倉：針對絕戶田（即全家人亡，無人耕種的田地），由地方官賣掉，所得錢不知去向，1057年樞密使韓琦建議，絕戶田予以保留，招募耕種，收穫放在固定的倉裡，用於資助城中無以自養的老幼病殘。趙禎同意，從此成為一種制度，由提點刑獄司掌管，每年底將收支情況上報三司。

■ 三、文化創新

影響最大的是1055年詔封孔子後代為「衍聖公」，可以世襲。宋時衍聖公相當於八品官，元提升為三品，明初為一品文官，後「班列文官之

---

[247] 錢穆：《中國歷史研究法》，北京：三聯書店，2001，P30。
[248] 《統治史》卷1，P88。

首」，清代還特許在紫禁城騎馬，並可在御道上行走。衍聖公府（今孔府）是僅次於明清皇宮的最大府第。曲阜孔氏家族受歷代帝王追封賜禮，譜系井然，世受封爵，世界無二。直到 1935 年改封衍聖公孔德成為「大成至聖先師奉祀官」為止，「衍聖公」才成為歷史。

這時期，地方辦學蓬勃發展。南唐有一種「學田制度」，其田或由皇帝詔賜，或從官田撥給，或由地方撥款購置，或由私人捐獻，以佃租的方式收入資金，當作興教辦學的專項資金。1022 年，國子監孫奭上書：「知兗州日，建立學舍以延生徒，至數百人，臣雖以俸錢贍之，然常不給。自臣去郡，恐漸廢散，乞給田十頃為學糧。」[249] 從此，各州推行學田制度，直到清朝末年。1027 年，晏殊知應天府，聘請范仲淹任教，帶動天下學校大興。如 1034 年，許京兆府立學，賜《九經》，給田 5 頃。1044 年，詔令州縣皆立學，士須學習 300 日才可以參加秋試。秋試即鄉試，分 3 場，先策，次論，再詩賦。

以前有一種「公卷」，即考生在考前將平日所做詩文送到碩學名儒手中，請他們傳閱評判，一經公眾推薦，即可任用。理論上來說，此法不錯。可實際上，有些考生請他人代筆，作弊之風日盛。開封府賈昌朝建言：「自唐以來，禮部採名譽，觀素業，故預投公卷。今有彌、謄錄，一切考諸試篇，則公卷為可罷。」[250] 趙禎同意，公卷退出歷史舞臺。

1053 年改科考法，諸科舉人，終場問大義 10 道，每道首一、兩句為問，能以本經注疏對而加以文詞潤色發明之者為上，或不指明義理而引注疏備者次之，並定為「通」級別。如果引注疏及 6 分者，為「粗通」級。不識本義或連引他經而文意乖戾、章句斷絕者為「不通」級。以 4 通為合格。

1057 年，歐陽修任禮部貢舉主考官，帶來學風、文風的大變革。當

---

[249]　同注 232，卷 35，2 冊，P807。
[250]　同上，卷 43，3 冊，P1,037。

時有個文學派系「太學體」，以太學生劉幾為首，特點是玩弄古書裡的生僻字詞。歐陽修則主張通達平易，反對「太學體」。那些「太學體」落第後鬧事，甚至揚言要打歐陽修。趙禎堅定地支持歐陽修，而不遷就那些「考鬧」。劉幾知錯，改名劉輝，改變文風再考，功成名就。同年還改革貢舉法，詔曰：「自今間歲貢舉，進士、諸科，悉解舊額之半；又別置明經科；舊置說書舉，今罷之。其不還鄉里而寓戶他州以應選者，嚴其法。每科試，自縣令、佐察行義，保任之，上於州；州長、貳複審得實，然後上本道使者類試。」[251] 此改革不僅調整科目，還嚴禁所謂為考區而「移民」的現象，要求各地方官掌控好考察、推薦關。

這時期教材增多。如 1025 年，詔國子監刊印《初學記》、《六帖》、《韻對》，其中《初學記》是唐代徐堅撰的綜合性類書，30 卷 23 部，取材於群經諸子、歷代詩賦及唐初諸家作品，儲存了很多古代典籍的零篇單句，原本是給皇子們學習的。1037 年頒行《禮部韻略》，此為趙恆時期《大宋重修廣韻》，即《廣韻》的略本，收字 9,590 個，以便應試士人記誦。

四、科技創新

指南車是古代指示方向、記錄行程的儀器，又稱司南車，也作帝王的儀仗車輛，據說是黃帝時代發明的，早就失傳。工部郎中燕肅學識淵博，精通天文物理，還工詩善畫，為文人畫先驅。他深入研究文獻記載，1027 年提請造指南車，趙禎批准。1053 年，指南車造出，趙禎帶輔臣們一起觀看。

杭州書肆刻工畢昇，於慶曆年間發明膠泥活字印刷技術，即在膠泥片上刻字，一字一印，用火燒硬後成活字，具有一字多用、重複使用、印刷多且快、省時省力、節省材料等優點，是印刷技術的一次飛躍，稱為中國

---

[251] 同上，卷 57，P1,384。

古代四大發明之一。但這個技術未及推廣，畢昇於1051年去世。所幸他的字印被家人收藏，並記載於沈括的《夢溪筆談》。

宋時針灸盛行，但相關古籍脫簡錯訛多，常發生事故。為此，尚藥御王惟一多次上書，請求編繪規範的針灸圖譜及鑄造標有經脈循行路線與穴位的銅人，以統一針灸技術。趙禎同意。1027年，鑄成兩座針灸銅人，將12經脈及354個穴位直觀地描繪出來。趙禎非常滿意，指示一座放在醫官院供學習參考，另一座放在宮裡供鑑賞。同時，王惟一編繪《銅人腧穴針灸圖經》，為銅人注解。趙禎閱後，令刻在石上傳後。

1060年，地方官郭諮獻造拒馬與創車弩。郭諮獻說：「臣所創車弩，可以破堅甲，制奔衝。若多設之，助以大水，取幽薊如探囊中物耳！」[252] 郭諮獻這番話顯然太誇張，此後沒什麼相關記載，宋軍的戰鬥力也沒大提升。不過，由此可以想見，那個時代發明創造的氣氛。

去脈：強摘的瓜

帝王號稱「天子」，其實並沒有什麼得天獨厚。上天不僅沒有讓他們千歲百歲，倒是常常讓他們難有接班的兒子。

對帝王的最高評價是「仁」。以宰相富弼為首的群臣，連續5次上表請求為趙禎加尊號「大仁至治」，趙禎謙遜，不同意吹捧自己，可死後阻止不了「仁」的尊號，以及「仁宗之治」之譽。趙禎年號很多，如「天聖」、「明道」、「景祐」、「寶元」、「康定」、「慶曆」、「皇祐」、「至和」、「嘉祐」，不好以一個年號代表其盛治，而「天聖」、「明道」十幾年，趙禎還未親政，「寶元」、「康定」、「至和」則都只有一、兩年時間，所以這個盛世也

---

[252] 同上，卷58，3冊，P1,424。

第十四章　仁宗之治

稱「慶曆、嘉祐之治」，或稱「嘉祐之治」，在後世士大夫的心目中，不僅是「盛世」，甚至堪稱「聖世」。

趙禎有3個兒子，全部夭折。1035年，趙禎才25歲就慌了，接趙曙入宮，由曹皇后撫養。趙曙是趙光義的曾孫，濮王趙允讓第13子，本來是趙禎的堂姪。1039年，趙禎第四個兒子趙昕出生，趙曙便出宮，回到其生父身邊。萬萬沒想到，1043年趙昕又夭折。1062年，趙曙被立為皇子。

更讓人想不到的是，趙曙不願當皇子，一連10多次上疏辭謝。趙禎派人勸告服從命令，趙曙才勉強答應，跟舍人告別說：「你們好好看管我屋裡的東西，等皇上有了後嗣，我就回來！」趙禎沒等再生兒子，就於1063年三月逝世。曹皇后要求趙曙繼位，趙曙嚇得驚呼：「某不敢為！某不敢為！」說著轉身而逃，「輔臣共執之，或解其髮，或被以御服」[253]，貨真價實的「黃袍加身」，為英宗。

然而，趙曙年紀輕輕生病，只好由曹太后垂簾聽政。蔡東藩《宋史演義》第33回有聲有色描述：一些宦官挑撥離間，趙曙與曹太后產生矛盾。為此，韓琦和歐陽修一邊勸曹太后說：「他是個病人，不要跟他一般見識吧！難道您希望別人像議論一般繼母那樣議論您嗎？」另一方面，勸趙曙說：「太后以前是個什麼樣的人，難道您不清楚嗎？您只管盡孝，太后肯定不會虧待您。」經大家苦口婆心勸解，他們的矛盾才稍緩和。

1064年，趙曙康復，曹太后撤簾還政。親政第三天，趙曙就詢問大臣：「積弊甚眾，何以裁救？」由此可見其心其志。然而，僅半個月，韓琦等人提議討論趙允讓的名分問題：以王珪為首的一派，認為趙允讓與趙禎是兄弟，趙曙應稱其為皇伯；而以韓琦、歐陽修為首的一派則認為，趙曙應稱其為皇考，即父親，事關他的追封榮譽。趙曙批示等趙禎「大祥」，即喪期滿24個月再說。第二年，韓琦等人再次提出，趙曙只好詔太常禮

---

[253]　《續資治通鑑長編》卷198，8冊，P4,792。

院討論，史稱「濮議」事件。

　　趙曙決定稱皇考，由歐陽修寫了兩份詔書，派人送去給曹太后簽字。曹太后當然站在趙禎一方，希望趙曙稱其父為皇伯，可是據說那天喝多了酒，誤簽同意稱皇考。於是，趙曙立刻詔停討論，將反對派 3 名御史貶出京師。至於為趙允讓建園立廟之事，軟硬兼施，才勉強通過。然而，趙曙在位僅 4 年就駕崩，沒來得及為父母上諡號，此事最後還是不了了之，趙允讓仍為王，而不是皇考。

　　趙曙實際在位 2 年 8 個月，「濮議」就爭論了近 2 年時間。也由此可見，這些保守勢力多麼頑固。范仲淹的改革失敗了，此後不久，王安石的改革也不可避免失敗，「三冗」等弊政像癌細胞一樣，很快發展到晚期。

第十四章　仁宗之治

第十五章
大定之治

【提要】

　　金世宗完顏雍當政時期，從 1161 年政變上臺至 1189 年逝世，改變好戰，改革弊政，減輕兵役、徭役與賦稅，國庫充盈，有「漢文景風」。

　　金人連自己的文字都沒有，宋人公然稱其「夷狄中至賤者」，可完顏雍居然被譽為「小堯舜」，要那麼多飽讀儒書的漢族帝王面子往哪擺？

第十五章　大定之治

來龍：被迫篡位

皇統九年（1149 年），右丞相完顏亮篡位稱帝，即金廢帝。完顏亮勵精圖治，遷都燕京，更名中都（今北京），大力推廣漢化，進一步鞏固、奠定了金王朝的華夏正統性和在北方的統治。他撕毀金與宋的和約，大舉南侵，但被宋軍擊敗。遼陽府留守完顏雍趁機政變，奪取政權，完顏亮被部將所殺，追廢為海陵煬王，隨後又被廢為庶人。詳見本書《春之卷・開國與轉型》第九章。

最大亮點：民為重

完顏雍生活節儉，當上皇帝後，服御器物多數還是用舊的。他對兒女說：「我這件衣服穿 3 年了，好好的，為什麼要換？」他對臣下說：「前代君主享受富貴，不知耕作艱難，就因此失天下。」他所到過的殿堂都被封閉，說是因為要文物保護，不讓別人住，他認為這樣太無聊，詔令這些房屋可以住別人。

今吉林、黑龍江一帶淡水河中產一種珠叫「北珠」，顆粒碩大，顏色鵝黃，鮮麗圓潤，晶瑩奪目，從後漢開始成為朝廷專享貢品，非常珍貴，即使大富人家也難得一見。北宋宰相呂夷簡有 4 個妾，還有 10 個家妓。有人送 4 枚北珠，他分給 4 個妾，10 個家妓很不高興。家妓們發牢騷：「我們長太醜啊！沒臉戴北珠！」這話傳出深宅大院。有個地方的太守江某，正愁怎麼討好宰相，一聽這傳聞，馬上有了眉目。江某籌 10 萬兩銀子，買 10 頂鑲著北珠的花冠，趁呂大人上朝時，直接送到那 10 個家妓手上。她們戴著北珠花冠，參加貴婦們「鬥寶會」，出盡風頭不算，還要戴上街鬧元

宵。人們看燈的心思都沒了，都來圍觀這 10 個家妓。她們心花怒放，回到家裡，圍著呂大人說：「我們得江大人的風光十倍、百倍，你何必吝嗇一頂官帽呢？」呂大人覺得有理，很快提拔江某為工部侍郎。1169 年，完顏雍一方面派勸農使分別到河北西路、河南、山東等地去勸農，另一方面制止東北路採珠，既止住貴族的奢侈之風，又將民力集中到生產上去。

金國軍政合一，主要編製為猛安、謀克。猛安下轄謀克，總轄約千戶。猛安從四品，掌修理軍務、訓練武藝、稽核農桑。每個謀克轄 300 戶，7～10 個謀克為 1 猛安。後改為每 25 人為 1 謀克，4 謀克為 1 猛安。謀克從五品，掌撫輯軍戶、訓練武藝。1181 年初，完顏雍聽說山東等地的猛安、謀克民戶驕縱奢侈，不事耕作，非常生氣，便詔令查實計口田，必須耕地有餘而力不足，才允許招人佃種，禁止猛安、謀克戶出賣奴婢轉租田地，並禁止農時飲酒。次年又規定：一旦查出不自耕種的，猛安杖 60，謀克杖 40。1179、1181 年，兩次派員到各地搜括官田，防止貴族地主多占、冒占官田。

金初，對人戶 3 年一查，清查人口、奴隸、土地和資產，以此為據，合理排定戶口的等級，徵收稅賦差役。但在實際中，貴族、官僚和地主常以各種方式隱瞞逃稅，貧苦人戶則負擔重稅。為此，1164 年採取「通檢推排」的措施，即由朝廷派遣官吏到全國各地清查土地、考核財產。第二年，頒布《通檢地土等第稅法》，統一各地標準。10 年後，即 1175 年，又派泰寧軍節度使等 24 人分路推排，手續簡化。1180 年，從中都開始在猛安、謀克戶中實行推排，兩年後推廣全國，在清查各戶土地、牛具、奴婢之數的基礎上，分為上、中、下三等均賦役。1186 年，完顏雍還進行過這種推排，進一步改善徵派賦稅不均的現象。

1172 年，完顏雍詔令隨民開金銀礦，不收稅。1162 年還罷諸關徵稅，讓利於商。

第十五章　大定之治

黃河多災，1172 年又改道東南。為此，完顏雍命從河陰、廣武山沿河東至原武等縣，及衛州等地增築河堤。1180 年，衛州一帶黃河決堤，蔓延至歸德府，完顏雍令南北兩岸都增築堤。1187 年，完顏雍還令沿河府州長及副官均提舉河防，縣令與縣佐均管河防事，每到雨季，命工部派官員深入基層，沿河巡檢。

此外，值得一說和平與漢化。

完顏亮死了，長江邊的金兵自行潰退，但南侵戰爭並沒有隨即結束。宋軍相繼收復泗州、和州、楚州、汝州，壽春金兵降宋。第二年，金兵又攻壽春，轉戰數日才退，零星的衝突持續。

完顏雍是真心想和的，上臺畢竟不光彩，屁股還沒坐熱，沒幾天，遼人耶律斡罕又起兵反金並稱帝，解決燃眉之急要緊。年初，嘉獎退回中京的將士，提拔耶律元宜為御史大夫，然後遣使入宋，告知新帝登位。宋也想和，因為西夏還在那裡時不時侵擾，不能兩頭作戰，而趙構已決意奉行和平路線。他對大臣們明說：

> 朕料此事終歸於和，卿等欲首議名分，而土地次之。蓋卿等不得不如此言。在朕所見，當以土地、人民為上，若名分則非所先也。何者？若得復舊疆，則陵寢在其中，使兩國生靈不殘於兵革，此豈細事！至如以小事大，朕不恥。[254]

儒家從孔子開始就非常注重「正名」。在趙構看來，將名分置於土地、人民之上，是不應當的。如果能復疆免戰火，要我委屈稱他們為大，沒關係。如果舊疆要不回來，能讓人民不遭受戰亂也罷，如果要罵我就讓那些人去罵吧！於是，委派翰林學士洪邁回訪祝賀完顏雍。洪邁是《容齋隨筆》、《夷堅志》的作者，他父親洪皓曾經出使金國，遭扣留，不想歷史

---

[254]　《續資治通鑑》卷 136，8 冊，P3,615～1,616。

重演。臨行時，洪邁表示「土疆實利不可與，禮際虛名不足惜」，態度跟趙構類似，不惜辱己身以保全國家實際利益。大臣紛紛當即反對。禮部侍郎黃中亟奏說：「名定實隨，百世不易，不可謂虛。土疆得失，一彼一此，不可謂失。」工部侍郎張闡還建議：「宜嚴遣使之命，正敵國之禮。彼或不從，則有戰爾。如是，則中國之威可以復振。」[255] 為了這點面子，不惜重啟戰爭。無奈，洪邁只好用「敵國禮」格式寫的國書，去朝賀完顏雍就任皇帝，顯然不倫不類。金國官員一見大宋國書，要求立即改正。洪邁不敢改，被鎖在使館，3 天不給食。經金國大臣調解，才將洪邁遣回。但洪邁仍被彈劾「使金辱命」，罷之。[256]

宋金為面子重新開戰。金在內亂的情況下，抽數萬兵圍攻海州，被擊退。九月，完顏雍派 10 萬兵屯河南，直逼兩淮。1163 年，宋軍撤回河池，金兵追殺 3 萬餘人，重新占大片地方。完顏雍索取海州、泗州、唐州、鄧州和商州及歲幣，遭宋拒絕。宋預料金兵在秋天馬壯之時必南侵，決定先發制人，兵分兩路出擊中原，收復靈璧、虹縣、宿州。宋孝宗趙昚欣欣然說：「近日邊報，中外鼓舞，十年來無此克捷。」但高興沒幾天，在符離大敗。完顏雍再索地與歲幣，趙昚不得不妥協，表示：「泗州、歲幣可與，名分、歸正人不可從也。」歸正人指北方淪陷區南下投奔之人。只要面子留得住，土地和錢財能保當然好，不能保也無所謂。但一些大臣覺得屈辱，派出談判的代表以「辱國」罪貶職。有些人認為歲幣可許，泗州絕不可許，有些人仍主張用兵。兩軍對壘，拖到第二年，趙昚還是遣使入金議和。金兵攻楚州、濠州及滁州等地。這樣一來，南宋朝野更多人急於議和，太學生 72 人上書，指責主戰派誤國，乞斬湯思退等 3 人以謝天下。趙昚只得貶出湯思退等人，遣使入金議和。同年，和約達成，宋稱姪，金稱叔，「歲貢」改為「歲幣」，銀、絹各減 5 萬，疆界回到紹興和議所劃，

---

[255] 《宋史》卷 381，〈張闡傳〉，50，P9,284。
[256] 同上，卷 373，〈洪邁傳〉，50 冊，P9,162。

第十五章　大定之治

史稱「隆興和議」，或「乾道之盟」。

此後 40 年，宋、金基本上能和睦相處。1165 年，金在泰州、臨潢等邊境設堡 70 處，駐兵 1.3 萬。1181 年，在此增築一些路連堡，但沒什麼衝突。宋使入金，國書寫著：「姪宋皇帝眘，謹再拜致書於叔大金聖明仁孝皇帝闕下。」金人回書自稱「叔大金皇帝」。

被俘的宋欽宗趙桓，1156 年在燕京病死，1161 年死訊才傳到南宋。完顏雍遣使通知說：「汝國既知鞏、洛陵寢歲久難遷，而不請天水郡公之柩，於義安在？朕念天水郡公嘗為宋帝，尚爾權葬，深可矜憫。汝國既不欲請，當為汝國葬之。」[257] 鞏、洛指今河南鞏義、洛陽一帶。天水郡公指趙桓，原被金人貶為「重昏侯」，1141 年改此封號，以示尊重。1171 年完顏雍將趙桓重葬，用一品官禮儀，再示尊重。

金不可避免要過漢化一關，如同現代國家要現代化，非經過工業化不可。金初的統治者本著「撥亂反正，務在革非」的原則，開始大力實行漢化改革，完顏雍不能太例外。

完顏雍本人熟讀漢文典籍，特別愛讀中國歷史，坦言：「朕於聖經（指儒家經典）不能深解，至於史傳，開卷輒有所益。」1180 年，還對大臣大發感慨：「近覽《資治通鑑》，編次累代廢興，甚有鑑戒。司馬光用心如此，古之良史無以加也。」[258] 他「常慕古之帝王，虛心受諫」[259]，說「昔唐、虞時，未有華飾，漢唯孝文務為純儉。朕於宮室唯恐過度」。[260] 1179 年，準備到金蓮川（今沽源）避暑時，大臣進諫勸阻，他即採納此議。

渤海國即今中國東北地區、朝鮮半島東北一帶，雖然深受唐文化影響，有「海東盛國」之譽，卻還存在搶婚的習俗，不以禮聘。完顏雍看不

---

[257]　同注 254，〈宋紀〉142，8 冊，P3,795。
[258]　《金史》卷 8，〈世宗紀〉中，53 冊，P114。
[259]　同上，〈世宗紀〉上，P81。
[260]　同上，P92。

過去，1177 年，詔令禁絕，違者以奸論處。在他的倡導下，皇太子也「讀書喜文，欲變夷狄風俗、行中國禮樂如魏孝文」。[261]

即位之初，有些大臣勸完顏雍還都上京，他不同意，堅持漢地本位。他繼續重用漢官，以唐宋制度為範本，對金朝的典章文物進行改革。漢以後有一種「起居注」，專門紀錄帝王的言行。《起居注》一般不外傳，僅作為撰修國史的原始材料之一。金廷商議重要事項，有時需要迴避，史官不例外，引起異議。自古有言：「天子不可戲言，言則史書之。」宰相石琚說：「君王凡一言一行都得記錄，不可迴避。」完顏雍同意，1178 年詔令，有需迴避眾臣的，也不避史官，並開始修《起居注》。

金初的官員一般來自戰功，完顏雍上臺之初也賣官。其實，賣官在那 2,000 多年的帝制時代始終存在，差別僅僅在於賣官所得的錢歸國庫，還是歸某些個人。秦始皇便令：「百姓納粟千石，拜爵一級。」1162 年初，完顏雍也令納粟補官。但隨著科舉制的發展，賣官越發顯得落後。所以，1165 年罷納粟補官令，改而「進士文優則取，勿限人數」。次年，開始置太學，學生從 160 人發展到 400 人。1176 年，又在京府設學養士，並定宗室、宰相子弟程序等第。但同時不廢舉薦。1186 年，完顏雍對大臣說：「朕與卿等皆老矣，薦舉人才，當今急務，人之有幹能固不易得，然不若德行之士最優也。」[262] 不僅要求有才，而且要求人品好。對於狀元，還要訪察他在鄉里的品行，品德好才可以。1188 年，提高對教授的要求，必須「宿儒高才」，同時待遇也提高，與縣丞、主簿同等。

完顏雍反對「全盤漢化」，在漢化的同時，非常注重弘揚本民族的文化。1171 年開始，完顏雍發起一場「女真文化復興運動」。他說：「亡遼不忘舊俗，朕以為是。海陵習學漢人風俗，是忘本也。若依國家舊風，四境

---

[261]　劉祁：《歸潛志》卷 12。
[262]　同注 254，卷 150，〈宋紀〉150，9 冊，P4,019。

第十五章 大定之治

可以無虞，此長久之計也。」[263] 當然，這有與完顏亮「針鋒相對」的重要考量。「海陵」指完顏亮，他被殺後，1162 年降封為「海陵郡王」，1181 年再降為「海陵庶人」。在《金史》中，我們可以讀到完顏雍經常對完顏亮進行嚴厲批判，如：

「海陵失道，朕乃得之」；

「海陵為人如虎，此輩尚欲以術數要之」；

「海陵不辨人才優劣，唯徇己欲」；

「海陵時，修起居注不任直臣，故所書多不實」；

「海陵橫役無度，可盡為例耶」；

「自海陵遷都永安，女直（即女真）人浸忘舊風」；

「海陵純尚吏事，當時宰相止以案牘為功」；

「海陵非理殺戮臣下，甚可哀憫」；

「海陵時，大臣無辜被戮家屬籍沒者」……

完顏亮主張漢化，所以完顏雍即使心裡贊同漢化，也得盡量與完顏亮的漢化強行區分開來。完顏雍要求宗室：「女直舊風最為純直，雖不知書，然祭天地，敬親戚，尊耆老，接賓客，信朋友，禮意款曲，皆出自然，其善與古書所載無異。汝輩當習學之，舊風不可忘也！」[264]

1173 年，禁止將女真人譯為漢姓，以示不忘本。同時創女真進士科，以女真大字試策，女真小字試詩，取 27 人。女真文字與契丹字類似，大字為線性排列書寫的單體字，小字為合體。隨後又建立女真太學，各路廣設女真府州學。1174 年，仿效漢時劉詢在未央宮設麒麟閣，專門陳列功臣畫像，選出開國以來勳業最著者 21 人，繪圖於衍慶宮聖武殿左右廊廡，進行革命

---

[263] 同注 258，卷 89，〈移剌子敬傳〉，54 冊，P1,321。
[264] 同注 258，P106。

傳統教育。1184 年，完顏雍親率皇子、皇孫回上京會寧府尋根，在太祖完顏阿骨打起兵之地立〈大金得勝陀頌碑〉，弘揚女真民族精神，直到第二年才返中都。1177 年，定猛安世襲制，1182 年，命猛安、謀克官要督促部眾習武。1187 年，還詔禁學南人衣裝，違者治罪，從各方面強化女真族的本性。

完顏雍也重儒學，不同的是，將儒家經典翻譯為女真文字，將儒家的倫理道德觀念移植到女真文化中，而不是要女真人拋棄本民族文化，去接受漢文化。在他看來，人性是相通的，只不過女真人沒有寫出來而已。為此，1164 年，完顏雍下詔翻譯漢文典籍，先後譯《周易》、《尚書》等 10 餘種。1176 年譯《史記》、《貞觀政要》等，即命頒行供學。1183 年譯《孝經》千部，分賜護衛親軍。完顏雍明確說：「朕所以令譯五經者，正欲女直人知仁義道德所在耳。」[265]

完顏雍主張「女真為本」，對漢族、契丹族等民族實施歧視與壓迫。有大臣進諫：「猛安人與漢戶，今皆一家，彼耕此種，皆是國人，即日簽軍，恐妨農作。」簽軍指簽發所有漢人丁壯當兵。完顏雍聽了很生氣，斥責說：「所謂一家者，皆一類也，女直、漢人，其實則二。朕即位東京，契丹、漢人皆不往，唯女直人偕來，此可謂一類乎？」[266] 在他眼裡，漢人、契丹人是不能與女真人一視同仁的。

去脈：「明昌之治」

歷史對完顏雍評價很高，人們不僅把這個時期稱為「大定之治」，甚至「大定盛世」，還稱其「漢文景風」。史稱：

---

[265]　同註 258，卷 8，〈世宗紀〉下，53 冊，P120。
[266]　同註 258，卷 88，〈唐括安禮傳〉，54 冊，P1,305。

第十五章　大定之治

　　當此之時，群臣守職，上下相安，家給人足，倉廩有餘，刑部歲斷死罪，或十七人，或二十人，號稱「小堯舜」，此其效驗也。[267]

　　早在2,000年前，有人直接追問孟子：「人人都可以當堯舜，有這說法嗎？」孟子說有。又問：「怎麼做才比得上堯舜呢？」孟子教導說：「堯舜之道，不過孝和悌罷了。你穿堯的衣服，說堯的話，做堯的事，你便是堯！你穿桀的衣服，說桀的話，做桀的事，你便是桀！」[268] 原來，做堯舜這麼容易！金人連自己的文字都沒有，宋人很看不起他們，公然稱其為「夷狄中至賤者」[269]，可現在完顏雍居然被譽為「小堯舜」了，這叫那麼多飽讀儒學的漢族帝王面子往哪擺？

　　然而，也有截然不同的看法：

　　烏祿在位二十八年，被視為一代名君。但實際上卻是一個碌碌無為、生性憂鬱的人。迪古乃為鎮壓反對派，逐一殺盡金室的成員，烏祿只不過因為凡庸而得倖免。金國歷史的前半部分之所以難解，就是因為已成金國獨裁者的烏祿出於流芳後世的考量，銷毀了很多原始紀錄。研究文獻的專家，往往被這種「導演」所欺騙。[270]

　　女真名烏祿，即完顏雍；女真名迪古乃，即完顏亮。

　　還有一點難能可貴的是，緊接著有個盛世「明昌之治」，下一章詳介。

---

[267]　同注258，〈太宗紀〉，P33。
[268]　《孟子・告子章句下》，「堯舜之道，孝悌而已矣。子服堯之服，誦堯之言，行堯之行，是堯而已矣。子服桀之服，誦桀之言，行桀之行，是桀而已矣。」
[269]　《三朝北盟會編》卷244。
[270]　《中國的歷史・遼西夏金元》，P254。

第十六章
明昌之治

【提要】

金章宗完顏璟從1189年繼位至1208年逝世，繼續實行「仁政」，進一步漢化改革，促進民族融合，實現封建化。

「原以為中原皇帝都是天上人做的，哪想到完顏永濟那種庸人也可以做！」成吉思汗不能不陡生野心。

第十六章　明昌之治

來龍：「大定之治」

「明昌之治」緊接的是「大定之治」，前章已詳述。

1189 年完顏雍病逝，由於太子完顏允恭早逝，其孫完顏璟同日在靈柩前繼位，為金章宗。

完顏璟繼位順利，但他不安。完顏璟即位不久，封其叔完顏永蹈為鄭王、定武軍節度使。1193 年，完顏永蹈偶然聽家奴畢慶壽說，有個叫郭諫的人相面很靈，便召來為自己及妻、子相面。郭諫說：「大王相貌非常，王妃及二子皆大貴。」還說大王是元妃的長子，來年春當收兵得位。完顏永蹈竟然深信，真的與一些親信陰謀，不想，被一個家奴告發。完顏璟將完顏永蹈及妃、二子和公主，全都賜以自盡，並加強諸王禁限，其家人出入都不能自由。

1195 年，又有家奴告狀，鎬王完顏永中曾與侍妾談論：「我得天下，子為大王，以爾為妃。」結果，完顏永中被賜死，2 子被殺，另有 60 多人受株連，完顏永中的子孫被禁 40 年。等他們解禁，不久亡國。

最大亮點：加速漢化

完顏璟上臺後，也在保持女真傳統方面做了一些工作，如 1191 年，重申禁譯女真姓氏為漢字。1194 年，專設弘文院，加大譯漢文經書為女真文的力度。1197 年，開始普及使用女真文字。

然而，如同完顏雍與完顏亮「針鋒相對」，現在完顏璟又與完顏雍「硬碰硬」，叫停「女真文化復興運動」，而加速漢化。完顏璟上臺第二年，即

1190 年，詔修曲阜孔子廟，第三年正式動工，歷時 4 年。金對曲阜孔廟修了 4 次，這是規模最大的一次。經此修，比宋時多 50 餘間，其中大成殿和兩廡首次用綠色琉璃瓦剪邊，青綠彩畫，朱漆欄簾，大成殿外楹柱首次用雕龍石柱，極盡壯觀。同時詔全國州縣修孔廟。1192 年，禁取與古代帝王、周公、孔子相同的姓名。第二年，完顏璟親臨孔廟，北向再拜。1204 年，詔令 35 歲以下的親軍，都必須讀《孝經》、《論語》。

完顏璟將女真封建化推向高潮：

一是即位當年，將宮籍監戶的奴婢，及原寺院僧道控制的契丹奴婢，放為良人。1191 年「更定《奴誘良人法》」，從法律上廢止奴隸制和禁止誘良為奴。

二是限制女真特權，削弱或廢除猛安、謀克女真戶的特權，淘汰一批平庸無能的猛安、謀克。1201 年，責猛安、謀克戶桑田，每 40 畝樹桑 1 畝，禁毀樹木，禁賣土地。

三是 1192 年規定猛安、謀克只能在冬季率屬戶畋獵 2 次，每次不過 10 日。第二年，將行宮禁地和圍獵場所盡與民耕種。1204 年，又將圍場遠地許民眾耕種魚樵。

四是 1191 年允許女真猛安、謀克屯田戶與當地漢戶通婚；1208 年，又詔許屯田軍戶與駐地居民互相通婚。

同時，加快漢化步伐：

一是參考唐宋禮樂，先後修成《金纂修雜錄》400 餘卷及《大金儀禮》，史稱「大定、明昌其禮浸備」。開始祭祀三皇五帝和禹湯文武，展現繼承漢族王統。

二是即位當年增設經童科，凡士庶子年 13 歲以下，能誦 2 大經 3 小經，又誦《論語》及諸子 5,000 字以上，府試 15 題通 13 題以上，會試每

第十六章　明昌之治

場 15 題，3 場共通 41 題以上，即為中選。1190 年，置應制及弘詞科，以待非常之士。至此，諸科齊備。1200 年，又定諸科取士名額不超 600 人，寧缺勿濫。第二年，更贍學養士法，凡生員給民佃官田，每人 60 畝，歲支粟 30 石；國子生每人 108 畝，歲給以所入，待遇空前提升。

三是原本女真字透過契丹字與漢字轉譯。1191 年，令女真字直譯為漢字，解僱國史院專寫契丹字的學者，同年末又罷契丹字。1189 年，命修《遼史》，1207 年成。1194 年，求購《崇文總目》中所缺書籍。1201 年，又令購求遺書，高價訪求，凡藏書家有珍本，借來抄寫完後還原書，給其值半價。

四是先後編成《明昌律義》，及權貨、邊部、權宜等敕條。1201 年修成《泰和律》，共 12 篇、563 條，30 卷，附有注釋等，為金朝最完備的法典。杖刑是古代長期存在的一種基本刑罰，對杖的質地與大小有規定，但在實際中，往往出偏差。1200 年，禮部尚書賈鉉反映：「州縣有些官員為所欲為，百姓稍有不滿，即被決杖，所用刑杖長短粗細又不按法定製作，甚至將鐵刃置於刑杖，因此有的人被杖死。」完顏璟便詔令州縣糾察大杖箠人，隨後還改賈鉉為刑部尚書。

完顏璟的努力，很快獲得豐厚回報，史稱 1193 年「野蠶成繭」[271]。這描述讓人聯想到唐于濆的詩〈野蠶〉：

野蠶食青桑，吐絲亦成繭。

無功及生人，何異偷飽暖。

我願均爾絲，化為寒者衣。

野蠶採食青青的桑葉而吐絲成繭，甘願犧牲自己，衣被生民，這是一個多麼感人的形象。由此可以想見那個時代：五穀豐登，豐衣足食。史

---

[271] 《續資治通鑑》卷 153，9 冊，P4,103，「是歲，金大有年。邢、洛、深、冀、河北十六穆昆之地，野蠶成繭。」

稱：「章宗在位二十年，承世宗治平日久，宇內小康，乃正禮樂，修刑法，定官制，典章文物粲然成一代治規。」[272]

此外，還值得一說當時嚴峻的外部關係。

初期，主要防範西北部的蒙古人。蒙古人雖然開始壯大，但還在金的可控範疇，遼、金輕視其為「阻卜」。完顏璟上臺不久，1195年，命親軍、武衛各500人巡視北邊，撫慰軍民。然而，北邊已經不是撫慰可以解決的問題了。今呼倫貝爾大草原額爾古納河、呼倫湖、貝爾湖一帶，生活的游牧族弘吉剌部，以美女聞名。1196年，大鹽濼（今內蒙古烏珠穆沁旗境內）的群牧使（主管馬政）被弘吉剌部襲殺，金兵出擊，阻卜大敗，遇大雨又凍死十之八九，酋長也被俘。但阻卜又反，與契丹德壽等人聯手據信州，數十萬眾。金兵分道進擊，俘德壽等送京師。次年阻卜再反，並擊敗金兵。完顏璟不得不加大反制力度，遣官至上京（今哈爾濱）、東京（今遼寧遼陽）、北京（今內蒙古寧城）及西京（今山西大同）等地招募漢人為兵，不足的還以簽軍補充。

1198年，一方面詔令各地方官進一步重視「盜賊」情況，聚眾20人以上就必須上報中央，否則處100杖；另一方面，從臨潢到北京，一路壕築障。對此，有人持疑。樞密使完顏襄堅持：「今茲之費雖百萬貫，但功一成，則邊防固而戍兵可減半，歲省三百萬貫，且寬民轉輸之力，實為永利。」[273]於是，突擊50日完成。隨後，西北、西南路也修長城，北邊果然安寧下來，完顏襄立功受賞。同年，增派親軍800人、武衛軍1,600人戍守西北路。1199年，又在西南路沿邊築堡壘900里，營寨相望，初得安寧。第二年，為西南、西北路的沿邊壕塹加修女牆及副堤，用工多達75萬人，厚賜銀幣。1204年，再次加強縣令考核，增定「關防奸細法」。

---

[272]　《金史》卷12，〈章宗紀〉4，53冊，P189。
[273]　同上，卷94，〈完顏襄傳〉，54冊，P1,388。

第十六章　明昌之治

1208年，加修臨潢、泰州（今白城）一帶的邊備。

這些防務也許發揮了一些作用，但沒能阻止蒙古人的發展。完顏璟還曾派員深入蒙古挑撥離間，誘使他們互相殘殺，看似成功，也不如願。蒙古其他各部誓與鐵木真為敵，組建12部聯軍，共同向鐵木真開戰。1204年，獲勝的還是鐵木真，統一蒙古高原各部。1206年春，蒙古貴族們在斡難河（今蒙古鄂嫩河）源頭召開大會，宣布成立大蒙古帝國，為鐵木真加尊號「成吉思汗」，意為「擁有海洋四方」，後被追尊為元太祖，不久將向整個歐亞大陸開戰。

史家幾乎公認金朝的衰落始於完顏璟時期。有學者為完顏璟辯護：

> 到他（指完顏雍）的繼承人即位時，金朝開始衰落，但這既不能過多地歸咎於女真統治集團中少數人的颟顸，也不能歸咎於最高決策層無能，而是因為他們遇到了敵人的攻擊，這個敵人對金的可怕程度，甚於當年女真人對宋朝。[274]

這裡所說可怕的敵人，就是蒙古人。這說法是成立的。豈止女真，對當時歐亞許多民族都是如此。

與北部蒙古不同，南部本來是友好的。北宋、南宋多次在盟友中失信。1164年「隆興和議」或「乾道之盟」以來，宋、金基本上能和睦相處。然而，眼看著蒙古人從金叛亂崛起，宋人又開始激動了，想報舊仇雪老恨。

當時，南宋朝野還是主戰派占上風，包括宋寧宗趙擴及辛棄疾、陸游等著名人物。丞相韓侂冑是外戚，以恩蔭入仕，對擁立現任皇帝趙擴有功，但禁朱熹理學、貶謫宗室趙汝愚，得罪了不少人，很想立新功。1205年，宋兵突然侵入金國的秦州、鞏州。完顏璟一方面遣使入宋，要求依約

---

[274]《劍橋中國遼西夏金元史》，P252。

撤兵，另一方面要求山東、陝西方嚴防、加緊訓練，並撥銀15萬兩給邊帥加強戰備。

邊境事件增加了。1206年，完顏璟召集大臣討論，有的認為宋兵只是挑釁，無意入侵；有的則認為宋接連進犯，非同尋常，還是應加緊戰備。完顏璟贊同後者，部署諸道兵分守要害。果然，沒幾天，宋兵就攻占泗州、虹縣等地。宋正式向金國宣戰，第二年卻不得不承認失敗，遣使入金議和。完顏璟提出5個條件，一是割讓兩淮，二是增歲幣，三是歸還戰俘，四是犒軍銀，五是送首要戰犯的首級，宋方也不得不接受。1208年，金、宋達成新的協議：兩國境界如前，宋以姪事伯父禮事金，增加歲幣、銀帛各5萬，宋納犒師銀300萬兩給金，史稱「嘉定和議」。與40年前的「隆興和議」相比，對金方來說顯然更獲利。

去脈：中原帝王並非「天子」

1208年，41歲的完顏璟病逝。他6個兒子都早夭，只好密詔叔父完顏永濟：「朕尚無子，賈氏、范氏已孕，即將分娩。如果兩妃中生下男孩，即立為皇帝。」可惜完顏永濟不是周公，禁不住權力的誘惑。完顏璟一嚥氣，元妃、李氏等人設計立完顏永濟為帝，緊接著清除懷有龍種的妃子及其外戚勢力。

在那幾千年當中，沒有幾個帝王的權力來得真正乾淨，完顏永濟的皇位是否合法，就不計較了，問題是他無能。成吉思汗建國後，與金尚保持「友好」，仍然入貢。早在此前兩年，成吉思汗曾經見過完顏永濟，不屑一顧。現在聽說完顏永濟居然當了皇帝，不禁嘆道：「原以為中原皇帝都是天上人做的，哪想到完顏永濟那種庸人也可以做！那種人，還值得我跪

第十六章　明昌之治

拜？」[275] 成吉思汗不能不有野心。

成吉思汗這話表面是針對完顏永濟，實際上也許還針對完顏璟，甚至實指所有中原皇帝。

完顏璟的運氣不好，時逢蒙古人崛起，南宋又落井下石，雖然不致於危在旦夕，戰勝南宋並撈了點小錢，但已經感到吃力。

漏屋偏逢連夜雨，這時期天災特別多。如1204年、1207年、1208年的旱蝗，都造成不小災難。更嚴重的是水災，從春秋到清末，黃河水道發生6次重大變遷，此前一次是1048年。1194年，陽武故堤又決口，黃河大半之水由泗水入淮，全流衝入梁山泊，再一路沿泗水氾濫，至淮陽奪淮，從雲梯關入海。從此，河北境內的黃河北流乾涸，海河流域不再受黃河影響。這場水災，使山東、河北、河南等路黃河兩岸的大批農民喪生，倖存者流離失所。救災與防災耗費極大的人力、物力，僅完顏璟即位那年，修復河堤用工就達430餘萬，每工錢150文，米1.5升。你想，這是一筆多重的負擔！

何況完顏璟也是明君難終。完顏璟本身是個文人墨客，傳有「三十六宮簾盡卷，東風無處不揚花」佳句，書法如趙佶的瘦金體，還能鑑定王羲之、顧愷之的書畫作品。有人認為：「若論中國式的教養，章宗在金朝歷代皇帝中堪稱首屈一指，甚至與漢天子相比，也毫不遜色。」[276]

在「大有」之後，完顏璟也犯漢族文人皇帝「晚年」常見病──整日與文人飲酒作詩，不思朝政，多有失誤。宮室由儉變奢，僅改造宮殿陳設，每日動用繡工達1,200人，兩年才完工。官僚機構擴張，官員數量激增3倍。財政負擔不起，只好大量發行紙幣，造成貨幣貶值，萬貫交鈔只

---

[275]《元史》卷1,〈太祖紀〉,55冊,P10,「我謂中原皇帝是天上人做,此等庸懦亦為之耶？何以拜為？」

[276] [日] 外山軍治：《金朝史研究》,李東源譯,牡丹江：黑龍江朝鮮民族出版社,1988年,P670。

能買一個燒餅。為此，1197 年，令鑄「承安寶貨」錢，與交鈔搭配使用。但新錢無濟於事，於是 1198 年改用鈔法，限官民存留現錢數量，設「回易務」，即以綿絹物段易銀鈔。不久，證明此法也不行，1202 年再改交鈔法。不想，結果更糟，整體通貨膨脹率達數千萬倍，幾乎空前絕後，國運從此衰落。

現在，完顏永濟也想有所作為。1211 年春，蒙古人入貢，完顏永濟暗中設伏，想一舉除掉成吉思汗。不想，完顏永濟用人不當，手下的遼族部將竟然向蒙古人告密。這樣，雙方撕破臉。當年成吉思汗親自率軍南下，逼近中都，只因城防堅固才保住。第二年，成吉思汗再次親征。完顏永濟束手無策，只能與臣下相對而泣，怨成吉思汗怎麼不留點面子。幸好金兵尚強，能抵擋一陣子。

1213 年，成吉思汗又一次率大軍逼近中都的時候，守將胡沙虎曾是個逃兵，這次又臨陣怯逃。可是，完顏永濟不但沒治他罪，反而重用。蒙古軍更近了，完顏永濟派使臣到軍營去督促，胡沙虎竟然惱羞成怒，聚眾反叛，劫持完顏永濟，並將他毒殺，另立完顏璟的同父異母兄完顏珣為帝。

完顏珣更是亂政。他向成吉思汗屈辱求和，又與西夏斷交，將都城由中都南遷至汴京，發動侵宋戰爭，從此金國三面受敵。

宋與金魚死網破，蒙古人得利。蒙古於 1227 年輕易滅西夏，1234 年滅金，1279 年滅南宋。如果不是這樣，金國與西夏、南宋聯手抗蒙，結局將如何？

當然，現代人「馬後炮」，不宜假想太多。關於金之滅，顯然是亡於超級強大的蒙古人，也有人說是因為經濟上的問題，還有人說：「遼以釋廢，金以儒亡。」[277] 即金國之滅是由於全盤漢化，過度推崇儒學，沉迷於繁文縟節，消失了他們原本民族的生氣。

---

[277] 同注 275，卷 163，〈張德輝傳〉，57 冊，P2,552。

第十六章　明昌之治

第十七章
乾淳之治

【提要】

宋孝宗趙昚當政時期(1162～1189年),與金「隆興和議」,為岳飛平反,反腐懲貪,禁偽學,清理苛捐雜稅,貨幣經濟大發展。

南北宋之交,帝王多「禪讓」。國難當頭,丟下擔子不做,去享清福,太不負責任了!

第十七章　乾淳之治

來龍：「建炎中興」

宋高宗趙構恢復宋室後，忍辱負重，與金和解，集中精力發展經濟、文化，雖然在軍事方面仍然較弱，但在經濟、文化方面卻遙遙領先於當時遼、夏、金、元等地區，被譽為「建炎中興」，詳見《春之卷》第十章。

最大亮點：和外安內

一、與金和平

趙構禪讓，趙昚繼位後，有志於收復中原，起用老將張浚等發動「隆興北伐」，卻慘遭失敗。大臣湯思退等群起攻擊張浚等主戰派誤國，力主和議。趙昚感到壓力，只好下〈罪己詔〉，罷黜張浚，改用湯思退等主和派執政，並下令撤防，遣使與金議和，訂立「隆興和議」，或稱「乾道之盟」，詳見前章。

這個和約是更加屈辱的，但自己是挑戰者，再苦的果也得吞。他轉而集中精力，發展現有轄區的社會經濟。對北方，在堅持和平的前提下，只做兩件事：

一是建樹忠義文化。1170 年，批准鄂州（岳飛曾在此屯兵）人士建議，在此建岳飛祠，廟額書寫「忠烈」二字。1178 年，又諡岳飛為「武穆」，為主戰人士畫餅充饑。

二是防範金人入侵。1168 年，荊南府訓練義勇民兵，較贍養官軍省費；同年四月，禁販牛過淮河，違者以販軍需治罪。第二年二月，命楚州加強海防，防止與金人發生意外牽涉；同年復置淮東萬弩手，名「神勁

軍」，並以定海水軍為御前水軍。1177 年，將兩淮歸正人編為「強勇軍」。

「隆興和議」後，雙方又獲較長時間和平。南宋在這時期與其他地區關係也都很友好，不見干戈。

二、「偽學案」

早在西漢就有「真儒」與「偽儒」之爭，揚雄說孔孟是真儒，其後則偽儒當道。不過，偽儒當道也不是順暢的，程頤之儒、朱熹之儒、王陽明之儒都曾被朝廷宣布為「偽學」而遭禁止。趙昚時期文化上建樹不多，但影響千古。

宋初在文化方面仍然很開放，趙匡胤信仰佛教，趙恆喜歡道教，但他們並不排斥其他，跟唐朝一樣，沒有「獨尊」什麼。趙禎時期開始變化，歐陽修重新發起「古文運動」。這運動是唐中期韓愈首倡的，提倡古文，反對駢文，但並不是單純的文體改革，更重要的是，想恢復先秦的儒學道統。接下來形成三派，一是以王安石、王雱父子為首的「新學」派；二是以蘇軾、蘇轍兄弟為首的「蜀學」派；三是以程顥、程頤兄弟為首的「道學」派。這三派都是歐陽修學說的繼承人，可他們相互排斥，後來又分化諸多派別。如福建的朱熹，繼承程顥、程頤的「道學」，又有所不同，形成「理學」，也稱「閩學」。

王安石飽讀儒家經典，自認為重新發現了周代理想社會的價值觀。然而，他的變法失敗，又發生「靖康之變」，南宋文化發生深刻變化。中國傳統文化有個問題，即碩儒董仲舒所謂「善皆歸於君，惡皆歸於臣」，每當發生重大危機，不敢追究現任及其祖上皇帝的責任，而要歸咎於所謂「奸臣」。比如殺岳飛，人們痛恨秦檜，可是沒有時任皇帝趙構的批准，秦檜敢殺、能殺岳飛嗎？北宋亡國，趙構不敢追究趙佶的責任，全推給

第十七章　乾淳之治

更早些年的王安石[278]，開始全盤否定他，王安石父子的「新學」遭到全面打壓。

朱熹 1148 年進士及第，算是趙構培養出來的人才。朱熹雄心勃勃出仕同安（今屬廈門一區）主簿兼儒學，相當於現代分管農業、財政、稅收與教育等工作的副縣長。到任之初，他去祭拜當地孔廟，寫了一則短文〈鼓銘〉：「擊之鏜兮，朝既晹兮，巧趨蹌兮。德音將兮，思與子偕響兮。」[279]雖然全文僅22個字，誓言建立響亮功勳的決心，表達得淋漓盡致。然而，現實並不會輕易被聖人意願所打動。他所分管的縣學亂糟糟，有的生員行為嚴重不軌，被剝奪學籍，他不得不以「能行寡薄，治教不孚」之言自責。更糟的是1157年夏，轄內竟然發生農民圍攻縣城的暴動。暴民雖然很快被鎮壓，但朱熹嚇壞了，慌忙逃離。臨別，他又到孔廟祭拜，新寫一則僅43字的〈辭先聖文〉，坦言執政5年來失誤不少，雖然僥倖逃脫上司追責，但自己內心十分不安。[280]

離職後，朱熹築室武夷山，從事教育和著述活動。他仍然關心國家大事，認為「今上領衫與靴皆胡服」，直接批評趙構。[281]趙構倒是有心胸，聽聞朱熹之名，1159年召他進京。朱熹則認為「舉朝無非秦（檜）之人」，不願同流合汙。趙昚即位後，詔求臣民意見。朱熹躍躍欲試，應詔陳事，反和主戰，反佛崇儒。1163年，朱熹應詔入對，面奏三劄：一劄論正心誠意、格物致知之學，反對老子與佛教異端之學；二劄論外攘夷狄之復仇大義，反對和議；三劄論內修政事之道，反對寵信佞臣。這些主張與當時大政方針相左，沒被採納。但同年還是任朱熹為國子監武學博士，朱熹辭職

---

[278] 《建炎以來繫年要錄》卷87，「安石之學雜以舊道，取商鞅富國強兵，今日之禍，人徒知蔡京、王黼之罪，而不知天下之亂生於安石。」
[279] 民國版《同安縣誌》卷25。
[280] 《朱子全書》第24冊，「熹祇服厥事，於茲五年，業荒行隳，過咎日積。雖逭厥罰，何慊於心。辭吏告歸，愧仰崇仞。謹告。」
[281] 《朱子語類》卷91，5冊，P2,498。

不就，請歸崇安（今福建武夷山）。

1178 年朱熹出山，知南康軍（今江西廬山）兼管內勸農事。同年視陂塘時，在廬山五老峰南麓找到白鹿洞書院廢址。唐時曾有洛陽人李渤與其兄在此隱居讀書，南唐在此辦「廬山國學」，又稱「白鹿國學」，與秦淮河畔國子監齊名。北宋初年還賜《九經》等書於該書院，後來荒廢。1181 年經趙眘批准，朱熹令當地官員修復，並自任洞主，制定教規，延聘教師，招收生員，劃撥田產。當時著名學者陸象山也曾來此講學。朱熹制定〈白鹿洞書院揭示〉，即〈白鹿洞書院教規〉：

父子有親，君臣有義，夫婦有別，長幼有序，朋友有信。

右五教之目。堯舜使契為司徒，敬敷五教，即此是也。學者學此而已，而其所以學之之序，亦有五焉，其別如左：

博學之，審問之，慎思之，明辨之，篤行之。

右為學之序。學、問、思、辨，四者所以窮理也。若夫篤行之事，則自修身以至於處事接物，亦各有要，其別如左：

言忠信，行篤敬，懲忿窒欲，遷善改過。

右修身之要。

正其義不謀其利，明其道不計其功。

右處事之要。

己所不欲，勿施於人。行有不得，反求諸己。

右接物之要。

這份教規為後世仿效，傳至日本、朝鮮及東南亞一帶，白鹿洞書院享譽海內外。該書院與湖南長沙的嶽麓書院、河南商丘的應天書院、河南登封的嵩陽書院，合稱為中國四大書院。

時任丞相王淮，力薦包括辛棄疾、陸游等一大批人才，趙眘稱讚他

第十七章　乾淳之治

「不黨無私，剛直不阿」。

1181年末，王淮薦朱熹提舉浙東常平茶鹽公事。此職僅北宋末、南宋初有，主管茶鹽專營事務，隸屬中央茶鹽司。王淮的同鄉姻親唐仲友與朱熹素有學術分歧，偏偏知臺州，雖調往江西，但沒來得及赴任。朱熹聽說唐仲友喜歡「營妓」，即「官妓」嚴蕊，經常在酒宴時請她作陪。當時是允許官員請營妓坐檯侍陪的，只是不許上床。朱熹便將嚴蕊拘捕，一次次嚴刑拷打（朱熹主政福建時也曾以酷刑對付當地唱山歌者），要她承認跟唐仲友上過床。獄吏有些過意不去，勸道：「汝何不早認，亦不過杖罪。況已經斷罪，不重科，何為受此辛苦邪？」朱熹先後六次上狀奏劾唐仲友，並指責唐仲友與王淮上下串通勾結，鬧得沸沸揚揚。平心而論，朱熹沒有冤枉唐仲友，「蓋唐平時恃才輕晦庵」，晦庵即朱熹。此事驚動了趙昚，趙昚詢問王淮。王淮輕描淡寫說：「此秀才爭閒氣耳！」趙昚與王淮是不會解救一個妓女的。直到朱熹調離，岳飛的兒子岳霖到任，「憐其病瘁，命之作詞自陳」。嚴蕊即口出〈卜運算元〉詞一首：

不是愛風情，似被前緣誤。花落花開自有時，總賴東君主。

去也終須去，住也如何住。若得山花插滿頭，莫問奴歸處。

岳霖聽了，當即判令從良。此事《夷堅志》也有載，但周密強調他是從「天臺故家」所得，所述更可信。[282]

趙昚是不會解救一個妓女的，但由此將唐仲友與朱熹的學術之爭引爆。先是吏部尚書鄭丙疏言：「近世士大夫有所謂道學者，欺世盜名，不宜信用。」監察御史陳賈具體指責，說謹獨、踐履、正心誠意、克己復禮之類，「皆學者所共學也，而其徒乃謂己獨得之」。[283] 這話可謂一語中的。其實，將人類某些普遍共有的美德「謂己獨得之」，可謂傳統文化的一大

---

[282]　周密：《齊東野語》卷17、20，P323、375、376。
[283]　《續資治通鑑》卷148，宋紀148，8冊，P3,969。

痼疾。趙昚並不糊塗,深有同感說:「道學豈不美之名?正恐假托為名,真偽相亂耳。」[284] 於是,1183 年詔令禁道學。

有必要略說後事。1190 年,朱熹知漳州,發現下屬漳浦縣亂收費現象十分嚴重,百姓苦不堪言,朱熹有心整治,卻「坐視半年,未有可下手處」[285],解決不了民生的實際問題。新皇帝趙擴對朱熹也很重視,特地請他入宮講學。朱熹並不滿足於經筵之職,「事事要過問」,問題是所言又「多不可用」,皇帝與大臣們諸多反對。僅 46 天,朱熹被迫離開,麻煩卻還沒完。1196 年末,沈繼祖列朱熹十大罪狀,如「不敬於君」、「不忠於國」、「玩侮朝廷」、「為害風教」、「私故人財」等等,為此建議將朱熹斬首。趙擴將信將疑,只是罷朱熹的官。不久,第二年初,便恢復他的官職。然而,眾怒一浪高過一浪。劉三傑又給了致命一擊!劉三傑只不過是朝散大夫,即有官名而無職事的文官,他的疏奏寫得擲地有聲,將理學與外敵相提並論[286],用現代話來說,是小題大作了!所以,韓侂冑如獲至寶,當日提拔劉三傑。

彈劾進入高潮,綿州知府上書建議「置偽學之籍」,趙擴批示同意。於是,一份「偽學逆黨」名單很快出籠,高官有趙汝愚等 4 人,大臣有朱熹等 31 人,另有武臣 3 人,士人 8 人,共 59 人。幸好宋朝相對開明,有不殺文人的好傳統,處理官員不過是貶官,但也夠難堪。這便是歷史上著名的「慶元黨案」。

朱熹向皇帝寫「悔過書」,即〈落祕閣修撰依前官謝表〉,自貶「草茅賤士,章句腐儒,唯知偽學之傳,豈適明時之用」,承認「私故人之財而

---

[284] 同上,P3,970。
[285] 轉引自趙冬梅:《法度與人心:帝制時期人與制度的互動》,P156。
[286] 同注 283,卷 154,9 冊,P4,149～4,150,「今日之憂有二:有邊境之憂,有偽學之憂。邊境之憂,有大臣以任其責,臣未敢輕論;若夫偽學之憂,姑未論其遠,請以三十餘年以來而論之……如此鬼蜮,百方害人,防之不至,必受其禍。臣謂今日之策,唯當銷之而已。」

第十七章　乾淳之治

納其尼女」等數條罪狀，表示要「深省昨非，細尋今是」。[287] 有些人認為「納其尼女」等罪是誣陷。就算誣陷吧！可是朱聖人怎麼會對誣陷「深省」呢？至少說明這份檢討書不真誠，也即「欺君」吧？將此與嚴蕊相比較，更能說明問題。

後來，朱熹未再入官，在閩北一帶講學著述至死。1182 年，朱熹 52 歲時，將《大學章句》、《中庸章句》、《論語集注》、《孟子集注》合刊為「四書」。之後，朱熹仍然嘔心瀝血修改《四書集注》。與傳統儒學略不同，朱熹的「道學」被稱為「理學」或「閩學」，理學家又稱「宋儒」（有別於董仲舒們的「漢儒」）。宋儒門派多，其精神氣質的共同特點：重經義，輕經驗；揚三代，貶漢唐；急著述，緩事功。

此外還值得一說，民生經濟頗有成效。

朝野對丟失的中原耿耿於懷，怨言頗多。四川舉子楊甲在科舉考試當中，直接批評趙眘的北伐之志不堅，「妃嬪滿前，聖意幾於惑溺」。趙眘讀了當然生氣，但還是錄取他為進士，沒黜落，更沒治他誹謗罪。而另一種情況，光州知府滕瑞興高采烈匯報說：「天申聖節快到了，臣自書『聖壽萬歲』4 個字，2 丈多大，建了 3 個綵棚，高 3 丈多，還用了 50 多匹絹裝飾，送進宮了。」天申節是趙眘父皇的生日，是大臣們爭先恐後、阿諛奉承的好機會。沒想到這次馬屁拍錯了，趙眘批評說：「滕瑞不修郡政，以此獻諛，特降一官。」趙眘希望官員們不要把心思放在這方面，而要務實。

李文嵐指出：「南宋初期的國家財政收入，平均在每年 4,500 萬貫左右，其中 1,300 萬貫左右用於皇室開支，2,400 萬貫左右用於在和平時期供養軍隊，其他所有開支，只有七、八百萬貫。而一旦戰事爆發，軍費會成倍激增。這多出來的費用，政府只會不停地用通貨膨脹和增加苛捐雜稅

---

[287]　《朱文公文集》卷 85。

的方式轉嫁民間。於是南宋苛捐雜稅的科目之多、賦稅程度之高，在中國歷史上是空前的，經常達到北宋時期的一倍左右。」所以，與金和平可謂「物美價廉」。[288] 著名作家還風趣地說：「給金國的錢『只不過比人家供養一個老太婆的費用多一點』。」[289] 這老太婆指皇后。

1167 年，財政大臣報告：「從 1161 年至 1166 年，共印行 280 餘萬道會子。目前，諸路貨運都要收現錢（指鐵銅錢），州縣也不許民戶收會子，以致外地會子堵塞，不能流通，商賈低價現錢收購會子。為此，請中央撥給度牒及各州助教帖，以收納會子。」趙昚同意，詔令先發給佛教度牒、道教拜師帖各 500 道，以供權貨物，定價收兌會子。同年置豐儲倉，即國家糧倉，增印會子。1178 年，核定會子 1,000 萬緡為一界。1180 年，印會子百萬緡，均給江、浙，代納旱災州縣月樁錢。月樁錢是當時支應軍餉而加徵的稅款名目，計月樁辦錢物。1186 年，趙昚聽說軍民變成不要現錢，而要交子，但會子之數有限，為此詔曰：「諸路州縣並以見錢、會子中半交收。」見錢即現錢，中半即對半。由此可見，紙鈔這時已呈現取代金屬幣之勢。不過，歷史發展並非直線型，元明清時會子退讓給金銀了，此是後話。

宋時苛捐雜稅多，趙昚注重改進。如：

1170 年，大臣反映：「今重徵之弊，莫甚於沿江地區，如蘄春之江口與池州之雁漢，人們稱之大小法場，徵取酷如殺人。」趙昚即令沿江諸路監司嚴行禁革，罷沿江稅場多處。

1176 年，多名大臣反映：「秋苗加耗太重，有的建議加耗不得超過 3 分，有的建議 2 石以上方可納 1 升。」趙昚感慨說：「如此濫加耗，民力怎不困？」於是責令各地方官自覺察糾。

---

[288] 李文嵐：〈不得人心的南宋北伐〉，《大科技・百科新說》2011 年 6B。
[289] 夏堅勇：《紹興十二年》，南京：江蘇文藝出版社，2016 年，P192。

第十七章　乾淳之治

次年大臣反映：「戶部每年三月從南庫借 60 萬緡應付支遣，次年正月至三月措還。各地只好違法預催夏稅，百姓苦不堪言。如果移此 60 萬緡於四、五月支借，則戶部自不缺用。禁預徵夏稅，可糾正預催之弊。」趙昚詔令各地不得違例預徵夏稅。

1178 年，有大臣言：「郡縣政事，以預借最害民。一年租稅負擔已重，而又預借明年租稅，實增民負擔，名為借，而終無還期。前官既借，後官必不肯承。」趙昚詔令禁州縣預借租稅。

同時，另有大臣反映：「宋初一丁之稅，每人絹 7 尺，20 歲以上才納，60 歲開始免，殘疾或重病及 20 歲以下的都免。可現在，一些鄉里每 3 年檢查一次，重新定納稅人丁，一方面是該免的未免，另一方面是隱而不納。為此，建議專設丁稅司，每年終，由民戶家長自報實有丁多少，老病少壯多少，開列詳表，該納的納，該免的免。」趙昚採納。

1185 年，大臣反映：「廣西最遠，其民最苦。法定男 21 歲為丁，60 歲為老，官方按籍計年。通常按丁簿查歲數，以便收附或銷落。但靠海諸郡，以身丁錢為巧取之資，有收附而無銷落。且收時，錢則倍收剩利，米則多量加耗。一戶計丁若干，每丁必使折為一鈔。一鈔之內，有鈔紙錢，息本錢，靡費公庫錢。百姓太苦了。為逃避，有的改為女戶，有的背井離鄉，有的捨農為工匠，有的泛海從商，總之不得安寧。希望能革違法過取之害。」為此，趙昚詔令整頓廣西身丁錢。

同年大臣反映：「豪民買樸擾民。買樸指令民承辦釀酒，交易時又令競價。」於是，趙昚罷荊門軍 3 個稅場。隨後，又從大臣的請求，罷常德、復州、江都、泰州、山陽、天長、高郵的稅場。

讀著以上史料，我心裡很不平靜，一為窺見這個盛世平民生活的真相；二為那些為民請命的大臣；三為知情即改的趙昚。

1180 年，相關部門反映：「去年豐收，今年米賤，到處要求和糴，倉

廩盈溢。江東諸路供米，要求就近送金陵、鎮江糧倉，可現在這兩處守臣也說無倉可儲了，請求改送行在（臨安）豐諸西倉。」

去脈：不孝之子

趙昚時期，社會經濟繼續全面大發展，史稱趙昚「卓然為南渡諸帝之稱首」。[290] 然而，初期有太上皇干預，趙昚並不能大刀闊斧去做，後來趙昚則變得心灰意冷，越來越厭倦政事，1189 年，便以為趙構「守孝」為名禪讓，所以稱「孝宗」。

富有戲劇性的是，趙昚的接班人趙惇卻以不孝著稱於史。他們父子歷來不和。趙昚遜位後，他長期不去看望。1194 年，趙昚病倒，他既不請太醫去看病，自己也不去看望。更過分的是，趙昚死了，他公然不服喪。因此，韓侂冑和趙汝愚等大臣在太皇太后支持下，逼迫他「禪讓」給太子趙擴。

趙擴時期經濟保持發展，但無力擺平韓侂冑和趙汝愚爭權奪利，大規模的宋金戰爭發生兩次。「隆興和議」以來，宋、金基本上能和睦相處。然而，眼看著蒙古人從金國內部崛起，宋朝又開始激動了。

當時，南宋朝野還是主戰派占上風，包括趙擴及辛棄疾、陸游等著名人物。他們說北方同胞都盼望著解放，辛棄疾還說「敵國必亂必亡」[291]。丞相韓侂冑對擁立現任皇帝趙擴有功，因為禁朱熹理學、貶謫宗室趙汝愚引起一些糾紛，有些大臣便「勸韓侂冑立蓋世功名以自固」。1205 年，宋

---

[290] 《宋史》卷 35，〈孝宗紀〉3，41 冊，P463。
[291] 同上，卷 474，〈韓侂冑傳〉，51 冊，P10,654，「會辛棄疾入見，言敵國必亂必亡，願屬元老大臣預為應變計，鄭挺、鄧友龍等又附和其言。」

第十七章　乾淳之治

兵突然侵入秦州、鞏州邊境。第二年，宋正式向金國宣戰，詔書寫得慷慨激昂，非常振奮人心。可惜情緒當不了槍，何況完顏璟已經有所防備。宋軍幾路進攻，一路襲宿州，失敗；二路包圍宿州，也失敗；三路取徐州，連主將都被俘；四路在靈璧稍勝，逐金兵30里。史稱「開禧北伐」。

同年金分兵9路大舉反攻，一路出潁州、壽春；二路出唐州、鄧州，三路出渦口，四路出清河口，五路出陳倉，六路出成紀，七路出臨潭，八路出鹽川，九路出來遠，幾乎全線南下。相繼破滁州、真州等地，只有在楚州遇到較強抵抗。在這緊要關頭，南宋內部發生一大變故——吳曦叛變附金。吳曦因祖父功勳補官，被授興州兵權。1207年，吳曦將金兵引入鳳州，然後以興州為行宮，稱蜀王，改元置百官，受金冊封。宋軍分兵圍剿吳曦，還好順利，僅41天結束這場鬧劇，但無疑大傷元氣。隨後，宋軍收復階、成等州，但「蜀口、漢、淮之民死於兵戈者，不可勝計，公私之力大屈」[292]，無法奪取預想的勝利。宋廷決定遣使入金議和。金兵復破大散關。宋使方信孺再入金，金人提出和解5個條件，韓侂胄一聽，怒不可遏，將方信孺貶到臨江軍。然而，現在戰敗，原來主戰的人紛紛抱怨貿然開戰，何況皇后早就看不慣韓侂胄。皇后密令禮部侍郎史彌遠襲殺韓侂胄及其親信蘇師旦，然後才稟報趙擴。趙擴聽了，恨恨說：「恢復豈非美事，但不量力爾！」[293] 趙擴把自己的領導者責任推得一乾二淨，韓侂胄變成宋、金兩國共同的敵人，罪該萬死。於是，很快下詔公布韓侂胄的罪狀，並將他的首級送入金國。1208年，宋、金達成新的協議，即「嘉定和議」。與「隆興和議」相比，對宋來說，顯然更加屈辱。

南北宋之交，帝王多「禪讓」，接二連三，似乎政治文明，可別忘了這是國難當頭，丟下擔子不做，去享清福，太不負責任了！趙匡胤在天之靈若有知，肯定會將他們趕出趙氏神廟。

---

[292]　同上，P10,656。
[293]　同上，P10,657。

第十八章
永樂之治：耀武揚威

【提要】

　　明成祖朱棣從 1402 年政變奪位至 1424 年突然亡於沙場，遷都北京，鄭和下西洋，編《永樂大典》，興修水利，「賦入盈羨」為明代之最。

　　朱棣血腥鎮壓之後華麗轉身，尊程朱理學為正統，並把自己說成是「道統」的繼承者。儒士們吹捧他是「周公再世」，使早已沉寂的周公突然備受推崇。

第十八章　永樂之治：耀武揚威

來龍：「靖難之役」

朱元璋很像法國大革命時期的羅伯斯比，在帶來勝利的同時，也帶來恐怖。據說連太子朱標都看不過去，進諫：「誅戮過濫，恐傷和氣。」朱元璋將一根荊棘放在地上，命朱標去撿，朱標沒撿。朱元璋說：「你怕刺不敢撿，我把這些刺去掉再交給你，不好嗎？我殺的都是對你有威脅的人，除掉他們，你才能坐穩江山。」朱標堅持說：「有什麼樣的皇帝，就會有什麼樣的臣民！」這話說的太對了！可惜，朱標命薄，比他父親早 6 年病逝。1398 年朱元璋死，只好由朱標之子朱允炆繼位，改年號為「建文」。以「建文」繼承「洪武」，可是好兆頭？

朱允炆自幼熟讀儒家經書，性情溫文儒雅。1396 年，朱允炆曾建議修改《大明律》，改掉 73 條過於嚴苛的條文，深得人心。即位後，朱允炆繼續改革，禁止以誥文為依據判案，監獄裡的囚犯少了 2/3。財政方面，減輕過重的稅收，重點是江南的土地稅。1400 年初，有人申訴直隸地區（今江蘇、安徽、上海）和浙江等地賦稅嚴重不公，如蘇州耕地僅占全國 1/88，每年卻要納 281 萬石糧米，占全國土地賦稅的 9.5%。朱允炆令按統一標準收這些地區的土地稅。因為朱元璋寵信，僧道橫行霸道，多行不法，舉朝莫敢言。僧道還藉機攫奪大量田地，變為有權有勢的地主。朱允炆詔令每名僧道免稅土地不超過 5 畝，多餘的分給無地貧民。人們歡呼「建文新政」。

然而，朱允炆有一件至關重要的事卻沒做好。朱元璋有 26 個兒子，也就是說，朱允炆有 24 個健在的叔叔（皇太子與一幼子早死），分封各地。其中 9 個年長的，分封在西北邊境和長江中部，視為抗擊蒙古和鎮壓叛亂的主力。他們不僅享有鉅額年俸和廣泛的特權，每人還掌握兵員 0.3～1.5 萬。這樣的王國，對朱允炆這樣的姪兒來說，顯然是極大的威脅。

來龍:「靖難之役」

早在 1376 年,就有小吏葉伯巨指出分封太多,想想西漢「七國之亂」與西晉「八王之亂」,提醒「分封逾制,禍患立生,援古證今,昭昭然矣」[294]。朱元璋大發淫威,將葉伯巨螞蟻般殺了。可是葉伯巨所擔心之禍,不用數世,朱允炆和他的幕僚們很快就意識到。為此,朱允炆一上臺,就對諸藩王進行改革,如增置賓輔和伴讀,讓翰林學士輔導諸幼年王子讀書,而不准參與文、武政事。隨著朱元璋的二子和三子故去,剩下四子燕王朱棣權勢最大,也是尊長。這時,朱允炆決定從「限藩」進而「廢藩」,周、代、岷、湘、齊諸王先後削奪,湘王自焚,餘皆廢為庶人。

燕王朱棣可不是傻瓜,裝瘋賣傻,亂跑、亂喊、亂躺在大街上,麻痺中央,暗中加緊謀反。偏偏朱允炆心太善,或者說是失誤。朱棣稱病,請求在京城當人質的 3 個兒子回去照顧。朱允炆竟然信以為真,讓他再無後顧之憂,且還在戰前詔曰「毋負朕有殺叔父名」。所以人們認為朱允炆這是婦人之仁,最為愚蠢。

1399 年,兵部尚書齊泰獲朱棣謀反證據,朱允炆密令大臣張信逮捕朱棣。不想,張信是朱棣老部下,竟然告密。於是,朱棣立即舉兵,連夜奪北平。然後,以「尊祖訓,校周公,誅奸臣,為國靖難」之名出征。朱允炆出師 30 萬討伐,後增至 50 萬,仍然失敗。1402 年,又因內臣叛變,朱棣獲悉南京空虛,便改變策略,率師南下,連克泗州、揚州。這時,朱允炆求和,朱棣不肯,直逼南京。守將開門投降,南京城陷,宮中火起,朱允炆不知所終,據說自焚了。為了洗刷「殺姪奪位」的罵名,朱棣對著朱允炆那燒焦難辨的屍體痛哭一番,聲稱自己出兵只不過是為了誅殺奸臣。朱棣稱帝,改年號為「永樂」,人稱「永樂大帝」。

朱棣之殘暴跟朱元璋十分相像,根本不須做 DNA。進城後,清宮 3 天,各宮男女除了被朱允炆治過罪的,一律斬殺。朱允炆的高官,一個個

---

[294]　徐禎卿:《翦勝野聞》。

第十八章　永樂之治：耀武揚威

被整族整族地殺。民間多說朱允炆隱跡江湖 30 餘年，朱棣也相信他還活著，派人四處密訪，據說鄭和下西洋的真實動機，只不過是為了暗訪朱允炆的下落。同時，他公然抹掉朱允炆的一切，不惜把朱元璋的年號延長了 4 年，1399 年至 1402 年被歷史學家稱之為「革除」時期，直到 1595 年才被萬曆恢復。1736 年，乾隆封朱允炆為「恭閔惠帝」，代表他皇帝地位正式恢復。在《明史稿》中，他被指名道姓，什麼尊號也沒有。

最大亮點：耀武揚威

中國海岸線雖長，但注意力長期在內陸，直到唐、宋海上交通才開始繁榮，蒙古帝國時代，海事進一步發展。進入明朝，朱元璋強烈排外，下令連一塊木板都不許出海。朱棣破例派鄭和遠航，事出有因。

《明史》明確寫道：「成祖疑惠帝亡海外，欲蹤跡之，且欲耀兵異域，示中國富強……不服則以武懾之。」[295] 由此可見目的有二：一是搜捕朱允炆，二是耀武揚威。鄭和原名馬三保（寶），10 歲被擄入明營，受宮刑。「靖難之役」中有戰功，朱棣要嘉獎他，只因跟皇太后同姓不能登三寶殿，便賜他姓鄭名和，任內官太監。他懂兵法，有謀略；熟悉西洋各國歷史、地理、文化、宗教，有外交才能，還有航海、造船知識，因此被委以下西洋船隊的統帥。

1405 年七月至 1431 年七月，鄭和 7 次率船隊下西洋，先後到過今荷姆茲、紅海、東非一帶。美國芝加哥菲爾德博物館 2013 年曾宣布：「美國科學家在肯亞曼達島發現一枚中國明代錢幣，上有『永樂』字樣，證明在歐洲人涉足非洲大陸之前，中國已經和東非國家往來。」

---

[295]　《明史》卷 139，〈葉伯巨傳〉，60 冊，P2,651。

鄭和船隊包括 240 多艘海船、2.74 萬名船員。船有 5 類，第一類「寶船」，最大長 44 丈 4 尺，寬 18 丈，載重 800 噸，可容納上千人，是當時世界最大的船隻。第二種「馬船」，第三種「糧船」，第四種「坐船」，第五種「戰船」，分別用於載貨、運糧、作戰、居住。這麼多船隻人馬，別說一艘艘高大如樓，就算一條條小舢板排過去，也夠浩蕩、夠威風。

鄭和下西洋推行和平外交，傳播中華文明。不過，這支船隊也像唐僧肉，一路有妖魔鬼怪想吃。舊港（在今印尼蘇門答臘巨港）是由中國移民建立的，國王陳祖義卻下令襲擊鄭和船隊，結果被擒，押回南京處斬。錫蘭也耍陰謀，一面將鄭和誘進城，另一面突襲停泊在港的中國船隊。鄭和利用身邊 2,000 人趁虛反襲皇宮，生擒國王，押回南京。朱棣將他放回，從此成為盟友。蘇門答臘也曾襲擊鄭和船隊，試圖奪寶，反而被俘，押回南京處斬。遺憾的是，1433 年，鄭和因勞累過度，在古里（今印度科澤科德）病逝。更遺憾的是：

其一，當時中國海軍顯然領先世界，可是這種實力未能保持，更未能發展。「現代學者，對鄭和的下一輩在上述燦爛光輝的創舉後不事繼續，既感到驚訝，也覺得憤恨。看到不過百多年後，中國東南沿海即受日本來犯的倭寇蹂躪，澳門也落入葡萄牙之手，不免令後人切齒。中國從此之後，迄至 19 世紀，無海軍可言。而 19 世紀向外購辦之鐵甲船，也在 1895 年的中日戰爭被日本海軍或擊沉，或拖走。」[296] 這主要是制度的原因，人亡政息，改朝換代就改弦易轍，重新連木板也不許出海，已獲取的航海數據也被銷毀。

其二，有些專家、學者認為鄭和還到過澳洲、美洲等地。僅就公認最遠曾到非洲東岸，也足以代表當時航海探險的水準，比西方探險家達伽馬、哥倫布等人早 80 多年。可是鄭和卻沒有「發現新大陸」，或者說有發

---

[296]　谷應泰：《明史紀事本末》卷 16，北京：中華書局，2015 年，P239。

第十八章　永樂之治：耀武揚威

現而沒宣揚，或者說大明朝廷此後沒能進一步努力……總之功虧一簣，讓哥倫布撿了大便宜。這除了體制的原因，還有文化的原因。袁偉時痛心地說：「很簡單，他的活動不求利，遠航是為了宣揚國威，全部經費都靠財政撥款，數額太大，支撐不下去，被迫停止。」[297] 美國伊隆・馬斯克（Elon Reeve Musk）的 SpaceX 發射成功，似乎為袁偉時此說提供了新的有力證據，人們驚呼航太事業也要步入商業時代了。

不過，鄭和先後幾次動武，並將俘虜押回北京斬殺。弱小國如占城，嚇得主動表示「願納國土，請吏治之」。

與此同時，朱棣也強力處理其他周邊關係。

◎安南平亂

安南即今越南北部一帶，歷史上曾多次歸附中國，又幾次獨立出去。元末動盪，安南又處於半獨立狀態。1400 年，其內部發生叛亂，胡一元（即黎季犛）殺原國王陳日焜，自立為王，改國號為「大虞」，不久禪讓於其子胡漢蒼。胡一元遣使入明，稱陳氏宗族已絕，胡漢蒼為陳日焜外孫，暫理國政。朱棣冊胡漢蒼為安南國王。

1404 年，安南一個陳氏舊臣入明，揭露胡氏叛亂真相，乞求援兵復國。沒幾天，寮國宣慰使派人送來陳日焜之孫陳添平。這樣，朱棣決定干預。第二年初，朱棣派人去問罪，胡漢蒼承認，表示讓位。1406 年陳添平辭歸，朱棣封胡氏為順化郡公。不想，同年陳添平一行到芹站（今越南諒山雞陵關），遭胡氏伏殺。朱棣大怒，發兵討胡氏。胡氏以象迎戰，終不敵明軍火器，只好焚宮室逃海上。第二年初，明軍在木丸江（今越南河西境內）大破安南兵，斬首萬級，溺死無數；又俘胡氏父子，押送回國；將安南改名交趾，設交州等 15 府、36 州、181 縣。

---

[297]　同上，卷 304，〈鄭和傳〉，63 冊，P5,200。

1408年，明軍班師回國。交趾簡氏叛亂，建政「大越」，明軍重發萬兵征討。叛軍請降，明軍不允，分兵進擊，於美良山中生擒簡氏，押送京城處斬。

不過此後仍然反覆。當然，這也有大明方面的責任。時任交趾監軍宦官馬騏，代表朝廷監督駐交趾的明軍，權力有多重，可想而知，但他並不是個好官，利用為皇帝徵收御用物品的機會中飽私囊，橫徵暴斂，1417年激起當地民眾強烈反抗。次年初，清化府俄樂縣巡檢黎利率眾起事，稱「平定王」。交趾鎮將李彬遣兵出擊，黎利敗走。但這只不過是小勝，隨後又有10餘處起事，而且都有地方官率民眾，李彬疲於四處攻討。1419年，李彬又獲較大勝利，黎利逃寮國，但這仍然只是暫時的。

◎五征蒙古

明朝建立後，退回漠北的蒙古韃靼、瓦剌等部，經常南下騷擾搶掠，後來又有女真族在東北崛起，也時常威脅中原。為此，朱元璋加修長城，朱棣等子孫們一代一代接著做，200多年幾乎沒停過。朱元璋和朱棣時期，主要是在北魏、北齊、隋長城的基礎上，增建煙墩、烽堠、戍堡、壕塹，區域性地段將土垣改成石牆，重點是北京西北至山西大同的外邊長城和山海關至居庸關的沿邊關隘。這是中國歷史上費時最久、工程最大、防禦體系和結構最為完善的長城，對當時的防禦發揮了重要的作用。為區分秦始皇所修的長城，明代修的長城特稱「明長城」。明長城數據：其東起鴨綠江畔遼寧虎山，西至祁連山東麓甘肅嘉峪關，從東向西行經遼寧、河北、天津等10個省市自治區156縣域，總長8,851.8公里。

可惜長城並沒能阻擋游牧族的鐵蹄。當時，漠北蒙古族分為3部：居於西遼河、老哈河一帶的，為兀良哈部；居於鄂嫩河、克魯倫河一帶及貝加爾湖以南地區的，為韃靼部；居於科布多河、額爾濟斯河流域及準噶爾盆地的，為瓦剌部。其中兀良哈與明關係較好。1409年，朱棣封瓦剌部馬

第十八章　永樂之治：耀武揚威

哈木等首領，以便利用他們與韃靼部首領阿魯臺的矛盾。同年又遣使到韃靼，希望他們也接受招安，沒想到使者被殺。朱棣大怒，立即命大將率精騎10萬出征。然而，明將輕率冒進臚朐河（今蒙古克魯倫河）中敵奸計，5將均戰死，全軍覆沒。

朱棣決心消除後患，第二年親率50萬大軍遠征蒙古，大敗阿魯臺，僅剩7騎西逃。朱棣將恥辱的臚朐河改名為「飲馬河」，並深入現為俄國境內鄂嫩河邊的韃靼大寨，迫使蒙古本部的韃靼向明稱臣納貢，才凱旋而歸。臨別時，朱棣在巨石上刻下一詩：「瀚海為鐔，天山為鍔。一掃風塵，永清沙漠。」可惜沙漠遠未清。1411年，瓦剌突襲阿魯臺殘部，然後向明稱臣。而一向友好的兀良哈卻暗中依附韃靼部，掠明邊境。朱棣又生氣，予以嚴厲批評，勒令以馬贖罪。從此，每年入明1貢或數貢。

好景不常。1413年，瓦剌對韃靼阿魯臺與大明親近很不滿，駐兵飲馬河，準備進攻阿魯臺。阿魯臺向朱棣告急。第二年，朱棣率50萬大軍出發，至飲馬河，有的部落聞風而降。至忽蘭忽失溫（今蒙古烏蘭巴托）與瓦剌3部大戰，斬其數千。朱棣又窮追一陣，才班師回京。次年正月，瓦剌3部遣使入明謝罪。

1422年，阿魯臺又大舉入侵興和，殺守將，朱棣被迫發起第三次親征。阿魯臺怕了，在瀠海子（今內蒙古呼倫湖）早早將輜重馬畜丟棄，往北逃去。朱棣大軍焚他們的輜重，收他們的馬畜，班師歸國。因為兀良哈三衛暗通阿魯臺，七月明軍途經兀良哈時，殺他們酋長數十人，擄牛羊10餘萬。

就像朱允炆生死不明讓朱棣耿耿於懷一樣，阿魯臺遠遁而未滅，也讓他坐臥不寧。1423年，他第四次親征蒙古，阿魯臺又早早聞風而逃。明軍不戰而還，還好有點意外收穫：蒙古王子率眾來降。朱棣封他為王，並賜姓名金忠。

阿魯臺也跟討厭的蚊子無異。朱棣班師回京沒兩個月，阿魯臺又犯大同、開平（今內蒙古多倫一帶），逼得朱棣第五次親征。一出兵，他們還是早早遠逃，追一個多月不見蹤影，只好又空手而歸。這回運氣欠佳，好比打蚊子用力過猛，不小心一趔趄，自己摔陰溝：朱棣病了，到榆木川（今內蒙古烏珠穆沁）倒下，再也不能活著回北京，肯定死不瞑目。

◎倭寇

朱棣強大的國家機器沒能有效抵禦日益猖獗的倭寇。如 1404 年、1406 年、1408 年、1409 年，都派水軍在沿海大規模搜捕、擊退倭寇，但收效甚微。1409 年，海寇擾欽州，次年擾福州，1411 年還攻陷昌化，1413 年又擾昌衛。所幸當時中日雙方政府關係很好，1404 年，日本將馬、臺岐諸島倭寇全部剿滅，並將其首領 20 人送交明政府處置。朱棣非常高興，派員隨日本使臣前往日本致謝，歸還所獻倭寇，讓他們按本國法律處置。沒想，才到寧波海邊，日本使臣便將那 20 名倭寇頭目全部蒸殺。後來，日本又多次獻所獲海寇。

朱棣委派遼東總兵劉榮專門對付倭寇。劉榮在金州衛金線島西北的望海堝築城堡，設烽堠，嚴陣以待。1419 年，倭寇果然大舉進犯，劉榮率軍交戰，佯裝敗退，將敵引入伏地，斬首 1,000 餘級，生擒數百，無一逃脫，獲得空前大捷。從此，倭寇不得不收斂好長一段時間。

此外值得一說朱棣治下的文化。

朱棣血腥鎮壓之後華麗轉身，大力倡導儒學，尊程朱理學為正統，並把自己說成是「道統」的繼承者。儒士們吹捧他是「周公再世」，使早已沉寂的周公，突然備受推崇。

但後人不予認可。1409 年某天開會的時候，朱棣突然拿出一本《聖學心法》給翰林侍讀學士胡廣等人看，指示說：「朕因政暇，採聖賢之言，若

第十八章　永樂之治：耀武揚威

執中建極之類，切於修齊治平者，今已成書，卿等試觀之。」胡廣等人覽畢，讚曰：「帝王道德之要，備載此書，請刊印以賜！」[298]朱棣當然同意。此後釋出的政令，都可以從《聖學心法》中找到理論根據。然而，到了清朝編《四庫全書》時，卻被刪掉了。為什麼？編輯們認為：

> 案成祖稱兵篡位、悖亂綱常。雖幸而成事……乃依附聖賢，侈談名教，欲附於逆取順守……此仁人君子所以痛傷也云云。天下萬世，豈受此欺乎？[299]

聖人不能讓鮮血褻瀆！呂思勉還認為：「明朝政治的敗壞，實始於成祖時。」[300]

對待孟子方面，朱棣心胸稍寬容些，1411 年下令恢復《孟子》全文，《孟子節文》僅用 17 年。朱棣一面嗜殺，一面公然宣稱「朕所用治天下者，《五經》耳」[301]。

1414 年，命儒臣胡廣等人纂修四書、五經和《性理大全》。《性理大全》是新編，第二年成書，朱棣親自撰序。這本書主要是宋代理學著作與理學家言論匯編，所採宋儒 120 家，共 70 卷、130 多類，所設門類也較同類書更詳。但因成書太快，不免龐雜冗蔓。1417 年，將這 3 部書印發兩京 6 部、國子監及全國各府州縣學。1417 年，還對曲阜孔子廟加以修葺。

常為人所樂道的是 1403 年命解縉等名家召集 147 人編纂《永樂大典》，第二年初步完成。1405 年再命姚廣孝、解縉等人重纂，參與的朝臣文士、宿學老儒 2 萬多人，時稱「天下文藝之英，濟濟乎咸集於京師」。第二年，朱棣問：「文淵閣的經、史、子、集齊全嗎？」解縉回答：「經、史基本齊全，子、集還缺多。」於是命禮部派員到各地去求購遺失在民間的

---

[298]　同注 296，卷 26，P391。
[299]　紀昀：《四庫全書總目提要》卷 18。
[300]　呂思勉：《中國通史》，P465。
[301]　《明太宗實錄》卷 27。

書。1407 年《永樂大典》最後完成，朱棣親自作序。

《永樂大典》是中國著名的古代典籍之一，規模遠遠超過前代編纂的所有類書，儲存 14 世紀以前的中國歷史地理、文學藝術、哲學宗教和百科文獻，共計 22,937 卷，總約 3.7 億字，是迄今世界最大的百科全書，比法國狄德羅編纂的百科全書和英國的《大英百科全書》早 300 多年。此書採擇和儲存的古代典籍七、八千種，數量是前代《藝文類聚》、《太平御覽》、《冊府元龜》等書的五、六倍，清代《四庫全書》也不過 3,000 多種。但大都佚失，如今僅剩殘本約 400 冊，分散在日本、德國等 8 個國家和地區。

再說朱棣稱帝之前是燕王，經營北平已 30 多年。因此，朱棣稱帝第二年，將北平改名為北京，並開始籌備遷都工作。1416 年，宣布北京為行宮，正式決定遷都北京。第二年，北京西宮建成，次月朱棣就先行到北京。1420 年釋出文告：「明年元旦開始定北京為京師，設六部，略去『行在』之稱。南京各部在今後行文中加『南京』二字。」1421 年，定都北京及宮廟基本完成，大赦天下。

兩宋經濟持續飛躍發展，元時還維持這種勢頭。在《春之卷》第十三章所引安格斯・麥迪森（Angus Maddison）《世界經濟千年史》插圖中，我們看到這種發展勢頭在明朝戛然停滯，開始讓西歐大大超越。

去脈：「仁宣之治」

明仁宗朱高熾、宣宗朱瞻基期間（西元 1424～1435 年），賑濟飢民、減省賦役、停罷下西洋的寶船以及雲南、交趾地區各道採辦。創設巡撫之職，「巡視安撫」各地的軍政、民政大臣，協調各地三司——按察使司、

第十八章　永樂之治：耀武揚威

布政使司、都指揮使司的工作。法律整體從輕，但「文吏犯贓，不聽贖罪」，對官員貪腐保持從嚴。阿魯臺遣使入貢，朱高熾宥其罪、納其馬。瓦剌部日益強大，但堅持與明友好關係。朱瞻基注重親自巡邊，發現情況及時處置。與日本恢復關係，友好互訪。史家認為這是明朝的黃金時代，譽之「仁宣之治」，詳見下章。

第十九章
仁宣之治

【提要】

　　1424 年明仁宗朱高熾繼位至 1435 年宣宗朱瞻基去世，改革朱棣留下的弊政，把工作重心轉移到內政，政治環境稍寬鬆，鼓勵發展經濟。

　　明朝的高階官員和士大夫階層比東漢末年、唐中後期更墮落——「文人幾乎集體墮落」，而不是個別，或曰少數。

第十九章　仁宣之治

來龍：「永樂之治」

「永樂之治」前章已述。

朱棣長子朱高熾，朱元璋在世時就立為燕王世子，現在冊為太子，理當是水到渠成的事。然而，朱高熾身體不爭氣，過於肥胖不算，腳還有問題，馬都無法騎，打起仗來怎麼辦？次子朱高煦就英武帥氣了，弓馬嫻熟，在「靖康之役」中屢立戰功。因此，朱棣很想立朱高煦為太子。可這與儒家立嫡立長的規矩衝突，遭到大臣們強烈反對，好像只有他們才為朱氏江山社稷著想，而朱棣倒不是。朱棣猶豫不決，遲遲不定。直到大臣偶然提到朱瞻基是個好皇孫，朱棣才兩眼一亮，決定立朱高熾。

1424年朱棣暴死於征戰蒙古途中。為防意外，仿效秦始皇當年，隨征大臣對噩耗祕而不宣，將軍中錫器全收起來，鑄一個錫棺裝斂屍體，還特意要求每天照常將膳食送入行宮。同時，日夜兼程趕回京師，並向太子朱高熾密報喪訊。八月初回到京城開始辦喪事，中旬，朱高熾繼位。

朱高熾很想有番作為，上臺沒多久便開始為朱允炆平反，當年詔：「建文諸臣家屬，在教坊司、錦衣衛、浣衣局及習匠功臣家為奴者，悉宥為民，還其田土。言事謫戍者亦如此。」[302] 公開展示與朱棣不同的執政方略。

朱高熾沾了兒子的光，仍然命運不濟，皇位還沒有坐熱，繼位10個月就「無疾驟崩」，年僅47歲，與其後代泰昌皇帝之死驚人地相似（一般說是過度縱慾而死於「紅丸」）。有人懷疑他是被兒子朱瞻基謀殺的。朱瞻基在大臣們的支持下，突然當上皇帝，但這讓皇叔朱高煦憤怒到極點。

當時朱瞻基在南京，聽說朱高煦要在半途截殺他，左右都勸他等整頓好兵馬再啟程。朱瞻基說：「君父在天，誰敢膽大妄為！」依然輕車簡從，

---

[302]　《明史》卷8，〈仁宗紀〉，P75。

日夜兼程。朱高煦的確有自立為王之心，但他沒料到朱瞻基來得如此之快，來不及準備周全，陰謀被粉碎。

朱瞻基先是克制，給朱高煦及三叔趙王朱高燧的生活待遇還特別優渥一些，只是寫信勸他別造反。朱高煦卻認為朱瞻基軟弱無能，回信反駁他無才無德不配當皇帝，還寫信給公侯大臣指斥朱瞻基。

1426 年，朱瞻基嘆道：「果然要反了！若不親征，不能安定小人。」朱高煦聽聞朱瞻基親征，大軍已到他的樂安城外，再次勸降，城內叛軍有些已動搖，這才從小路出城投降。朱瞻基赦免城中守軍，改樂安州為武定州，班師回朝。然後，將朱高煦父子廢為庶人，關押在皇城西安門內，並親自編寫《東征記》，昭示群臣。逆黨同謀 640 餘人伏誅，另有 1,500 餘人因故意放縱和藏匿反賊，而被處死或戍邊，720 人發配邊遠地區。

有大臣建言：「趙王與高煦共謀逆久矣，宜移兵彰德，擒趙王。否則趙王反側不自安，異日復勞聖慮。」朱瞻基回答：「先帝友愛二叔甚。漢王自絕於天，朕不敢赦。趙王反形未著，朕不忍負先帝也。」[303] 第二年才將朱高燧廢為庶人，幽禁於鳳陽，其同謀官屬等論死。

3 年後，即 1429 年，朱瞻基忽然很想到獄中看望朱高煦，身邊的大臣都勸阻，可他不聽。到了牢中，他久久凝視朱高煦，心中五味雜陳。沒想到，朱高煦卻仍然耿耿於懷，出其不意用腳將朱瞻基勾倒。朱瞻基大怒，命人將他罩在一個 300 斤重的銅缸裡，沒想到朱高煦力大，用項脖將大缸頂起。朱瞻基不解恨，又命人「積炭缸上如山，然炭逾時，火熾銅鎔，庶人（即朱高煦）死」[304]，朱高煦的幾個兒子也全都被殺。朱瞻基在骨子裡跟朱棣、朱元璋沒有實質性差別。

---

[303]　同上，卷 118，〈朱高燧傳〉，P2,396。
[304]　焦竑：《國朝獻徵錄》卷 2。

第十九章　仁宣之治

最大亮點：「安民為福」

朱高熾得知朱棣的死訊及遺詔詳情：朱棣第五次，也是最後一次出征之時，戶部尚書夏原吉掏心掏肺說：「連年出兵，無功而返，軍馬儲備已損失十之八九，不可再戰。況且您聖體欠安，還需要調養，實在要出征也遣將就行，不必陛下親自遠行！」朱棣聽了卻大怒，將夏原吉下獄不解氣，還抄他的家。不想，此戰不僅無功，朱棣自己還暴死途中。臨死之時，朱棣才對左右說：「夏原吉愛我。」[305] 現在朱高熾聽了，禁不住落淚如雨，隨即跑到監獄，與夏原吉同哭一番。朱高熾令他出獄，商議喪禮，諮詢赦免詔書該寫些什麼。夏原吉建議賑濟飢民、減省賦役、停罷下西洋的寶船以及雲南、交趾地區各道採辦，朱高熾照單全收。

朱高熾復置三公、三孤官職。三公是古代朝中最尊顯的三個官職，周代即有，但說法不一，有的指司馬、司徒、司空，有的則說是太師、太傅、太保。三孤指周成王時立的少師、少傅、少保，地位低於公而高於卿。朱元璋時，曾設三公、三孤，朱允炆廢，現在朱高熾視為當務之急而重設。但與歷史上不同，現在三公、三孤皆為虛銜，為勳戚文武大臣加官、贈官。三公以公、侯、伯、尚書兼之，太師、太傅、太保正一品；少師、少傅、少保從一品。次月增設謹身殿大學士，內閣之職從此漸高。首批任命的有：蹇義為少傅，楊士奇為少保，楊榮為太子少傅兼謹身殿大學士，金幼孜太子少保兼武英殿大學士，並賜他們 4 人銀章各一，曰「繩愆糾謬」，諭以「協心贊務，凡有關失宜言者用印密封以聞」，也就是說，可以用此印密奏涉及貴族、甚至皇族的案件。隨後，楊士奇兼任兵部尚書、楊榮兼工部尚書、金幼孜兼禮部尚書，又讓他們直接參與具體的行政事務。

第二年，設北京都察院，隨後派太子朱瞻基到南京去拜謁朱元璋的皇

---

[305] 同注 302，卷 149，〈夏原吉傳〉，61 冊，P2,761。

陵，留在那裡。朱高熾在南京當過監國，喜歡南京，想將中央機關遷回南京。然而，人算不如天算，朱高熾不久即死，朱瞻基不喜歡南京，遷都之事也就流產。

剛上臺不久的朱瞻基，對機構作一個重大改革：創設巡撫。巡撫又稱撫臺，其義為「巡視安撫」，巡視各地的軍政、民政大臣，負責協調省一級的三司工作。

法律整體上從輕。1426年初，赦死罪以下，令運糧自贖。第二年，又定雜犯死罪至笞40下的，可按10個等級納米，分別為2～100石。納米者均減死罪，徒流以下的悉免。隨後補充：罪輕的免其追繫，發所在州縣遣還。當年還大赦天下，免天下稅糧1/3。但是，1429年詔「犯贓吏但許贖罪，不得復官」[306]，對官員貪腐保持從嚴。次年一月，吏部考核天下朝覲官，黜無能者55人，罷歸為民；發現貪汙者25人，發戍邊。

朱瞻基有兩句話說得非常有水準：一是有個巡撫要求在杭嘉湖地區增設一名專門管理糧政的官員，朱瞻基認為不能養冗官，駁道：「省事不如省官！」；二是工部尚書建議加修山西圓果寺佛塔，以便為國求福，朱瞻基駁斥說：「安民為福！」[307]

1430年，朱瞻基路經農田時，下馬詢問農事，還取農具親自犁了幾下。他嘆道：「我只是推三下，就不勝勞累，可見農民終年工作多辛苦。」[308] 同年，京畿發生蝗災，朱瞻基遣官下基層督導滅蝗工作，特意諭旨戶部說：「以往有些捕蝗官員害民，並不比蝗災輕，一定要注意。」[309] 這話也很有水準！朱瞻基寫有不少詩，有一首長詩〈捕蝗詩示尚書郭敦〉，摘若干如下：

---

[306] 同上，卷177，〈王翱傳〉，P3,127。
[307] 《明史紀事本末》卷28，2冊，P426。
[308] 同注302，卷9，〈宣宗紀〉，P83，「朕三推已不勝勞，況吾民終歲勤動乎。」
[309] 同上，「往年捕蝗之使，害民不減於蝗災，宜知此弊。」

第十九章　仁宣之治

上帝仁下民，詎非人所致。

修省弗敢怠，民患可坐視？

去螟古有詩，捕蝗亦有使。

除患與養患，昔人論已備。

拯民於水火，勗哉勿玩愒。

從藝術角度來看，這詩當然算不上什麼佳作，只不過是政治宣告的別體，但從中略見其憫農的情懷。

當時官員的生活是奢靡的。楊士奇、楊榮、楊溥「三楊」名揚天下，是「臺閣體」的代表人物。朱元璋、朱棣都曾重視書法，開科選士要求用楷書答卷，務必工整，橫平豎直整整齊齊，寫得像雕版印刷一樣，稱「臺閣體」。由此，可以想像明代人寫詩作文、行為處事的風格。當時流傳一個故事很有趣：

三楊當國時，有一妓名齊雅秀，性極巧慧。一日，令侑酒，眾謂曰：「汝能使三閣老笑乎？」對曰：「我一入便令笑也。」及進見，問來何遲？對曰：「看書。」問何書？曰：「《烈女傳》。」三閣老大笑，曰：「母狗無禮！」即答曰：「我是母狗，各位是公猴（侯）。」一時京中大傳其妙。[310]

妓女嘲笑《烈女傳》似乎情有可原，發人深省的是這三大宰相為何也笑？既有維護《烈女傳》尊嚴之心，怎來狎妓？明朝是理學的鼎盛時代，也是人欲橫流的時代，《金瓶梅》、《嫖經》就是這個時代的產物。沒讀書出身的朱元璋，特別重視控制思想文化，很懂營造國泰民安的氣氛，要求家家戶戶用大紅紙貼對聯，還微服私訪，連屠戶人家都不可例外。據說他曾親自為妓院寫一聯：上聯「此地有佳山佳水，佳風佳月，更兼有佳人佳事，添千秋佳話」，下聯「世間多痴男痴女，痴心痴夢，況復多痴情痴

---

[310]　蔣一葵：《堯山堂外紀》卷 82。

意，是幾輩痴人」。

據記載，當時妓女滿布天下，不僅大都市數以千計，就是窮鄉僻壤也「娼肆林立」。[311] 於是，1429 年秋，朱瞻基一舉將全國各地的官營妓院全部革除，並嚴令御史糾察官員德行、品性，膽敢違令狎妓宿娼者，必然罷職，永不敘用；士子嫖妓也要受罰，科考不予錄取。隨後，曾經繁華靡麗的教坊女肆大都拆毀，歌樓舞館變為廢井荒池。但對民間娼妓業沒什麼限制，因此，這次「掃黃」的成果非常有限，否則我們今天就沒有什麼「秦淮八豔」之類可資笑談了。

此外，不能不說說這時期的遺憾。

一是終止海外活動。朱高熾正式登基後，即宣布取消籌備中的鄭和第七次下西洋。朱瞻基上臺後，看到外番來朝貢的少了，覺得沒面子，1431 年初，又命鄭和第七次下西洋，載有 2.7 萬多人，浩浩蕩蕩。這次遠航有所收穫，所訪問過的天方（今阿拉伯半島）等國隨即恢復來朝貢。但這之後，朱瞻基又中斷了海外擴張。專家學者認為此事影響深遠，嚴重影響了海軍建制的力量和士氣，削弱了沿海防禦能力，從而促成日本海盜在下一個世紀進一步的掠奪；不僅如此，還切斷了中國與世界其他地方的連結，而此時歐洲列強正開始進入印度洋，明帝國卻開始孤立於國際事務。

二是交趾獨立。交趾的叛亂活動此起彼伏，其中平定王黎利對明王朝成為越來越嚴重的威脅。黎利沒有顧及新皇朱高熾的面子，還先後擾籠州（今廣西扶綏）、清化（今屬越南）等地。1425 年，黎利又攻占茶籠州（今越南乂安省藍江上游地區）。

---

[311] 陰太山：《梅圃余談》，「近世風俗淫靡，男女無恥。皇城外娼肆林立，笙歌雜遝，外城小民度日艱難者，往往勾引丐女數人，私設娼窩，謂之窯子。室中天窗洞開，擇向路邊牆壁作小洞二三，丐女修容貌，裸體居其中，口吟小詞，並作種種淫穢之態。屋外浮梁子弟，過其處，就小洞窺視，情不自禁，則叩門而入，丐女隊裸而前，擇其可者投錢七文，便攜手登床，歷一時而出。」

第十九章　仁宣之治

1426年，朱瞻基調兵遣將，派大軍進剿。同時詔降，承諾不咎既往，降後授官，並停止在交趾地區採金銀，黎利仍然不買帳。明軍在交州府（今越南河內市及河山平省東半部、海興省部分地）境內遭遇伏擊，死二、三萬，兵部尚書陳洽自刎。朱瞻基加大力度，第二年，黎利攻交趾城大敗，被斬萬級。但黎利逃後，不久即復勢，大集兵、象、飛車、衝梯分別圍攻昌江（今越南諒江）等二城。激戰9個月，敵鑿地道潛入，兩城中的漢官自盡。然後，黎利集中力量攻交州。但這時，黎利忽然想請和謝罪。

朱瞻基同意，赦黎利罪，立陳皓後人為「安南國王」，盡撤軍民北還。近20年來，先後用兵數十萬，官吏軍民還者僅8.6萬人。黎利送還明朝官吏157人，其中包括交趾監軍馬騏、都督蔡福及都指揮朱廣等6人。當時，黎利攻打乂安（今越南乂安省河興原縣），此6人不戰而降，蔡福還教導敵方製造攻城器具來攻打東關（今越南河內），並為敵方通風報信，充當嚮導。押到京師後，這6人服罪，全部棄市，並「籍其家」。這「籍」是朱元璋的又一大發明，即把罪犯的家屬貶為「丐戶」：男不許讀書，女不許纏足，且賣到妓院。

1428年，黎利殺陳皓自立，即黎太祖，改國號「大越」，都東京（今河內）。這年五月，黎利遣使向朱瞻基稟報：「陳皓於正月物故，陳氏子孫已絕，國人推黎利權理軍國事。」朱瞻基明知有詐，但木已成舟，雖然不立即冊封，還是默認。

第二年，黎利再次上表稱陳氏無後，朱瞻基則再派官員前往訪求。1431年，黎利遣使謝罪，並為他請封，朱瞻基只好委任他權署安南國事。隨後，黎利遣使入貢，關係趨於正常化。1433年黎利死，其子繼位，朱瞻基也予承認。從此，交趾這個地方永遠脫離中國。

三是北邊失誤。阿魯臺聽說大明換皇帝了，不失時機遣使來貢馬。朱

高熾宥其罪，納其馬。從此阿魯臺每年遣使入貢。當時，瓦剌部日益強大，阿魯臺屢遭其打擊，部從離散多，要繞道東部的兀良哈，但還是堅持與明處好關係。1428 年來朝，多達 460 人，貢馬及方物。1434 年，阿魯臺被瓦剌襲殺，其子阿卜只俺投奔大明。從此，瓦剌成為蒙古的支配力量，隨後也與大明保持友好關係，再後就完全不同了。

朱瞻基擔心秋高馬肥時胡人犯邊，便親自巡邊，經薊州到喜峰口外，剛好遇到兀良哈萬馬擾邊，可謂撞上槍口。朱瞻基命兩路夾攻，並親自射殺 3 人。兀良哈人馬死傷大半，看到黃龍旗才知道皇帝親征，沒死的全都下馬拜地請降。隨後也友好。1431 年遣使諭兀良哈三衛，准其來朝及往來市易。

韃靼部就令朱瞻基頭痛了。1427 年，鎮朔將軍薛祿巡邊，駐宣府，剛好碰上韃靼擾開平後，退在距宣府 300 餘里的路上。薛祿率精兵晝伏夜行，3 天後追上，襲擊敵營，生擒頭目 12 人，獲馬 800 餘匹、牛羊 4,000 多頭。回師的時候，韃靼不甘失敗，悄然跟上，伺機報復。薛祿縱兵回擊，韃靼又潰敗。1429 年，韃靼又侵開平等地。朱瞻基不堪其擾，以防為主。第二年，詔發軍民 3.6 萬，在精騎 1,500 兵的保護下，命薛祿築起赤城等 5 個堡。同年，還將開平衛遷到獨石堡，以便縮短供應線。就此棄地 300 里，盡失險要，邊防益緊，被認為是一個嚴重的策略錯誤。

▶ **四是二帝的私生活不檢點。**

朱高熾：上臺不久，翰林侍讀李時勉即進言：「聽說皇上不遠千里到閩北地區選美入宮，臣擔心有違陛下教化、維新的願望啊！」[312] 正史沒有記載李時勉上書的內容，但是像小說一樣描寫朱高熾覽奏後的細節：「甚怒，召至便殿，對不屈」，便命武士用金瓜擊打李時勉。李時勉被打斷 3

---

[312] 《明通鑑》卷 18，「側聞內宮遠自建寧選取侍女，使百姓為之驚疑，眾人為之惶惑⋯⋯恐乖風化之原，有阻維新之望。」

第十九章　仁宣之治

根肋骨，奄奄一息。第二天貶出交趾道御史，隨後又被投進錦衣衛大牢。幸好有位好友偷偷請來醫生，用當時難得的海外進口藥，才得以不死。可是，朱高熾臨死還咬牙切齒說：「時勉廷辱朕！」[313]朱瞻基上臺一年後，提及李時勉還「震怒」，即令「縛以來，朕親鞫，必殺之」。御審李時勉：「你怎敢侮辱先帝？你那奏疏，到底寫了什麼？」李時勉說：「我勸皇上在守孝期間，第一不應近女色，第二太子不宜遠離皇帝左右。」朱瞻基怒氣頓消一半，轉而問：「是第難言耳，草安在？」李時勉奏疏的草稿燒掉了。朱瞻基長嘆一息，稱李時勉忠臣，即恢復他的官職，並令他穿戴好官服再出門。[314]

朱瞻基：有三大嗜好，其一愛玩書畫，有相當水準。其二喜歡促織，即蟋蟀，又叫蛐蛐，為此人們稱「太平天子，促織皇帝」，非議不少。當時呂毖著的《明朝小史》有個小故事：因為皇帝喜好，官府層層下達政治任務，蟋蟀價格飛漲。有個小吏好不容易找到一隻好蟋蟀，不惜用自己的駿馬去跟人家換。妻子好奇得很，偷看一下，不小心讓蟋蟀跳跑了，嚇得自縊。丈夫回來，既傷心妻子，又怕官府追究，也上吊。《聊齋志異》裡有篇〈促織〉：「宣德間，宮中尚促織之戲，歲徵民間」，說的就是他。前文已述朱瞻基停罷採木、採珠之類，但似乎未見罷採促織。

朱瞻基還特別好色。他不喜歡胡皇后，很想更立孫貴妃為皇后，皇太后不同意。胡皇后未能生育，孫貴妃於1427年生下朱祁鎮，不滿3個月就冊為太子。隨後，召集大臣商議更立皇后之事，遭到反對。但次年還是釋出敕書，廢胡皇后，立孫貴妃為皇后。人們議論紛紛，非常同情胡皇后。其實，凡夫俗子也講究「不孝有三，無後為大」，胡皇后無子，被廢理由在當時是非常充足的，談不上什麼「喜新厭舊」之類。他幾乎是空前

---

[313]　同注302，卷163，〈李時勉傳〉，61冊，P2,939。
[314]　同上，P2,939～2,940。

絕後地主導了一場浩浩蕩蕩的「掃黃」運動，想必他是個「作風正派」的皇上吧？但據傳朱瞻基好房中術，曾向一位太醫索要相關書籍，太醫說沒有，他就生氣，將那太醫密捕。那太醫的家人四處找尋，好不容易得知真相，但不敢聲張，苦等了很長一段時間才放出。

朝鮮《李朝實錄》記載：1426 年，明廷要求朝鮮提供處女和宦官充實後宮，還要求女廚師。結果選 7 名處女，隨帶 10 名廚師、16 名侍女和 10 名年輕的太監，於第二年離開漢城，兩星期後抵達北京。這年還應明朝廷的要求，送去一位著名的美女。1429 年，朱瞻基要求並收納了另外 11 名女廚師，直到朱瞻基死後 2 個月，53 名已在中國 10 年並要求回家的朝鮮婦女才被送回國。有人說，朱瞻基是因縱慾過度而暴死。

朱瞻基還很喜歡遊獵，而沒什麼心思讀聖賢書。江西巡按御史陳祚看不過去，上書勸他多讀書。朱瞻基大怒，氣呼呼斥道：「這個『豎儒』竟說朕沒讀書！公然卑薄朕到如此地步，不可不殺！」[315] 學士陳循連忙出面勸解：「那種『俗士』一直待在偏遠地方，哪知陛下無書不讀，不知不為怪！」朱瞻基稍解氣，但還是將陳祚及其家人 10 餘口下獄，分別關了 5 年，其父死於獄中，直到新皇帝上臺才釋放。不過，整體來看，朱瞻基殺戮較少。

史家對朱高熾、朱瞻基時期評價很高，認為是「明朝的黃金時代」，也被稱為「洪宣盛世」（此洪指「洪熙」，朱高熾年號），還有人將其與「永樂盛世」合稱為「永宣盛世」，與漢「文景之治」及唐「開元盛世」相提並論。學者評論：

宣德的統治是明史中一個了不起的時期，那時沒有壓倒一切的外來或內部的危機，沒有黨派之爭，也沒有國家政策方面的重大爭論。政府有效

---

[315] 同上，卷 162，〈陳祚傳〉，P2,926，「帝見疏大怒曰：『豎儒謂朕未讀《大學》耶！薄朕至此，不可不誅。』」

第十九章　仁宣之治

地進行工作，儘管宦官日益參與決策過程。及時的制度改革，提高了國家行使職能的能力和改善人民的生活，這兩者是賢明政治的基本要求。後世把宣德之治視為明代的黃金時代來懷念，這是不足為奇的。[316]

不過也有人認為評價過高，留下的史料被「三楊」過於美化。許倬雲就明說：「號為仁宣之治，其實是作風保守的表現。」[317]

去脈：第三次宦官時代

1435 年，明宣宗朱瞻基死，太子朱祁鎮繼位，即英宗。朱祁鎮年僅 9 歲，大臣請求張太后垂簾聽政，張太后回應說：「毋壞祖宗法！」她雖然拒絕名分，但毅然擔起某種責任。她在便殿召「三楊」及英國公張輔、尚書胡濙，吩咐道：「卿等老臣，嗣君沖年，幸同心協力，共安社稷！」然後，又特別交代朱祁鎮：「此五臣，三朝簡任貽皇帝者。非五人所言，不可行也！」但事實上，「張太皇太后領導一個攝政團，一直統治到 1442 年她死去時為止」。[318]

這個「攝政團」非常優秀，「三楊」尤其著名。更重要的是，這「三楊」都非常忠心，而又各具特色。楊士奇正派，心地善良，不會踩人肩膀；楊榮「揮斥遊刃，遇事立斷」，有比唐代的姚崇；楊溥則為人謹慎，上朝走路都小心得低頭循牆而行。「三楊」團結合作，取長補短，由原本的皇帝辦事人員，轉變為具有丞相性質的輔臣，史家好評如潮。有了他們，邊防安定，吏治清正，經濟發展，明朝的國力持續在鼎盛的軌道上。如果「三楊」像唐時「牛李黨爭」，再加上娃娃皇帝，那就糟了。

---

[316]　《劍橋中國明代史》上卷，P298。
[317]　許倬雲：《萬古江河》，P320。
[318]　同注 316，P297。

朱元璋對宦官有清楚的認知，開國不久便制定 3 條規矩：一是在宮門立一塊鐵牌，上面寫著「內臣不得干預政事，預者斬」，二是要求「內臣不許讀書識字」[319]，三是「宦者雖寵，不得預王庭宴」。然而，朱元璋很快違背自己定下的戒律，他親自破了第一條，朱棣破了第二條。

　　朱元璋第三條「家規」不是沒人想破，只是暫時被壓著。張太后說不攝政，但不是沒政見，更不是不負責。太監王振原本是儒士，自稱周公第二，後來自閹入宮，可見這是個很有野心的人，被分配服侍皇太子朱祁鎮，獲得良好發展機遇。張太后兩眼盯很緊，朱祁鎮繼位後，她特地把王振叫來，厲聲喝道：「你侍候皇上不循規矩，應當賜死！」女官們應聲而起，刀架到他脖子上。這時，朱祁鎮和 5 大輔臣為他求情，原來他們都被王振的假像矇騙了。有次朱祁鎮與小宦官擊球玩，被王振看見。第二天，王振故意當著「三楊」等人的面，向朱祁鎮跪奏：「先帝為球子差點誤天下，陛下不能復蹈其好啊！」「三楊」聽了，慨嘆說：「宦官中也有這樣通曉大義的人啊！」看在 5 大輔臣的面子上，張太后才饒他，警告說：「皇帝年少，豈知此輩禍人家國。我聽皇帝暨諸大臣貸振，此後不可令干國事也。」[320]

　　可惜好人也無法永生。此後 2 年，即 1440 年，楊榮死了，又 2 年張太后死，又 2 年楊士奇死，再 2 年楊溥也死了。沒死的張輔、胡濙風燭殘年，而朱祁鎮已成年親政，且非常感恩王振。王振誰也不用怕了，迅速露出真面目，看誰稍不順眼，便殺。雲貴高原西南部、緬甸中北部有一個麓川王國，與明朝關係時好時壞。王振建議再討麓川，翰林侍講劉球認為勞民傷財，上疏反對，王振懷恨在心。兩年後，劉球再次反對征麓川，說上次戰亡十之七八，現在又驅數萬將士赴死地，有悖陛下好生之仁，況且麓

---

[319]　同注 302，卷 304，〈宦官傳〉，63 冊，P5,199。
[320]　同注 307，P443～444。

第十九章　仁宣之治

川曾派人來朝貢，並沒有悔過之意。王振大怒，當場將他逮下詔獄，吩咐錦衣衛指揮使馬順深夜去殺。劉球正睡著，剛起來，頭顱被就砍斷了，身子還站立著，傳奇得很。

朱祁鎮一次次公開表揚王振：「朕朝夕念勞，爾其體至意焉」[321]。有次宴請文武百官，王振照例被排除在外，他卻大發脾氣。朱祁鎮聞訊，便打破朱元璋第三條「家規」，下令將只有皇上進出才能大開的中門開啟，請王振進。文武百官見狀，遠遠朝他跪拜。太監沒鬍鬚，工部侍郎王佑恰巧也沒長，王振好奇詢問，他竟然獻媚說：「老爺所無，兒安敢有？」[322]為此，柏楊評論：

第三次宦官時代的特徵之一，政府高階官員和士大夫階層，公然無恥地爭向宦官投靠，是第一、第二兩次宦官時代所沒有的現象。[323]

換言之，明朝的高階官員和士大夫階層比東漢末年、唐中後期更墮落！有作家稱晚明「文人幾乎集體墮落」，而不是個別，或曰少數，「士大夫讀書人所尊崇的所謂聖賢，在個人的實際得失面前，實在不值一錢」。[324]孔子的臉面，被這幫「儒士」丟光了！

---

[321]　同上，P449。
[322]　同上，P445。
[323]　柏楊：《中國人史綱》，P75。
[324]　聶作平：《皇帝不可愛，國家怎麼辦》，北京：中華書局，P37、75。

第二十章
隆慶之治

【提要】

明穆宗朱載坖1566年繼位至1572年去逝,北與蒙古議和,南解海禁,全世界白銀總量1/3湧入中國,2/3貿易與中國相關,距資本主義僅一步之遙。

朱載坖採納了一些建議,並不等於他樂於納諫,後期則再沒人敢進諫。美化歷史上的「納諫」,而忽略民主法制,實在是一種誤導。

第二十章　隆慶之治

來龍：皇帝「罷工」

　　明朝的宦官與貪腐問題始終嚴重，「仁宣之治」後邊患又突出。朱祐樘在任期間，整頓吏治，收復哈密，同時努力發展經濟，被譽為「弘治中興」，詳見《秋之卷》第七章。

　　朱祐樘死後，太子朱厚照繼位。朱厚照是個非常有爭議的人物。有些人認為他誅太監劉瑾，平兩王之亂，敗蒙古小王子，多次賑災免賦，有所作為；另一些人則認為他貪杯、尚武、無賴、荒淫無道，國力衰微；現代還有些人認為他追求個性解放，追求自由平等，平易近人、心地善良，有真才實學。他常外出「視察」，一走就幾個月，甚至一年。在京城也為所欲為，有時突然在深更半夜舉行「晚朝」，然後大開宴席，通宵達旦。在他治下，不僅又出現惡名昭彰的大宦官，還形成以劉瑾為首的「八虎」。在宮中模仿街市建許多店鋪，要太監扮成老闆、百姓，他自己則扮富商。還模仿妓院，要宮女扮坐檯小姐，他扮嫖客，一家家去聽曲、淫樂。大臣聯名上書請求嚴懲「八虎」，他同意。可是，劉瑾連夜找他哭訴，第二天變成懲治進諫的大臣。劉瑾為人陰險狡猾，一邊哄朱厚照，一邊竊取大權，朝中無人不恨，卻又只得順從，人稱「立地皇帝」。劉瑾與另一個太監爭權奪利，導致民變紛起，宗室相繼反叛。直到這時，才將劉瑾凌遲三日，剮 3,357 刀，京師官員們爭相買他被割下的肉，一錢一片，「得而生食之」，好像從此國泰民安。朱厚照繼續過著他的荒誕日子，如果有看中的民女，他會半夜浩浩蕩蕩破門而入去搶。1521 年，朱厚照突然死於「豹房」，即他日夜淫樂的場所，年僅 31 歲，在位 16 年。明朝皇帝多壯年暴死，奇怪嗎？

　　朱厚照沒有兒子，只好由堂弟朱厚熜繼位。朱厚熜隨寡母長期生活在偏遠的承天府（今湖北鍾祥），當時只有 15 歲。因為母親失寵，又非長

子,自幼少父愛。在主掌工作的張太后和大臣們看來,朱厚熜一定是個乖孩子。據《國榷》記載,朱厚熜一上臺,即「以嚴馭吏,以寬治民,以經術為師,以法律為輔」,獨斷朝綱,人們歡呼他為「中興之主」。萬萬沒想到,沒幾天就發生嚴重衝突。衝突的原因在我們今天看來很可笑:老宰相楊廷和與60多位大臣討論後,認為小宗入繼大宗,應以大宗為主,即朱厚熜雖無法做朱厚照的兒子,但必須做他叔叔 —— 即朱厚照父親 —— 的兒子,大宗才不算絕後。這樣,朱厚熜應該稱伯父為父親,稱伯母為母親,而改稱自己的生父為叔父,改稱自己的生母為叔母。朱厚熜本能地無法接受,而那幫老儒也不肯讓步,以致血淚橫飛……

朱厚熜擁有更大的權力,最終當然是他贏。然而,這只是表面,他的內心百孔千瘡。他覺得這皇帝當得實在是太累、太無聊了。辭職不成,消極怠工總可以吧?從此,朱厚熜變了一個人。他越來越沉湎於方術,甚至想讓年方幾歲的太子代理朝政,自己專心道業。同時越來越迷戀於後宮,要各地送來一批又一批美少女,用處女的經血煉仙丹,並用她們「採陰補陽」。脾氣則越來越壞,稍不順眼就杖殺大臣,對侍從如草芥。宮女們偷偷發牢騷:「他被海瑞罵了有氣沒地方出,老找我們出氣!」原來,海瑞上呈〈治安疏〉,批評朱厚熜迷信巫術、生活奢華、不理朝政等問題,還毫不客氣指出:「全國民眾早就認為你不是個好皇帝啦!」[325] 朱厚熜看了大怒,立即發令:「快把他抓起來,不要讓他跑掉。」宦官黃錦在旁連忙說:「這個人向來有愚名。聽說他上疏之前,自己知道會犯死罪,買好了棺材,和妻子訣別,不會跑的。」朱厚熜窩了一肚子氣。這年秋,朱厚熜病了,還在為海瑞生氣:「朕的確不謹,身體多病。如果朕能夠上殿議政,豈會遭受這小人的辱罵?」[326] 於是指示將海瑞關入詔獄。

---

[325]　《海瑞集‧治安疏》:「蓋天下之人不直陛下久矣。」
[326]　《明史》卷226,〈海瑞傳〉,P3,957,「朕不自謹惜,致此疾困。使朕能出御便殿,豈受此人詬詈耶?」

第二十章　隆慶之治

宮女楊金英與幾個同伴要勒死朱厚熜，只因太慌張，繩子沒勒緊，被他死裡逃生。柏楊評論：

宮廷的事，骯髒、恐怖而祕密，沒有人知道她們為什麼要殺朱厚熜，但我們可以判斷，無疑地由於仇恨，一種深入骨髓的仇恨，迫使她們用謀殺的手段，以圖跟她們的仇敵同歸於盡。楊金英事件是中國宮廷第二次透露出來的宮女對暴君的激烈反抗（第一次是 390 年代，張貴人謀殺晉帝國皇帝司馬曜），也顯示明王朝宮廷的黑暗，更甚於其他王朝。[327]

朱厚熜並沒有從這次暗殺事件中吸取教訓、改邪歸正。後期 27 年中，他跟群臣見面僅 4 次，平均約 7 年一次。

朱厚熜在皇位上混了 45 年，1566 年，終於到盡頭，太子朱載垕繼位。

最大亮點：改革與開放並舉

一、內部改革

朱載垕這皇位得來僥倖，因為他不是長子。皇長子朱載基命薄，出生兩個月就病死。朱厚熜相信「二龍不相見」的迷信，再生朱載壑、朱載垕、朱載圳時，他決定少見這幾個皇子，也不封太子。沒想到，偶然一見，次子朱載壑即病倒，沒多久也死了。從此，朱厚熜嚴格遵守，對剩下的朱載垕、朱載圳堅決避而不見。這也好，16 歲的朱載垕就藩裕王，可以相對獨立，多多接觸社會生活各方面。所以，朱載垕早已胸有成竹，突然登天之時，一點也不驚慌，立即進入角色，迅速找到突破口，果斷採取措施。

---

[327]　柏楊：《中國人史綱》下冊，P93。

最大亮點：改革與開放並舉

有人說朱厚熜「唯一的愛好就是女人，最大的優點就是他的無能」，顯然太過，但不能不承認他不是一個稱職的皇帝。唯一值得肯定的是：他沒將賢臣、能臣趕光、殺光，留下了大名鼎鼎的張居正、戚繼光、俞大猷等人，只要朱載坖不逞能、不亂指揮、少過問，會有人幫他做好好的。1566年繼位沒幾天，就為1521年以來「諫言得罪諸臣」平反，「存者召用，沒者恤錄」。比如海瑞，朱載坖不僅沒有追究不敬其父之滔天大罪，反而將他釋放。

海瑞恢復工作後，調了好多個職位，1570年，升調右僉都御史（正四品），外放應天巡撫。在這裡，疏濬吳淞江，調動大批役夫開白茆河，造福於民，廉潔奉公，嚴於律己，被譽為「海青天」。但也有不少同僚批評他：「蒞官無一善狀，唯務詐誕以誇人，一言一論無不為士論所笑。」[328] 當時著名思想家李贄很尊重海瑞，卻也批評他過於拘泥傳統道德，只是「萬年青草」，「可以傲霜雪而不可以任棟梁者」[329]。海瑞最終無法重用。

在為建言人士平反的同時，罷除一切齋醮，撤西苑內的殿閣宮亭臺齋醮所立匾額，停止因齋醮而開徵的加派及部分織造、採買。因為朱厚熜沉湎方術影響很大，也必須從這方面扭轉「天下之人不直陛下」之勢。

不過，朱載坖能為建言人士平反，採納了一些建議，並不等於他自己樂於納諫。1567年財政已拮据，太倉銀僅存135萬兩，只能應付3個月的開支。在這樣困難的情況下，第二年還詔購珠寶，群臣反對，他不納。1571年夏，詔江西燒造宮中用瓷12萬餘件、陝西織造羊絨3.2萬匹，需耗銀100多萬兩，言官進諫，也不應。這年末，又詔雲南採辦珠寶，庫藏為之一竭。吏科給事中石星上書，向朱載坖提一系列建議：一是要保重身體，二是要效法聖賢，三是要經常上朝，四是要及時批覆奏章，五是要廣

---

[328] 轉引自《萬曆十五年》，P136。
[329] 李贄：《焚書》卷4。

第二十章 隆慶之治

開言路，六是要遠離奸佞。朱載坖看了勃然大怒，以「訕上罪」杖60大板，罷官為民。從此再沒人敢阻擋朱載坖，好比不見棺材不落淚。美化歷史上的「納諫」，而忽略民主法制，實在是一種誤導。

朱元璋說要禁太監干政，實際上愈演愈烈，還干涉到軍事，京營每3年要遣司禮太監去檢閱一次。讓太監閱兵，不說恥辱，也晦氣吧？大明的皇帝們居然大都不在乎。1569年，朱載坖予以停罷。人亡政息，後來又恢復。

朱厚熜時期，為挽救財政危機，大學士桂萼進呈〈任民考〉，提出改革照黃冊派定年分輪役，以一省之丁糧供一省之役。戶部據此頒行新的「賦役徵法」：「合將十甲丁糧總於一里，各里丁糧總於一州一縣，各州縣丁糧總於一府，各府丁糧總於一布政司。而布政司通將一省丁糧均派一省徭役，內量除優免之數，每糧一石編銀若干，每丁審銀若干，斟酌繁簡，通融科派，造定冊籍，行令各府州縣，永為遵行。」[330]此賦和役合併，化繁為簡，把各種役目併為一項，按丁糧一次編定，俱於秋糧徵收，稱「一條鞭法」。

在實施中，發現「一條鞭法」也有一些問題。1567年，戶部尚書葛守禮奏言：「不論倉口又不問石數，制度本來就有漏洞，加上地方官吏以權謀私，弊端更是百出。」於是實行相應改革，要求從將近10年以來完欠、起解、追徵之數及貧民不能輸納的，備錄簿中，逐級報送戶部稽考，以清隱漏挪移侵欺之弊。不過，這改革也不完善。第二年末，江西巡撫劉光濟又請行「一條鞭法」。

此後不久，針對國庫吃緊，張居正認為「豪民有田不賦，貧民曲輸為累，民窮逃亡，故額頓減」，是「國匱民窮」的根源。於是，下令全國重新丈量土地，清查漏稅的田產。查實徵糧土地701萬頃，增加近300萬頃，

---

[330] 《明世宗實錄》卷123。

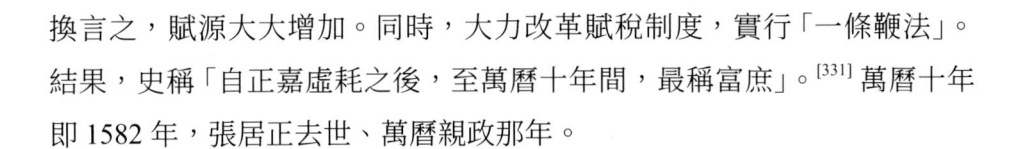

換言之，賦源大大增加。同時，大力改革賦稅制度，實行「一條鞭法」。結果，史稱「自正嘉虛耗之後，至萬曆十年間，最稱富庶」。[331] 萬曆十年即 1582 年，張居正去世、萬曆親政那年。

■ 二、外部開放

漢人了解、體諒北方游牧族的難處，對於他們「瘦餓之形，窮困之態」，漢族「邊人共憐之」。然而，中原統治者出於「安全」考量，卻不能與他們發展正常交易，他們只好常常南下搶劫。

朱載坖上臺後，蒙古土默特部首領俺答不給新皇帝面子，相反，給了下馬威：1567 年率數萬之眾犯大同，從朔州長驅入山西，南至汾州，破石州，大掠山西介休、平遙等地，死者數萬。如果沒有奇蹟發生，這種擾亂很可能沒完沒了繼續下去。其間的拉鋸戰，就不贅述了。

這奇蹟來得很偶然，俺答竟然將孫子把漢那吉的未婚妻許配給鄂爾多斯部的首領，把漢那吉一氣之下投奔大明。朱載坖很重視這個機遇，不僅受降，而且授官。俺答捨不得孫子，遣使到大明請求「封貢」。朱載坖同意，但提出具體要求：用把漢那吉交換投奔蒙古的趙全等人。趙全是白蓮教頭目，投奔蒙古，經常為他們南侵出謀劃策，成為蒙古人對付漢人的王牌，分量勝過他的孫子，俺答不肯放。俺答想用武力奪取自己的孫子，沒想到失敗，陷入僵局。

這時，大同巡撫方逢時忽然想到趙全曾寫過投降信給朝廷，便採取離間計，將此信送給俺答。俺答看了，明白趙全這種人不一定可靠，便答應朱載坖的條件。俺答將趙全等人押送大明。朱載坖親臨午門門樓舉行受俘禮，當天，將趙全處以「磔刑」，即千刀萬剮，並將其首級傳送九邊示眾。然後，朱載坖將把漢那吉送還蒙古，並同意息兵互市。第二年，封俺

---

[331]　同注 326，卷 222，〈張學顏傳〉，62 冊，P3,904。

答為「順義王」，命名其所居之地為「歸化城」（今內蒙古呼和浩特），史稱「隆慶和議」。

從此，雙方數十年基本上處於和平的狀態。

同時，對海外也實行開放政策，詳見《春之卷》第十二章。

去脈：「萬曆中興」

明神宗朱翊鈞在位期間（西元 1572～1620 年），前期重用張居正大力推行一系列改革，一是實行「考成法」，使「官僚政治的效率達到頂點」；二是針對國庫吃緊，本著「不加賦而上用足」的方針，重新丈量土地，賦源增加近半；三是起用戚繼光、李成梁等良將，在長城加修烽火臺 3,000 多座，讓「四夷讋服」；四是「申飭學政，振興人才」，對教育和考試制度進行 18 項改革。朱翊鈞三大征，即一征朝鮮，二征哱拜叛軍，三征播州叛亂，均獲得勝利。後期，朱翊鈞怠政，但沒發生全國性混亂，在經濟、思想、文化等方面意外獲得一系列可喜成果。這時期被譽為「萬曆中興」，詳見《秋之卷》第八章。

小結：
歷史盛世的若干特徵

【提要】

　　我們現代，只要有民主法治，物質上稍溫飽，幸福指數就會超過歷史上最好的盛世。希望讀者了解歷史盛世的不完美，或者說留下的遺憾，努力創造自己時代更為理想的盛世。

小結：歷史盛世的若干特徵

值得肯定的方面

既然 43 個不同的歷史階段能夠被同一個名詞「盛世」所涵蓋，它們肯定有些共同性。這裡對盛世作個小結，包括治世與中興。

歷史盛世顯然不是組織評選的，標準不可能統一。網路上有所謂自古史家公認的標準：一曰國泰，二曰民安，三曰國富，四曰民足，五曰國強，六曰文昌。本來我想以此簡單作些論證，稍加深思，便不敢偷懶。比如說「文昌」，歷史上的盛世並非都文化繁榮，有些盛世僅有些武功罷了，倒是不少亂世成為文化的黃金時代，最典型如春秋戰國，人們還常說「國家不幸詩家幸，賦到滄桑句便工」，更有「康乾盛世」淪為「文字獄」的代名詞。所以，我還是試著自己歸結幾條。

◎國泰民安

魯迅《狂人日記》寫道：「我翻開歷史一查，這歷史沒有年代，歪歪斜斜的每頁上都寫著仁義道德四個字。我橫豎睡不著，仔細看了半夜，才從字縫裡看出字來，滿本都寫著兩個字，吃人！」這是小說，但與實際並不太悖謬。帝國是戰爭的同義詞，內戰、外戰，沒幾天太平、安寧。在中國的史書上，常見「流血有聲」或「血流成渠」。稍具體的描述，例如「急攻大業，壘中乏水，人飲糞汁」，「民至鬻子以供軍需，猶不能給，自經於道樹者相望」，「將士死者五六千，殺覽，以屍祭天」[332]……

記得好多涼亭中間那頂梁，寫著「風調雨順，國泰民安」8 個字。尋常百姓家門口對聯，那橫眉也常見「國泰民安」4 個字。我還記得，早年在一本小說中讀到一句俗話：「寧為太平犬，莫做亂世民」，留下深刻印象。可見，平安是百姓對國家、對自身最基本的祈盼。綜觀歷史上的盛

---

[332]　《資治通鑑》卷 94，〈晉紀〉16，6 冊，P3,764；卷 97，〈晉紀〉19，P3,882，P3,910。

世，無不略具這個特徵。所以盛世常稱「太平盛世」，強調太平安寧。泰者，平和、安定也。「開元盛世」一到「安史之亂」便不再認可，「康乾盛世」沒平定「三藩」也有人不認可。

孔子就說：「丘也聞有國有家者，不患寡而患不均，不患貧而患不安。」[333] 每一個盛世的統治者，都將安定視為首要政務。首先穩定自身的權力，幾乎都伴隨著血淚；其次抵抗外敵侵擾，或是主動征戰；再是平定內部叛亂，或者起義、起事。有一方面失敗，不僅盛世可能隨之結束，帝王性命難保，甚至可能葬送一代江山。戰爭自然會帶來破壞與困苦，但歷史上是叢林時代，武功對百姓往往也有實在的好處。「光武中興」時，民族關係處理較好，并州由匈奴代守，幽州由烏桓代守，涼州由西羌代守⋯⋯雷海宗描述：

> 整個北邊，由遼東到敦煌，都不用內地士大夫良家子與一般順民去費力保護，中興盛世的安逸，人民大概認為這是又便宜又舒服的事！[334]

「在中古，維持一個中原政權，保障農耕民族百姓的安居樂業，不受游牧民族劫掠，是古來賢相名將的心願。」[335]

不過，以往對這條似乎過於偏重，所以才會出現重「漢武盛世」而輕「咸平之治」的現象。宮廷內亂不必定導致天下大亂，幼主或昏君時，只要賢臣、能臣尚在，照樣可以出盛世。

社會治安好也是盛世的重要標準。甚至有人認為：「刑罰輕重，國祚短長繫之。」[336]《清明上河圖》表現出北宋都城汴京以及汴河兩岸的自然風光和城市昌盛景象，可以看到一個「腳店」（兼賣酒食的小酒店）門前停著一輛獨輪「運鈔車」，車上擺著一大串一大串的銅錢，還有兩個店小二

---

[333]《論語・季氏》。
[334]《中國文化與中國的兵》，P45。
[335] 張佳瑋：《歷史與傳奇》，P104。
[336]《續資治通鑑》卷112，〈宋紀〉112，7冊，P2,969。

小結:歷史盛世的若干特徵

正雙手捧著一大堆錢串送到車上,並沒有武裝押運。由此可見這間店生意不錯,而當時社會治安也相當不錯。

對社會而言,中國歷史上從來不缺法制,「成康之治」時期「刑錯不用」,不等於「沒有刑錯」。長期貧乏的,只是對權力的約束,帝王在大殿上濫殺無辜也無奈。中國歷史上約束帝王的,指望「天」,結果可想而知;指望他們自律,幾千年的實踐結果早有目共睹。還有很特殊的一點,是指望「史書」,例如北魏孝文帝就坦言:「時事不可以不直書。人君威福在己,無能制者。若史策復不書其惡,將何所畏忌邪!」[337] 可是,史書如果真能夠約束他們,那麼直書夏桀、商紂、周幽王之後的千百年,何以仍然有那麼多昏君、暴君?還是北魏太武帝拓跋燾說得好:「法者,朕與天下共之,何敢輕也?」帝王應當與臣民一樣接受法律的約束。遺憾的是,知道此理、說出此話不難,而要他們真正與天下共之,還是太難。拓跋燾說此話之後,依然難免濫殺,只不過他「往往已殺而復悔之」。[338] 他既無法自律,更無有他律,只能靠臣民運氣好。

再好的時代,也不可能沒人犯罪,問題是有的時代多,有的時代少。犯罪率低並不是「嚴打」的成果,相反的,常見「亂世用重典」。而在一個個盛世,常看到的是減少刑律條文,減輕懲治刑罰,並經常大赦。不過,專制條件下的「太平」,誠如孟德斯鳩所說,往往只不過是百姓「緘默」而已。

◎人丁興旺

古人稱頌盛世,往往少不了休養生息、鼓勵農桑、興修水利、輕徭薄賦之類詞語,好比美味佳餚少不了油鹽醬醋。

---

[337]　同注 332,卷 142,〈齊紀〉8,9 冊,P5,906。
[338]　同上,卷 120,〈宋紀〉2,8 冊,P4,976。

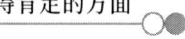

蘇東坡說：「古者以民之多寡，為國之貧富。」[339] 蘇東坡之後依然如此。「丁」指男性成年人，能承擔賦役，傳宗接代，所以國家和百姓都希望人丁興旺。人口銳減的主要因素，一是嚴重饑荒，二是嚴重傳染性疾病，三是大規模戰爭。只要太平，人口自然成長。盛世常常鼓勵生育，如「明章之治」對產子者減免人頭稅3年，隨後又對所有懷孕的婦女每人賜給胎養穀3斛，並免其丈夫人頭稅1年。

　　人丁興旺意味著經濟繁榮。只有糧食增加，才能養育更多的人口；也只有勞動力增加，才能創造更多財富。盛世的經濟往往都有較大的發展，社會保障也較好。「昭宣中興」創設「常平倉」，既避免穀賤傷農，又保障歉年、災年供應。「開元盛世」預先授權給地方官，以便遭災及時開倉放糧。李隆基還親自編纂《廣濟方》宣傳到每一個山鄉。「明章之治」對孤兒以及養不起孩子的家庭，均由政府供給糧食，人口非正常死亡大為減少。

　　光有經濟無法堪稱「盛世」，不論從《馬可·波羅遊記》，還是安格斯·麥迪森「中國與西歐人均GDP水準」的比較圖，我們都很容易生動地看到：元朝經濟是長足發展的，仍為當時世界最富庶的國家之一。散曲家張鳴善身處元末喪亂之際，一邊諷刺現實動亂與汙濁，另一邊還是說「茲記諸伶姓氏，一以見盛世芬華」。但整體來看，元朝在文治，尤其是「漢化」方面，不如遼國、金朝等，所以後人沒認可這個盛世。人不是叢林動物，不是豢養動物，也不是「經濟動物」。

◎尊孔崇儒

　　孔儒誕生之前的堯舜是儒家的偶像，甚至有人說是孔子所創作，成康時期的周公是儒家的祖師爺，西周宣王是成王、康王的繼承人，只有盤庚、武丁不好歸哪家。自從劉邦將孔儒抬上高廟之後，到清朝再也沒中斷

---

[339] 《蘇軾集》。

小結：歷史盛世的若干特徵

過。即使明清在「文字獄」的同時，也沒忘記打著尊孔崇儒的旗號。

游牧族入主中原都主動接納儒家文化，蒙古人入主中原後，還似乎特別尊孔崇儒，將宋朝人自己都不喜歡的「偽學」——理學抬入孔廟。佛教文化發展迅速，但無法形成天主教那樣的特權，相反也得跪拜權力。蕭衍崇佛，開創「天監之治」，李炎滅佛，也開創「會昌中興」。

漢儒就意識到：儒學價值雖然難與進取，但「可與守成」。現代學者也認可這一點，指出：「在各類世界宗教中，儒教似乎是唯一的、專門為國家統治而設計的一套意識形態體系」，「統治階層與儒士之間的聯盟，使『儒法國家』呈現出很高的穩定性」。[340] 儒學與農業文明相適應，對於維護千年集權制度並開創一些盛世，顯然發揮了重要作用。當然，不符合儒家理想的，不可能被譽為盛世。

然而，歷史上卻沒有一個真正完全由儒家文化催生的盛世，倒是相反，劉奭「純任德教」實驗毀了「昭宣中興」成果，王莽被認為「用《周禮》誤天下」，還有「金以儒亡」之說。所謂「周政」，它本身其實也有「法家」因素，漢之後則無不如劉詢所說「霸王道而雜之」。漢唐及以前文化開放，實際上並非「獨尊儒術」，充滿陽光。元、明、清理學太盛，陰暗得很。

當農業文明結束，儒家文化便顯得無能為力。「隆慶之治」得益於南解海禁、北開邊禁，「同光中興」得益於對外開放，顯示儒家獨尊地位的歷史終結。

儒學依附於政治。先是依附於封建，當東周封建制徹底崩潰時，它自然找不到市場。後來它搖身一變，依附於集權專制，當清末集權制終於崩潰時，它自然再次失勢。儒學如何在現代文明獲得再次新生，這是近百年來新儒家苦苦追求的，顯然還沒有明確的答案。

---

[340] 趙鼎新：《東周戰爭與儒法國家的誕生》，P190、189。

除了以上較顯著的特徵，還有一些不那麼顯著的歷史現象，或二、三個盛世所有，或許二、三十個所有。

余英時認為：「『民主』、『人權』的語言起於西方，但這些普遍原則則潛存在一切文化、社會之中」。[341] 應該也可以說，「民主」、「人權」的語言起於現代，但這些普遍原則潛存在我們的古代文化、社會之中。

◎和平方面

歷史上幾乎每一個盛世都不可避免對外戰爭。其實，那是時代特徵。那漫長的歷史上，全世界都是弱肉強食的叢林，正如匈牙利詩人裴多菲〈裁判〉所寫：

我讀著世界歷史，讀到最後一頁，

啊！什麼是人類歷史？

一條血河！

房龍一針見血指出：「統治意味著暴力，世上所有的美麗辭藻堆砌在一起，也改變不了這個事實。」不是中國人特別好戰，也不是特別受欺凌。因為第二次世界大戰以前那幾千年間，哪怕是龐然帝國也時時處於亡國的威脅之中，所以人們特別渴求國家強大，首要的事是不被別人併吞或劫掠。也因此，往往對那些武功皇帝特別崇拜，如劉徹、朱棣、康乾等；而對文治明君不太敬重，如蕭衍、趙禎、完顏璟等。

歷史上的國家都是「統治」，而不是「治理」。盛世之太平常意味著偃旗息鼓，化干戈為玉帛，實現全國或部分統一，解除敵國的明顯威脅。沒有一定的和平環境，沒有足夠的人力、物力集中於政治、經濟、文化建設，就沒有盛世可言。

劉徹等人顯然可以說好戰，打了不少不必要，甚至不正義的戰爭，還

---

[341] 余英時：《歷史人物與文化危機》，臺北：三民書局，2017 年，P30。

小結：歷史盛世的若干特徵

有一些邊將也私自挑動一些沒意義的戰爭。但整體看來，中原盛世帝王還是熱愛和平的，如：

珍惜生命：劉秀曾經嘆道：「人苦不知足，既平隴，復望蜀。每發一兵，頭鬚為白！」[342] 北匈奴連年旱蝗、赤地千里之時，大臣建議趁機滅北匈奴，劉秀卻不同意，千年之後還受批評：

在此時刻，光武帝犯了他在位時期最大的錯誤，這個錯誤也屬於中國歷史中最壞的一個。他本應與南匈奴聯合，攻擊北匈奴的聯合體……因為光武帝沒有意識到它的有利條件……中國人為此付出很高的代價。[343]

不強求武功：對匈奴、吐蕃等曾經的敵人，一次次「和親」，美麗的王昭君、文成公主們，成為一個個淒美的佳話。有時是經濟上慷慨解囊，趙恆與遼、趙昚與金、朱載垕與蒙古，都曾經談出幾十、上百年的和平，功大於戰，雙方同時開創盛世，是典型的「雙贏」。

不想占城掠地：鄭和下西洋，遠渡重洋，涉足諸多小國，不泛用武，但整體是和平的。如果像後來的英國、葡萄牙之輩，攻城掠地，早在非洲，甚至可能在歐洲、美洲弄到幾塊地了。

不想趁人之危：「昭宣中興」時，匈奴天災人禍，眾多大臣建議：「匈奴為害日久，可因其壞亂，舉兵滅之。」蕭望之卻建議說：「今而伐之，是乘亂而幸災也，彼必奔走遠循。不以義動兵，恐勞而無功。宜遣使者弔問，輔其微弱，救其災患，四夷聞之，咸貴中國之仁義。」[344] 漢宣帝劉詢採納了這個意見。

「應該看到，中國疆域擴展的過程，也是一個充滿民族同化的歷程。其間固有一些民族對中原地區的入侵，但更多的是漢族對四裔民族的經

---

[342] 同注 332，卷 42，〈漢紀〉34，3 冊，P1,638。
[343] 《劍橋中國秦漢史》，P245。
[344] 同上，卷 27，〈漢紀〉19，2 冊，P1,030、1,032。

略。對歷史上的這種暴力掠奪、強迫同化，一方面固應視為必然的發展，另一方面則不宜盲目地辯解，乃至歌頌……對於歷史上的戰爭，只能根據國家獨立、民族平等和人民自由的觀點來加以評價，以區分正義、非正義，不然將陷入大國沙文主義或狹隘民族主義。」[345] 對於已成千上百年的領土得失問題，可以翻翻舊帳本，但不宜炒作。這跟不必糾結祖宗十八代誰欠誰幾兩銀子，是同個道理。

◎民主方面

歷史上專制如同武大郎開店般統領著政治、經濟、文化諸方面，但在盛世，不乏民主之光。國家首領和平過渡，是民主的重要內容。「禪讓」之事繼堯舜傳說之後，還有諸多史實，如劉裕、蕭道成、蕭衍、楊堅、李治和乾隆等帝王，都曾接受禪讓或禪讓於人，雖然不乏脅迫與無奈，但總比血流成河好！還有大臣集體決定皇帝人選，如謝晦等文武官員改立劉義隆，雖然從他們個人來說，很可能後悔了，但歷史證明這次「改選」英明，劉義隆不僅挽救了危機，而且開創「元嘉之治」。

盛世有一定的「民主機制」。楊堅對官制進行大改革，中央實行三省六部制，中書、門下、尚書三省分別為決策、審議和執行機構，運作方式很像現代西方的「三權分立」。三省還互相牽制，避免丞相一人專權。趙恆建立登聞鼓院和登聞鼓檢院，很像現代的法院與檢調機關。地方藩鎮或羈縻州，擁有較大的自主權，如同現代的地方自治。

盛世帝王決策也常常有一定的民主，會聽取大臣的意見、建議。歷史上往往視「誹謗」如洪水，成為危害政權、君權、大逆、大不敬罪的同義詞，嚴厲治罪。在「文景之治」時期，劉恆卻認為：「今法有誹謗訞言之罪，是使民臣不敢盡情，而上無由聞過失也。將何以來遠方之賢良？」[346]

---

[345] 陳佳榮：《中國歷代之興治盛衰亂亡》，香港：學津書店，1989年，P187。
[346] 《漢書》卷4，〈文帝紀〉，4冊，P86。

小結：歷史盛世的若干特徵

劉恆廢除「誹謗罪」，不施行「文字獄」。李世民規定詔書必須由門下省「副署」才生效，防止最高決策的隨意性或盲目性。趙匡胤要用趙普為宰相，但舊宰相全都去職，一時找不到副署人，任命就無法下達。這說明當時並不全由皇帝一人意志決定一切，要說專制，也是一種「開明專制」。

李世民雖然討厭魏徵不給他面子，還是一次次虛心聽取他的諫言，至死也沒為難他。趙禎與大臣在朝廷上爭論激烈，以致大臣的口水濺到龍顏，但這帝王用自己袖子拭淨並未動怒，當時還有專職的「諫官」。

綜合看來，康熙在中國所有帝王中也算很好，他鼓勵進諫：「今但云主聖臣賢，政治無闕，豈國家果無一事可言耶？大小臣工，各宜盡心職業，視國事如家事，有所見聞，入陳無隱」。「言官耳目之職，若因言而罪之，誰復言者？」[347] 錢穆說：「諫官是專門糾繩皇帝的，雖不像現代西方的反對黨，但『在道義的立場上，比近代西方的反對黨更有力』」。[348] 我們現在常讀到某臣如何建議，帝王如何批覆，既促進國家健康發展，又讓某臣有「立言」的成就感。

◎ 人權方面

帝王一切從他奪權、維權出發，只要觸動，甚至只是可能觸動他的權力，就要把別人當草芥，不惜株連10族。而後儒「三綱五常」（官方版）無孔不入，處處犧牲弱勢群體。程朱理學更甚，苛求「革盡人欲，復盡天理」，每一個人生來就變成所謂「天理」的犧牲品，十分悲哀。

12月10日「世界人權日」在1948年設立，而華人正月初七的「人日」，強調人與雞、狗、豬、羊、牛、馬的分別，有上千年的歷史。原汁原味的儒家聖人都講人權，如孔子的「仁政」，孟子主張「民為貴，社稷次之，君為輕」。盛世之君之所以為「明君」，大多數相對講「人權」。特別是

---

[347] 《清史稿》卷7，〈聖祖本紀〉2，1冊，P149，171。
[348] 錢穆：《中國歷代政治得失》，P76。

「天地之性，人為貴」之說，並不比西方任何說辭遜色。美國常常不惜代價在異國尋找失蹤士兵遺骸，這類新聞畫面每每讓人感動不已，李世民早在千年前就這樣做過。美國電影《搶救雷恩大兵》（Saving Private Ryan），說二等兵雷恩下落不明，陸軍參謀長得知後，在人海茫茫、槍林彈雨中找到他，令人感動。可是早在「明章盛世」，一次與匈奴作戰失利，幾百漢軍被圍困，「連月逾年，心力困盡，鑿山為井，煮弩為糧」，收到求救信已是半年之後，很多人都認為他們已經全軍覆沒，劉炟還是派救兵 7,000 人千里迢迢去爭取可能的希望，歷盡艱辛救出 13 名倖存者。[349] 這類閃耀人性光輝的好事，往往被「革盡人欲」之類的大話所遮蔽。

學者總結歷史上盛世的核心內涵，一是以民為本，二是選賢任能，三是禮法合治。他說：「從史料記載來看，中國歷史上的所謂盛世時期，民本都被放在首要位置。」[350] 如李世民強調：「為君之道，必須先存百姓。若損百姓以奉其身，猶割股以啖腹，腹飽而身斃。」[351] 亂世常見重典，橫徵暴斂，宮中奢靡；盛世則常見約法省刑，減租減賦，讓利與民，後宮節儉，踐行「君無為則人樂」之理念。同樣是為避免「功高蓋主」、穩固皇權，趙匡胤不是殺戮，而是「杯酒釋兵權」，並真摯地勸他們多買些良田，多建些好房子，多娶些美女，多享點清福，「朝野歡娛」。

正因為心目中有一定「人權」，盛世明君不再像秦始皇那樣，只圖自己寶座萬歲，更不像一些帝王只顧自己吃喝玩樂。李世民和他臣僚的理念就更進一步，明確提出：「自古以來，國之興亡，不以蓄積多少，在於百姓苦樂。」[352] 這是古人評選盛世的重要標準，只可惜沒能堅持。

讓我們把審視歷史的焦點轉移到「人」！著名心理學家榮格說：「世界

---

[349] 同注 332，卷 46，〈漢紀〉38，3 冊，P1,788。
[350] 卜憲群：《與領導幹部談歷史》，P143、141。
[351] 《貞觀政要》卷 1。
[352] 同注 332，卷 195，〈唐紀〉11，12 冊，P8,102。

小結：歷史盛世的若干特徵

上的重大事件根本是不重要的，說到底，最重要的事乃是個人的生命，只有它創造著歷史，只有這時，偉大的轉變才首次發生。」[353] 如果「人」不幸福，那樣的「盛世」有什麼意義？

只要我們的視野不局限於儒家，甚至囿於理學，就會發現中華傳統文化在現代背景下，仍然有不少熠熠閃亮，如墨子說「天下無大小國，皆天之邑也；人無幼長貴賤，皆天之臣也」[354]，與現代國家及其公民「平等」的觀念驚人地相近。現代人強調要把權力關進籠子，與孔子及其千千萬萬弟子不惜「死諫」悍衛的觀念極為相似，差別只不過前者所說是制度（法制）的籠子，而後者所說是禮樂（道德）的籠子。只要有一種開放的心態，何愁無所傳承，不與現代相連？

令人遺憾的方面

對於歷史盛世之所以爭議多，在於不是統一遴選，立足點不一，所見自然不同。在那個漫長的叢林時代，很自然會將王朝是否強大列為首要標準，所以才會將劉徹、朱棣等人治下那麼血淋淋的世道視為「盛世」。

康雍乾時代，站在帝國的角度看，顯然應當列為盛世。可是從歷史發展的角度看，那只不過苟且偷安。如果站在人民生活的角度看呢？

如果籠統地看，那個時代仍然是不錯的。在評價其他時代的時候，常說人口減了多少，或者增加了多少。康雍乾時代的人口從 1 億猛增至 3 億，自然功不可沒。具體來看，雖然有袁枚那等人生活得如魚得水般滋潤，可是大眾的生活品質，應該不是很好。

---

[353] 轉引自杜君立：《歷史的細節》，上海：上海三聯書店，2013 年，〈自序〉，P13。
[354] 《墨子・法儀》。

令人遺憾的方面

《18世紀的中國與世界》一書介紹：當時英國普通農戶一年消費後可剩餘11鎊，約合33～44兩白銀。而一個中等中國農戶一年全部收入不過32兩，年支出為35兩，也就是說，辛苦一年，還要負債3兩。曾經當過知縣的唐甄描述1701年左右江蘇一帶的社會經濟狀況，可謂「農空、工空、市空、仕空」。男子相貌俊美的去當演員，長得醜的只好去當奴隸；女子長得漂亮的做妾，不漂亮的做婢。[355] 山東文登、浙江寧海等地大旱引起饑荒，餓死者大半。

康熙後期，國帑累積達四、五千萬兩，於是實行3年內全國輪蠲一遍。蠲即免除。隨後，「滋生人丁永不加賦」，此為人們津津樂道。在一個「關於康乾盛世再思考」的座談會上，有教授表示質疑：

> 這是否代表人民生活水準、富裕程度的提升？人民大眾生活的安寧富裕，應該是「盛世」的主要象徵之一，但卻沒有受到應有的關注。我們還可以繼續追問，康熙朝代何以能實行大量蠲免的「德政」？清史研究者們往往忽視清代賦稅的沉重……清廷統治者立國的基礎，就是過於沉重的高額賦稅。康熙朝代實行大量而頻繁的蠲免，實質上是變換手法，將竭澤而漁也無法獲得的部分，宣揚成朝廷的惠政。至於康熙朝代百姓的生活狀況、地方財政如何？清廷的官書當然是諱莫如深，即使有，也是粉飾、歪曲的紀錄。[356]

我們能從當時個人的一些紀錄中看到細節：「1662～1696年間『差不多每一年都不像風調雨順的樣子，不是農業歉收，就是棉花價格低，或水旱災害不斷，哪裡有盛世的太平景象？』」對因災造成拖欠錢糧，官府卻毫

---

[355] 唐甄《潛書‧存言》：「清興五十餘年矣。四海之內，日益貧困：農空、工空、市空、仕空。穀賤而艱於食，布帛賤而艱於衣，舟轉市集而貨折賣，居官者去官而無以為家，是四空也。金錢，所以通有無也。中產之家，嘗旬月不觀一金，不見緡錢，無以通之。故農民凍餒，百貨皆死，豐年如凶，良賈無籌。行於都市，列肆煜燿，冠服華腴，入其家室，朝則熄無煙，寒則蜷體不伸。吳中之民，多鬻男女於遠方，男之美為優，惡者為奴；女之美為妾，惡者為婢，遍滿海內矣。」

[356] 姚念慈：在中國社科院歷史所清史室「關於康乾盛世再思考」座談會上的發言，中華文史網。

小結：歷史盛世的若干特徵

不心慈手軟，編修官葉方藹只欠 1 枚銅錢，就被降職。松江府學生程兆璧的糧冊上寫明欠 7 絲，1 枚銅錢還不到，就被革除功名。新年剛過，嘉善知縣就下令全徵條銀，對拖欠的嚴刑拶夾，寡婦卞氏只欠白銀 5 錢，就被活活打死。朱爾宏媳婦顧氏因欠灰石銀 4 錢，被勒令自殺……」[357]

還可以從另一個角度窺見這時期人們的精神生活情形。1816 年，英國又派阿美士德使團（Amherst embassy）去北京，面見中國皇帝，之後從運河乘船南下廣州，途經直隸、山東、江蘇、安徽、江西和廣東數省，隨團醫官克拉克·阿裨爾（Clarke Abel）以觀察者和研究者的視角，寫有《中國旅行記》，見證同樣受刑笞打，漢人痛得號哭求赦，而蒙族人卻沒有疼痛感的情形。好不容易當個官，還得像奴隸一樣受精神與肉體的折磨。尤其是：同樣受笞而有痛與不痛之分，那只不過是漢人與蒙古人之別，展現的是漢人多兩重民族壓迫。[358]

誠如康熙所言，好官要僥倖才可能碰到，他也無法保證手下個個都是好官，因此難以生存的百姓還是不少。這樣，百姓對元、清統治者的反抗，也由原本的民族義憤漸漸轉為生活所迫。

掃描完歷史上 43 個盛世，顯然也感到諸多遺憾。這些遺憾，或曰歷史教訓，或許比歷史經驗更值得注重。

◎虛假或無用的成分太多

有些盛世是當世人自吹的。755 年爆發「安史之亂」，整個大唐國勢急轉直下。這樣一場歷史性的超大人禍，直到 763 年才告平息，可是在 761 年內戰正酣之時，一些文人地方官就迫不及待開始爭著歡呼所謂「中

---

[357] 馮賢亮：《細講中國歷史叢書·清史》，P50～56。
[358] ［英］馬戛爾尼（Macartney）：《乾隆英使觀見記》，P40，「余來中國，幾無日不見華官笞責小民，一若此為華官日課中必有之職務。初不必一問答之應否施用，或用之當否者，尤有一事，亦奇可記，凡中國人受笞，必號哭求赦，聲音絕慘，韃靼人則但有受不發一聲。豈同一受笞，有痛與不痛之分，抑或心理有所不同也。」

興」……行文至此，我不由又想起一句話——「等不到」，罵人快死了等不及。發生如此重大事變，還不知道怎麼收場，那些高官大臣不是忙於救亡，深刻反思，改革布新，根治弊政，而是迫不及待、爭先恐後拍馬屁、吹牛。地方主官元結撰寫〈大唐中興頌〉，由書法大家顏真卿楷書，十年後又刻於湖南祁陽浯溪崖壁之上。馬屁文章自然沒幾個人愛讀，可這書法奇偉宏大，「為平原第一得意書……故與山水相映」，成為傳世藝術珍品。又如「康乾盛世」，袁枚說：「我輩身逢盛世，非有大怪癖、大妄誕，當不受文人之厄。」[359] 這話讓人讀來不太舒服。稱頌當時為盛世，雖有馬屁之嫌，但無可厚非，總不能鼓勵人人去當烈士。問題是後面的話，說倒楣文人——應該可以理解成包括慘遭文字獄之禍的人吧——竟然歸咎於他們自己「大怪癖、大妄誕」，這就不厚道了！

有些盛世是其後輩吹捧的。如「弘治中興」，明萬曆時內閣首輔朱國楨讚道：「三代以下，稱賢主者，漢文帝、宋仁宗與我明之孝宗皇帝。」其實，孝宗時就有大臣馬文升指出：「賦重役繁，未有甚於此時者也。」[360] 這是否也算中興盛世？朱祐樘任職 18 年，後 10 年被認為昏君，這虛假的成分有多大？

有些是當世、後世一起吹捧的。北宋亡後，趙構以中興為口號重整旗鼓。1131 年，趙構曾將越州視為臨時都城，改年號為「紹興」，寓「紹祚中興」之意，並把越州改名為紹興。趙構還親筆寫這 4 個字，作為紹興府署的匾額。見聖上有此意，眾臣就以目標為現實，迫不及待、爭先恐後地開始拍馬屁。1142 年，秦檜生日，舉國頌揚，光大臣周紫芝一人就寫了 59 首賀詩，他還寫有〈大宋中興頌〉。《宋史》載當時「科場尚諛佞，試題問中興歌頌」，你不願高唱「中興歌頌」，科場休想如願。在浯溪崖壁上，迄

---

[359]　袁枚：《小倉山房尺牘‧答魚門》。
[360]　《明史》卷 183，〈馬文升〉傳，P3,222。

小結：歷史盛世的若干特徵

今可見〈大明中興頌〉全文及〈大宋中興頌〉十餘字。趙構死之時，接班人給他的諡號：「受命中興全功至德聖神武文昭仁憲孝皇帝」。

有些盛世外人是不認可的。如「永明之治」，《南齊書》寫道：「永明之世十許年中，百姓無雞鳴犬吠之警，都邑之盛，士女富逸，歌聲舞節，袨服華妝，桃花綠水之間，秋月春風之下，蓋以百數。」這段極富詩情畫意的描述多誘人！可就在當時，北魏大臣宋牟訪南齊，回歸後，魏帝問：「江南如何？」宋牟回答：「朝無股肱之臣，野有愁怨之民。」朝中無能臣，而社會多愁怨之民，盛世在哪？唐中晚期的中興則有過濫之嫌（詳見《秋之卷》開篇話）。

有些盛世，如「康乾盛世」，知名度很高，現代很多人平常談吐也津津樂道康熙、乾隆，可是現代專家學者多不認可。

◎含金量太低

中國歷史上很早就不缺「以法治民」，緊缺的始終是「以法用權」，臣民苦不堪言。即使幸逢所謂明君盛世，臣民依然隨時可能遭遇「權禍」。在「天監之治」，《梁律》特點是「罔恤民之不存，而憂士之不祿」，即對民眾過於嚴酷，而對官吏幾乎沒有約束。因此，有位老人不惜擋御駕，直接向「菩薩皇帝」蕭衍進諫：「陛下為法，急於黎庶，緩於權貴，非長久之道；誠能反是，天下幸甚。」帝王就是法律。只要他一不高興，好心好意拍馬屁，也可能被馬踢。在「洪武之治」，廣平府吏王允道積極為國出謀劃策：「磁州臨水鎮產鐵，建議恢復元時置鐵冶都提舉司管理，每年可收鐵100多萬斤。」不知這話觸痛了朱元璋哪根神經，將王允道杖刑一頓，流放海外。

還有一點不可忽略，歷史上，即使經濟繁榮，也不等於人民生活富裕。「仁宗之治」好評如潮，可實際上，當時百姓不敢求富。葛劍雄指出：

令人遺憾的方面

把可以搜刮到的人力財力集中起來，數目仍然是相當龐大的，這就造成了「富厚」的假象。由於統治者將這筆財富視為私產，所以大都被揮霍，真正用於國家管理和社會進步的，反而是少數。想當然地認為統一政權必定會投資於有利於國計民生的大工程，有利於發展生產，顯然並不符合中國的歷史事實。[361]

僅說皇帝陵墓，西漢時要花費每年財政收入的 1/3。「漢武盛世」，劉徹在位 54 年，他的墓修了 53 年，死時帶走的陪葬品多得放不下。除了大量金銀財寶，僅鳥獸就有 190 種。西漢末，赤眉軍盜墓，數萬士兵搬了幾十天還沒搬一半。直到西晉時，這墓中的珠玉還沒被盜完，你想像光這一項就揮霍了多少民脂民膏？

劉徹時期不僅立法嚴酷，執法更是殘暴，史稱「以法制御下，好尊用酷吏，而郡、國二千石為治者大抵多酷暴」[362]。這時期十大著名酷吏，其一王溫舒，升任河內（今河南武陟）太守時，沒幾天就抓了 1,000 多名「罪犯」，罪大的滅族，罪小也死刑。這些罪犯還指望皇上在審批時能夠申辯，沒想到王溫舒事先在通往京城的路上，準備了 50 匹快馬，兩天就取回批文，立即執行，讓他們根本來不及申冤，流血 10 餘里。就這樣，「郡中毋聲，毋敢夜行，野無犬吠之盜」[363]，而王溫舒繼續升官。

由於體制所限，誰也無法保證選個好皇帝，僥倖遇到好皇帝，也無法保證他好到死。且僥倖遇到像朱瞻基、康熙那樣的好皇帝，他們也坦言無法保證都選到好官吏。所以，名副其實、民眾真正幸福的盛世，像樂透頭獎一樣，得運氣特別好才可能遇到一段好時光。

---

[361]　葛劍雄：《統一與分裂：中國歷史的啟示》，P171。
[362]　同注 332，卷 21，〈漢紀〉13，P832。
[363]　《史記》卷 122，〈酷吏列傳〉，P2,390。

小結：歷史盛世的若干特徵

◎時間太短

幾乎是拿著放大鏡在幾千年歷史上尋尋覓覓，僅得43個盛世，顯然太少。

前4個處於傳說或半信史時代，具體時間不便計算。其餘39個，從前1042年至1911年的2,953年間，平均每75.7年才一個，從平均壽命來說，一輩子遇不到一個盛世。39個盛世，累計1,226年，最長的「康乾盛世」115年，最短的「會昌中興」、「隆慶之治」都只有五、六年，平均每個僅31.4年。華人習慣稱30年為「一世」，與盛世平均時間巧合。

實際上，包括李世民在內，幾乎沒一個明君善終。如果「去頭去尾」一下，盛世時間要短得多。如「宣王中興」之姬靜，晚年一方面貪圖享樂，一方面好戰，自己也差點成俘虜，貴族們紛紛逃離。「大中中興」之主李忱，晚年迷戀仙丹，宰相都難得一見，去世前一年發生一系列叛亂。開創「太康之治」的司馬炎，當時大臣吹捧「世談以陛下比漢文帝」，後來司馬光捧他「可謂不世之賢君」，晚清著名文史學家李慈銘讚他為「三代以下不多得」。其實呢！他265年篡位開國，280年滅吳之後，就開始專事享樂，為選後宮而「權禁天下嫁娶」，典故「羊車望幸」就是他創造的，那個抱怨飢民「何不食肉糜」的接班人，就是他培養的，你說他後10年該算明君還是昏君？

站在歷史的高度看，更是遺憾。人們希望國家、社會長期安定、太平，東漢班固《漢書》便說「建久安之勢，成長治之業」，我們今天還常說「長治久安」。像蕭衍、李隆基等那樣傑出的帝王，卻親手毀掉自己創造的盛世。當然，更多是被他們的子孫所毀，甚至連同那整個江山。不少盛世與治世變成虎頭蛇尾，人亡政息，中興則幾乎可謂「迴光返照」的代名詞。

有些表面看沒有很快亡國，但在歷史學家認真分析看來，盛世即開始

名存實亡了。黃仁宇指出:「1587 年,是為萬曆 15 年,歲次丁亥,表面上似乎是四海昇平,無事可記,實際上我們的大明帝國卻已經走到它發展的盡頭。」[364] 1587 年正是「萬曆中興」之時。再如「明昌之治」,完顏璟也犯漢族文人皇帝「晚年」常見問題:整日與文人飲酒作詩,不思朝政,多有失誤,史家幾乎公認金朝的衰落正開始於完顏璟時期。

《劍橋中國隋唐史》在評論唐憲宗李純時寫道:「在評價他的成就時,我們應以他前面的幾個皇帝當作考量的出發點,而不應以完全重新集權化這個不切實際的標準來衡量。」[365] 我想這不僅適用於李純,對所有盛世之主,都不可不用這個標準來衡量。所謂盛世,只不過是相對於其前後稍好一些而已。

如果說中興是「迴光返照」代名詞的話,那麼盛世幾乎是「物極必反」的代名詞。緊接「堯舜盛世」的是「公天下」變「家天下」;「宣威盛世」的接班人被騙至死;「漢武盛世」當朝就弄到要發〈罪己詔〉的地步;「漢和盛世」之後是一連串娃娃皇帝;「開元盛世」被「安史之亂」攔腰截斷;「康乾盛世」結束沒幾天,就爆發聲勢浩大的民變,沒一個長治久安。無怪乎學者教授嘆道:「盛世在歷史的十字路口一轉彎,便向衰世、甚至亂世滑落沉淪,這是歷史的嘲諷,更是歷史的無奈。」[366] 相對來說,倒是「治世」更扎實,更值得推崇。

不過,歷史盛世雖然不盡如人意,但它已「構成了中華政治文化傳統、社會治理理想追求的一個重要部分」。[367]

---

[364] 黃仁宇:《萬曆十五年》,P205。
[365] 《劍橋中國隋唐史》,P489。
[366] 黃樸民:《大寫的歷史:被忽略的歷史文化》,杭州:浙江文藝出版社,2016 年,P206。
[367] 同註 350,P139。

小結:歷史盛世的若干特徵

歷史盛世的現實意義

剖析了43個盛世,指出它們的遺憾,並不是否定,也不是抱怨。如果抱怨祖宗為什麼不發明電腦,那是毫無意義的。說「文房四寶」的不便,說算盤的局限,只是為了強調:我們今天如果還因此而排斥電腦,那是非常不明智的。

法國作家布里吉特・吉羅(Brigitte Giraud)寫過一本書,借用其書名《愛情沒那麼美好》:「歷史上的盛世沒那麼美好!」朱熹編寫《資治通鑑綱目》時,曾經大發感慨:「自古治日少,亂日多,史書不好看,損人神氣,但又要知,不奈何耳。」[368] 亂世「不好看」,中興不太「好看」,讀這卷盛世也很「損人神氣」。

儘管歷史盛世存在諸多遺憾,但它的歷史作用還是不可忽略的。43個盛世中,「堯舜盛世」、「少康中興」、「盤庚中興」、「武丁中興」屬於傳說,「宣威盛世」則由於楚國建國無法考察具體時間,姑且不計。其餘38個,26個在建國立朝70週年之前,占64%,其中7個還是開國立朝當年。這就是說,他們一旦開國立朝,不論政權有沒有平穩,就開始華麗轉身,把工作的重點轉移到社會、經濟、文化、建設上來,並迅速獲得非凡成就,獲得一個較長的、平穩的發展期。後期,即使開始衰落,因為有了中興,又獲得一個個平穩發展的機會,避免大起大落。

歷史盛世只是相對稍好的時代,並不是理想社會。我曾在一次新書釋出會上強調說:

我絕不是「厚古薄今」,也不算「厚今薄古」。不鼓勵讀者去崇拜我所認為一流的盛世,不是跪著寫,也不希望有人跪著去讀。事實上,歷史上

---

[368] 轉引自孫通海、李巨泰:《資治通鑑精華》卷1,長征出版社,1999年,P6。

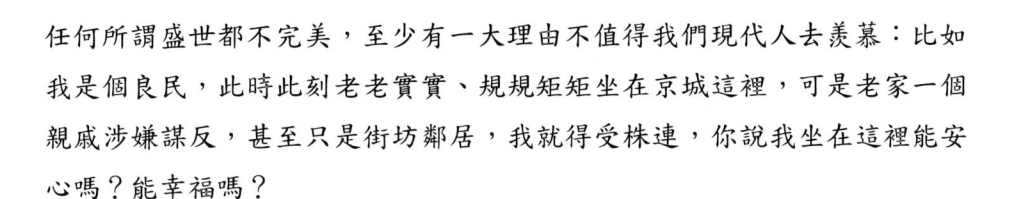

任何所謂盛世都不完美，至少有一大理由不值得我們現代人去羨慕：比如我是個良民，此時此刻老老實實、規規矩矩坐在京城這裡，可是老家一個親戚涉嫌謀反，甚至只是街坊鄰居，我就得受株連，你說我坐在這裡能安心嗎？能幸福嗎？

我們現代，只要有民主法治，物質上稍溫飽，幸福指數就會超過歷史上最好的盛世！我更希望讀者了解歷史盛世的不完美，或者說留下的遺憾，激勵和引導我們去創造自己時代更為理想的盛世，永恆的盛世！

歷史盛世屬於歷史，可以讓我們讚美，但不值得我們嚮往；有些經驗教訓啟迪我們，但不一定適合今天。今天的共和國，與歷史上的帝制有本質的差別。然而，今天與昨天、前天的文化傳統是一脈相承的，不可能截然分開。法國人民在那場大革命中，曾經努力在過去與將來之間留出一條巨大的鴻溝，生怕在新世界裡混雜進舊的東西，可是：

對於整個法國而言，有太多的社會遺產。這其中自然不乏民族感情、風俗習慣以及各種思潮，它們共同構成了法國舊制度的主要部分。法國人民甚至連自己也沒有意識到，他們身上承襲了這部分內容。甚至於，他們所發起的大革命，其最終的動力來源，也是那部分舊制度。雖然他們很不情願，但客觀的事實卻是，他們使用舊制度的破磚碎瓦，建造成新社會這座大廈。[369]

對我們而言也是如此。歷史上有太多的社會文化遺產，包括民族情感、風俗習慣以及各種思潮，它們共同構成歷史上那幾千年舊制度的主要部分。何況歷史的盛世（包括治世、中興）並非「舊制度的破磚碎瓦」，而應該是「舊制度的金枝玉葉」吧？

「數千年來，中華民族對盛世的理想描繪，以及實踐中的不懈追求，推動著中華文明的進步與發展，創造出中華文明的一個個高峰。這份遺產，

---

[369] ［法］托克維爾：《舊制度與大革命》，傅國強譯，北京：中國畫報出版社，2013年，P1。

小結：歷史盛世的若干特徵

我們今天仍然要繼承……不能盲目地虛榮誇大，也不能簡單否定。」[370]

追問歷史盛世的目的，是為了追求自己時代新的盛世。

---

[370] 同注 350，P143。

附：
中國歷史盛世一覽表

附：中國歷史盛世一覽表

序號	盛世名稱	所在卷	迄止時間	所在朝代及帝王	最大亮點
1	堯舜盛世	夏之卷	傳說時代	堯帝	帝位「禪讓」。
				舜帝	
2	少康中興	秋之卷	半信史時代	夏王少康	失國復得。
3	盤庚中興	秋之卷	半信史時代	商世祖盤庚	堅持遷都。
4	武丁中興	秋之卷	半信史時代	商高宗武丁	四方征戰。
5	成康之治	春之卷	前 1042～996	西周成王姬誦	制禮作樂。
				康王姬釗	
6	宣王中興	秋之卷	前 827～782	西周宣王姬靜	周室威信有所恢復。
7	宣威盛世	夏之卷	前 369～329	楚宣王熊良夫	力戰群雄。
				楚威王熊商	
8	文景之治	春之卷	前 180～141	西漢文帝劉恆	無為而治。
				景帝劉啟	
9	漢武盛世	夏之卷	前 141～87	西漢武帝劉徹	開始「獨尊儒術」。
10	昭宣中興	秋之卷	前 87～49	西漢昭帝劉弗陵	平定西域。
				宣帝劉詢	
11	光武中興	春之卷		東漢光武帝劉秀	恢復漢室。
12	明章之治	夏之卷		東漢明帝劉莊	恢復西域。
				章帝劉炟	
13	漢和盛世	夏之卷		東漢和帝劉肇	滅北匈奴。
14	太康之治	夏之卷		西晉武帝司馬炎	「太康文學」興盛。
15	元嘉之治	夏之卷		南朝宋文帝劉義隆	玄史文儒齊驅並駕。
16	永明之治	夏之卷		南朝齊武帝蕭賾	「士女富逸」。

序號	盛世名稱	所在卷	迄止時間	所在朝代及帝王	最大亮點
17	天監之治	夏之卷		南朝梁武帝蕭衍	創「三教同源」說。
18	孝文中興	秋之卷		北魏孝文帝拓拔宏	漢化改革。
19	開皇之治	夏之卷		隋文帝楊堅	科舉創新。
20	貞觀之治	春之卷		唐太宗李世民	文化多元。
21	永徽之治	夏之卷		唐高宗李治	疆域為唐時之最。
22	武周之治	夏之卷		武周則天皇帝武曌	亂上而不亂下。
23	開元盛世	夏之卷		唐玄宗李隆基	「海內富安」。
24	元和中興	秋之卷		唐憲宗李純	藩鎮割據暫告結束。
25	會昌中興	秋之卷		唐武宗李炎	全國大禁佛。
26	大中中興	秋之卷		唐宣宗李忱	結束「牛李黨爭」。
27	景聖中興	秋之卷		遼景宗耶律賢	「一國兩制」。
28	長興之治	夏之卷		後唐明宗李嗣源	「粗為小康」。
29	建隆之治	春之卷		北宋太祖趙匡胤	「文以靖國」。
30	咸平之治	夏之卷		北宋真宗趙恆	和平與發展。
31	仁宗之治	夏之卷		北宋仁宗趙禎	改革創新。
32	大定之治	夏之卷		金世宗完顏雍	民為重。
33	明昌之治	夏之卷		金章宗完顏璟	加速漢化。
34	建炎中興	春之卷		南宋高宗趙構	恢復宋室。
35	乾淳之治	夏之卷		宋孝宗趙昚	和外安內。
36	洪武之治	春之卷		明太祖朱元璋	「救濟斯民」。
37	永樂之治	夏之卷		明成祖朱棣	耀武揚威。

附：中國歷史盛世一覽表

序號	盛世名稱	所在卷	迄止時間	所在朝代及帝王	最大亮點
38	仁宣之治	夏之卷		明仁宗朱高熾	「安民為福」。
				宣宗朱瞻基	
39	弘治中興	秋之卷		明孝宗朱祐樘	重振朝綱。
40	隆慶之治	夏之卷		明穆宗朱載垕	改革開放。
41	萬曆中興	秋之卷		明神宗朱翊鈞	思想文化新氣象。
42	康乾盛世	春之卷		清康熙帝玄燁	拓展疆域。
				雍正帝胤禛	
				乾隆帝弘曆	
43	同光中興	秋之卷		清同治帝載淳	「自強運動」。
				光緒帝載湉	

總數 43 個，其中盛世 6 個、治世 22 個、中興 15 個。

帝國的輝煌・夏之卷──王朝盛世與治世策略：

制度改革 × 文化成就 × 經濟繁榮 × 外交地位，探索中國史上的 20 個盛世脈絡

作　　者：	馮敏飛
發 行 人：	黃振庭
出 版 者：	崧燁文化事業有限公司
發 行 者：	崧燁文化事業有限公司
E - m a i l：	sonbookservice@gmail.com
粉 絲 頁：	https://www.facebook.com/sonbookss/
網　　址：	https://sonbook.net/
地　　址：	台北市中正區重慶南路一段 61 號 8 樓 8F., No.61, Sec. 1, Chongqing S. Rd., Zhongzheng Dist., Taipei City 100, Taiwan
電　　話：	(02)2370-3310
傳　　真：	(02)2388-1990
印　　刷：	京峯數位服務有限公司
律師顧問：	廣華律師事務所 張珮琦律師

-版權聲明-

本書版權為淞博數字科技所有授權崧燁文化事業有限公司獨家發行電子書及紙本書。若有其他相關權利及授權需求請與本公司聯繫。

未經書面許可，不得複製、發行。

定　　價：450 元
發行日期：2024 年 10 月第一版
◎本書以 POD 印製
Design Assets from Freepik.com

國家圖書館出版品預行編目資料

帝國的輝煌・夏之卷──王朝盛世與治世策略：制度改革 × 文化成就 × 經濟繁榮 × 外交地位，探索中國史上的 20 個盛世脈絡 / 馮敏飛著 . -- 第一版 . -- 臺北市：崧燁文化事業有限公司 , 2024.10
面；　公分
POD 版
ISBN 978-626-394-917-1(平裝)
1.CST: 中國史
610　　113014516

電子書購買

爽讀 APP　　　　臉書